版社于2015年11月出版发行。在该系列第一部作品《一个人的老后》中，上野指出，"不论结婚与否，最终大家都是一个人"，并为老年人的单身居家生活制定了详细的规划，成为该年度最畅销图书。后应读者要求，撰写了男性版的"一个人的老后"，即《一个人的老后——男人之道》。而《一个人最后的旅程》则更进一步，探讨一个人居家临终的可能性，在分析了老年人居家看护医疗的实际状况以及多位临终者的真实案例后，上野主张即使没有亲人，或是身患阿尔茨海默病，也能选择一个人居家临终，有尊严并安心地走完人生最后的旅程。在老龄化社会问题日益严峻且独居老人日益增多的今天，上野的主张不仅是一种个人选择，也是其作为社会学学者对社会问题给出的应对之策。

2019年中秋夜上野千鹤子与译者在长春

然而，一个人居家临终绝非以一己之力可以实现的，他人的协助不可或缺。如上野所说，人出生之时被父母、护士等环绕，走向终点之际也少不了照料者、医护人员等的帮助。除探讨了社会保障制度方面的内容外，上野还特别列举了支撑竹村和子女士（斯皮瓦克的日语译介者）走完人生最后旅程的"K小组"的案例，揭示出"好的人缘"对于一个人安心临终的重要性，也就是说，一个人如何度过一生影响着他与这个世界告别的方式，从而警醒我们重新审视自己当下的生活态度及与他人的相处模式。

2019年秋，上野千鹤子应邀来东南大学日语系集中授课，与性别研究小组成员就其代表作的翻译工作达成了共识。而后得到浙江大学出版社的大力支持，在此表示衷心的感谢。希望今后能推出更多上野千鹤子的译著，以飨读者。

陆薇薇

2020年秋于东南大学九龙湖畔

目录

001　1　人生最后终将"一个人"
001　　引言
003　　越来越多的"一个人"
007　　"败犬"的增加
009　　单身老人的社会孤立
012　　社会孤立与孤独

015　2　死亡常识发生变化
015　　一个人临终并非"孤独死"
017　　人生最后的临终之所
020　　在家临终者会增加吗？
021　　死亡临床常识的改变
024　　居家安宁疗护的引领者

027　3　促使居家临终者增加的因素
027　　《医疗与照护综合法》的诞生
028　　年金制度为老年人提供的保障

031　医疗福利制度的改革
033　养老机构非临终之所
036　不再增设养老机构
038　最后该去哪里临终？

039　**4　老年人是住宅市场中的弱者吗？**
039　照护的"再家庭化"
040　不与家人同住的居家生活
042　"自助"与"共助"
043　老年人的居住福利
045　为什么必须离开家？
047　养老机构的住宅化与住宅的养老机构化

051　**5　居家安宁疗护的推行**
051　政府开始推行居家临终
052　小城医院化的"尾道模式"
054　"落伍"的先行者
056　从治疗到照护
057　以患者为主体的居家医疗
059　向一线护理人员学习
061　有照护经历的遗属是一种地方资源

063　**6　居家临终的条件**
063　家人照护是居家临终的必要条件吗？
066　居家照护可以不依赖家人吗？
068　夜间上门照护供不应求
070　居家医生不见增加的原因
072　上门护士站数量不足的原因

目录

076　7　独自居家临终的反对派
076　家人反对
077　老年人衰弱死亡的过程
079　医疗人员只知道医院
080　照护援助专员也是反对派的一员
081　建立居家疗护体制
082　养老机构的过多建设
084　养老机构的质量不重要吗？
085　有"一小笔钱"供自己居家临终吗？
086　家人不为老人用钱也不让老人自己用

089　8　来自独自居家临终的一线调查
089　居家疗护中发生的奇迹
093　推行初期医疗的年轻领军人物
095　小平市的"照护城"
101　医院里的私人医生

105　9　安宁疗护之家的尝试
105　安宁疗护病房是等待死亡之所吗？
108　从安宁疗护病房到居家安宁疗护
110　安宁疗护之家的实例
113　安宁疗护之家的成长期
115　三户女士的案例

118　10　临终关怀师的职责
118　死亡的准备
120　天使团队
124　临终关怀师的培养

125 　临终关怀师满足了谁的需求？

128　11　临终的看护管理

128 　友人的英年早逝

129 　"K小组"的经验

131 　竹村女士的临终

134 　"K小组"的形成条件

136 　做一个"人缘好的人"

137 　女性朋友的价值

140　12　认知症患者也有可能居家临终

140 　临终照护的难题

142 　认知症患者的活动控制

144 　认知症患者的集体生活

145 　不愿意离开家

147 　罹患认知症虽然麻烦但并非不幸

149 　独居认知症患者的居家生活援助

156　13　决定权交托给谁？

156 　死前准备

157 　决策代行人

159 　把自己交托给别人的能力

160 　成年人监护制度

162 　生命综合管理

164 　"死亡启程"帮助

167 　死亡管理的费用

目录

169	**14**	**不同住的家人应该怎么做?**
169		由家人决定的死亡方式
170		照护保险是"子女不孝保险"吗?
171		推荐非全职式家庭照护
172		背离时代的"三世同堂"政策
173		远程照护实践
175		紧急呼叫电话的作用
177		不愿给子女添麻烦
178		子女的安心就是父母的安心

180	**15**	**自己能够决定临终方式吗?**
180		自我决定权
181		走进日本尊严死协会
182		身心疲惫的家人
184		"尊严死"还是"尊严生"?
185		女性ALS患者不愿上呼吸机的理由
188		无价值的生命
189		"仍然会选择插管续命"
192		迷惘地活着

193	**16**	**将死之人孤独吗?**
193		人生终途的孤寂
194		心灵的痛苦
195		将死之人的孤独感
196		人会自己选择死亡时间吗?
197		"死后会去哪里?"的疑问
199		一位安宁疗护医生的感怀
201		你希望谁来陪伴?

005

203 　库伯勒·罗斯女士的临终前后
203 　一切皆有可能

205 　后　记

1 人生最后终将"一个人"

引言

伴随着年龄的增长,我也终于顺利加入了老年人的行列,体力和记忆力逐渐下降,正一天天衰老下去。

我所在的地方政府给我寄来了"照护保险①的1号被保险人证②"。

地方上的民生委员竟然也开始和我商量何时可以来登门拜访。因为我是一名"独居老人",是需要被关怀的对象。地方上对于独居老人特别留意,担心出现"孤独死"③的现象。

刚开始,我觉得不需要他们前来拜访,但是转念一想:"既然你们自己找上门来,我何不趁此机会看看民生委员都是些什么样的人,都会问些什么问题呢?"受油然而生的好奇心的驱使,我决定接受他们的来访。

自我的著作《一个人的老后》(法研社,2007年/文艺春秋,2011

---

① 日本在2000年推出了国家照护保险制度,该保险是除养老保险之外还需照护的老人须缴纳的保险,用于保障需要照护的老人入住养老机构等。(本书脚注均为译者注释。)

② 日本的照护保险制度系强制保险,其覆盖对象包括两类:一类是65周岁以上的人,称为"第一种被保险人",会领到1号被保险人证;另一种是40周岁到64周岁的人,称为"第二种被保险人",会领到2号被保险人证。

③ "孤独死"是指独自生活的人在没有任何照顾的情况下,在自己居住的地方因突发疾病等原因而死亡的事件,特别是指发病后不呼救而死亡的情况。"孤独死"以老年人,特别是高龄老年人居多,在日本尤为突出。

年）出版以来，已经过了整整8年。在那之后，"一个人"越来越多。据2013年的统计，老年人家庭中有1/4是单身家庭，夫妻同住家庭占30%，两者合计起来的比例远远超过与子女同住的家庭比例（后者不到40%）。夫妻家庭中总有一方会先走一步，所以他们是独居的"一个人"的后备军。因为变成"一个人"后，子女似乎也不想与其同住。不过，即便子女提出"一起住吧"的请求，也不能糊里糊涂地就答应了，在《一个人的老后》里，我将这种请求称为"魔鬼的呢喃"。之所以这么说，是因为住在一起之后，老年生活的计划全部被打乱的情况不胜枚举。如果是住到子女家去，不但生活环境变了，到了需要照护的那一天，还会成为子女的累赘。离开自己住惯了的地方与子女同住的老年人，他们的幸福指数绝对不高。相反，如果是子女住回父母家里，那么说不定哪一天子女为了自己的方便，会把老人送去养老机构或医院。与其那样，还不如一开始就选择独居。就像我在《一个人的老后》的腰封上写的："不论结婚与否，最终大家都会是一个人。""一个人"独自迎接死亡的时代，似乎比预想的来得更快。

最近，我开始收到同辈人的讣告。如果是父母辈和师长辈的人去世，虽然也很令人悲伤，但想到年老去世是自然规律，尚能接受。同辈的话，着实让人心痛不已。

伊藤比吕美女士在其最近的著作《父亲活着》（光文社，2014年）中这样写道："送走了父母，送别了父母……感觉自己终于长大成人了。"

虽然不可能是在58岁的年纪才"终于长大成人"的。

另一位朋友在送走父母之后这样说道："我与死亡之间隔着的屏障消失了，感到脚底阵阵发凉。"

是的，因为接下来就要轮到自己了。

近些年，在亲身经历了一些好友的离世后，我开始感觉到，死亡并不遥远，它就在我的身边。

所以，我决定撰写这本《一个人最后的旅程》。

这是在写完"一个人"系列的《一个人的老后》和《一个人的老后——男人之道》（法研社，2009年/文春文库，2012年）之后，我一直计划写的一本书，希望就此完结"一个人"系列的三部曲。当然，就算这个系列完结了，我的人生还在继续着。我感觉自己还能活一阵子，所以接下来打算写另一本书，题目就叫《一个人的死后》（笑）。话虽如此，其实死后的事儿，我才不在意呢。

越来越多的"一个人"

为何现在必须考虑"一个人居家临终"的问题呢？

理由很简单。

第一，不管愿意与否，今后独居的人口都会增加。第二，"无处临终的难民"今后也会增加，他们无法在医院或养老机构里走完最后的人生旅程。综合这两个因素考虑的话，就只剩下一个人在家里临终的选择了。也就是说，这并非我们的愿望，而是我们必须面对的现实。

日本社会进入了人口不断减少的时代。孩子的数量也丝毫没有增加的迹象。

而且不得不提的是，日本已迈入超老龄[①]社会。厚生劳动省[②]一直提及"人生八十年"，但是NPO（Non-Profit Organization，非营利组织）"改善老龄社会妇女协会"理事长樋口惠子女士则说"人生一百年"。据最新的统计显示，日本女性的平均寿命为86.83岁，男性为80.50岁（2014

[①]　65岁以上的老年人口占总人口的比例超过21%时即为超老龄社会。
[②]　日本的厚生劳动省是2001年由厚生省与劳动省合并而成的中央行政机关，主管医疗、福利、保险和劳动等行政事务。

年）。所谓的平均寿命，是指人零岁时的平均余生寿命，已经进入高龄期的人，要比平均寿命更长寿。就算有家人，越长寿的人，经历的生离死别也会越多。这也印证了我上一本书的腰封上所写的内容（"不论结婚与否，最终大家都会是一个人"）。

日本国民生活基础调查（2013年）的数据显示，目前有老年人的家庭中，单身家庭占25.6%，夫妻家庭占31.1%，两者合在一起为56.7%，超过了总体的一半。夫妻家庭中如有一方去世就变成了单身家庭，所以想必单身家庭今后将会不断增加。根据日本国立社会保障暨人口问题研究所的推算，到2020年（原定东京奥运会开幕之年），也就是仅仅5年之后！预计户主是65岁以上者的单身家庭的比例为33.3%，将反超夫妻家庭的32.5%，两者合计为65.8%。根据日本国民生活基础调查的数据，2013年高龄父母与未婚子女同住的家庭占19.8%，比过去略有增加，但是加上孙辈的三代同堂家庭却大为减少，仅有13.2%。如果仔细观察父母与子女同住的家庭，不难发现，高龄的老父母与初老的未婚子女同住的情况在增加；三代同堂的家庭中不乏老年人迫于无奈与离了婚的女儿及其孩子同住的情形。在结婚带来的代际分离已经成为习惯的今天，嫁到丈夫家与公婆一起居住的女性并不多见。而父母与子女同住的家庭，若父母去世后，子女将会成为单身家庭，所以，这类家庭也是单身家庭的后备军。

单身家庭的增加并非全无益处。虽然人口在减少，户数却在增加，这意味着内需的扩大。因为每一次代际的分离，都需要添置新的家电等生活必需品。

很多人并非从一开始就是独居的，而是因为丧偶、离婚、不婚才成为一个人的。从不同性别、年龄、阶层的配偶拥有率（配偶在世的比例）来看，男性的配偶拥有率最高的年龄段是在70～74岁（2010年），过了75岁以后，丧偶率上升，配偶拥有率开始下降。50～59岁和60～69岁的配

1 人生最后终将"一个人"

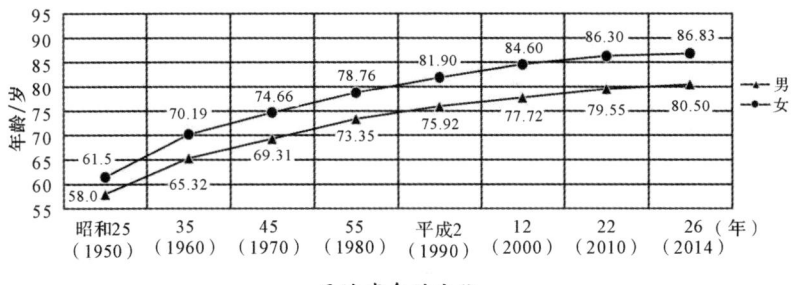

平均寿命的变化

资料来源：根据日本厚生劳动省、国立社会保障暨人口问题研究所的资料（2014年）制成

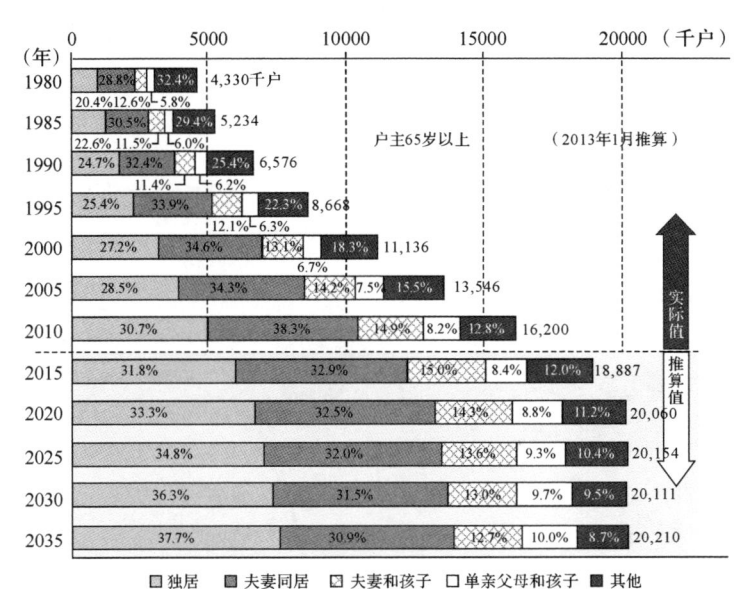

户主为65岁以上者的家庭构成比例的变化

图例：独居　夫妻同居　夫妻和孩子　单亲父母和孩子　其他

资料来源：根据日本国立社会保障暨人口问题研究所的资料（2013年）制成

偶拥有率之所以不如70～79岁的人那么高，是因为这个年纪的人的离婚率在缓慢增加。此外，30～39岁和40～49岁的人的配偶拥有率与5年前相比有所减少，因为未婚比例增加了。另一方面，女性的配偶拥有率的高峰在

005

55～59岁，低于男性的最高配偶拥有率。也就是说，在这个年龄前至少结过一次婚的女性，在经历丧偶和离婚后，没有再婚的可能性比较大。大概是因为女性觉得"一辈子结一次婚就足够了"。75岁以后长寿女性的丧偶率超过了配偶拥有率。可见，女性在老年时成为"一个人"的概率颇高。

据日本国立社会保障暨人口问题研究所于2014年发布的日本人终身未婚率的数据显示，50岁时没有结婚经历的未婚单身者，男性中有20%，女性中有10%。这个比例还将持续增加，有专家推测，在目前40～49岁的男性中，4人中就有1人将会是终身未婚者，而在目前30～39岁的男性中，3人中就有1人是如此。这个推测是否准确，等这些人年满50岁时便会知晓。根据经验，只要结过一次婚的人，即使离了婚也会有再婚的倾向；相反，从未结过婚的人很可能终身不婚，所以上面的推测应该八九不离十吧。同时，专家还预测，30～39岁的女性中，5人里有1人将终身不婚。为

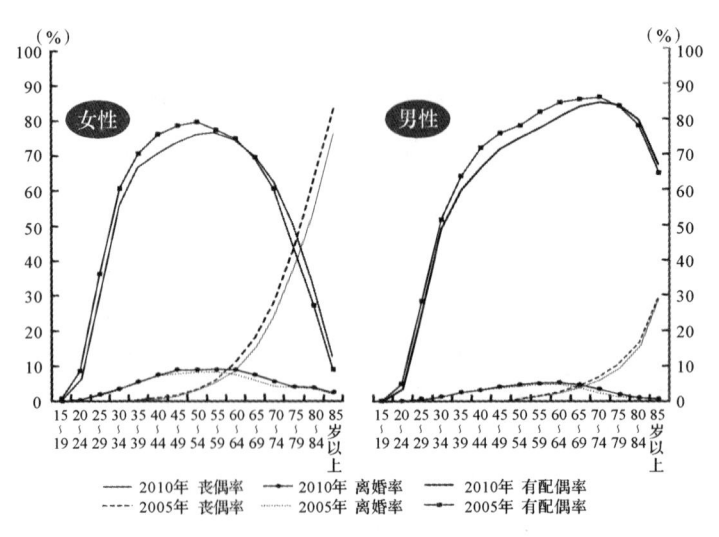

不同性别年龄阶段的丧偶率、离婚率及有配偶率

资料来源：（公益财团法人）SENDAI男女共同参画财团

什么女性的终身未婚率比男性低呢？那是因为，女性有可能会成为丧偶或离婚的男性的再婚对象。这么一说，想必有很多男性会如释重负，但其实没有那么简单，我要附加一个条件，那就是，这种情况仅限于拥有不菲身价的男性。单身"败犬"①的增加，是无法阻挡的人口学现象，这可不是我造成的。

既然如此，我希望我在世期间能出现一种机制，它能够使一个人居家临终的生活变得平稳且安心。

"败犬"的增加

安倍前首相的一位文人朋友——八木秀次先生，在《产经新闻》"正论"栏目（《产经新闻》2014年3月19日）中对我的一个演讲进行了批判。该演讲因为被山梨县取消后又撤回取消而出名，八木先生批评说"'一个人也可以居家临终'这个演讲的题目本身就有问题"。他的文章的标题是"'鼓励人们单身'是不负责任的"。他误解了我，我并没有鼓励人们单身。因为单身者增加了，所以我的书才畅销，并非我的书畅销导致了单身者的增加（要是我能有这么大的影响力倒好了）。我没有鼓励单身，但我的《一个人的老后》这本书，给日益增加的那些因为不安而恐惧的单身者送去了宽慰的问候，让他们知道："一个人也没关系。"

顺便说一句，八木先生还在他的文章中给《一个人的老后》进行了内容概括。"无论是结了婚、有了孩子，还是离了婚，或者一辈子单身的人，只要长寿，最终都会成为一个人。临终时大家都一样，都是一个人。所以，离婚也好，一辈子单身也罢，都是幸福的，绝不是不幸的人生。"

---

① "败犬"一词来源于日语，初始含义为在斗争中失败逃走的犬类，在现实中也可引申为竞争中失败的人。日本女作家酒井顺子写于2003年底的畅销书《败犬的远吠》，使"败犬"一词成为超过30岁未婚无子女性的代名词。

他的概括如此精准。

"离婚并不可怕"这一说法没错,"鼓励不靠子女,坚持一个人生活到最后"的理解也很正确。既然八木先生的理解能力这么强,那么也应该明白我并没有鼓励"可以不结婚,可以不生孩子"啊。

八木先生给出的代替方案是"与孩子同住"。他觉得虽然现在国民年金①的给付额不高,但是如果跟子女同住的话,还是够给孙子们零花钱的。可是,在这个"人生一百年"的超老龄社会,孙子也应该成年了,他们不会满足于那一点点的零花钱吧。更何况也许还有曾孙和玄孙,那么是要四世、五世同堂吗?还有一个问题,该与丈夫的父母,还是妻子的父母同住呢?如果是与祖父母或者曾祖父母同住的话,该与父亲那边的还是母亲那边的好呢?越想越觉得,这个方案并不易于实施。我想请教一下提出这一方案的八木先生,您自己目前跟年迈的父母一起住吗?还是等将来上了年纪,想要和您孩子一起住呢?

20世纪80年代自民党政权推进的"充实家庭基础政策",宣称"家人是社会福利的潜在资产",这也成了日本式社会福利的原型。该政策之所以受到批判,是因为"家人是社会福利的潜在资产"一语的真实含义是"儿媳才是社会福利的潜在资产"。对家人的照护,是建立在儿媳隐忍的基础上的。

自此,老年人与子女同住的比例就一直下降。下降自有下降的理由,谁都无法阻止。

"与子女同住"这一选项,如果没有子女的话,原本就无法实现。前些日子,我与同辈的男女8人聚到一起,数了数大家的子女数,共有5名,且均尚无孙辈。就算我们都有孩子,我们的孩子也不一定会生下一代。我

---

① 日本的国民年金也称基础年金,是包括自营业者和无工作者在内所有国民都加入的年金制度。

们这些出生于第二次世界大战后第一次婴儿潮(团块世代①)的人,孩子大多出生于第二次婴儿潮,目前都在四十岁左右,也就是说,将来我们还会抱孙子的可能性很低了。

现实的情形正在不断发生变化,八木先生却对此视而不见。不但他说的"鼓励一个人(临终)是不负责任的"是不正确的,反过来,我们应该对他说,"鼓励与孩子同住才是不负责任"的。自民党似乎想在宪法修正草案中,加入"家人应互相帮助"一语。这样一来,不互相帮助的家庭便"违法"了。

单身老人的社会孤立

只因我是一名独自生活的高龄女性,所以逢人便会被问到:"你一定很孤独吧?"这已经成为他们同我打招呼的一种方式。正是针对这种情况,我才写下了《一个人的老后》,为的是告诉他们"不劳您费心"。如果是一位高龄男性一个人生活的话,问候语除了"你一定很孤独吧?"之外,恐怕还会再加上一句"你的生活一定很不方便吧?"幸运的是,都筑响一先生的《独居老人风格》(筑摩书房,2013年)一书,让我了解到不受家人拘束的老年人们如何自由地过着独居生活。所以,我们是时候抛弃"一个人=孤独"这种武断的想法了。

话说回来,独居老人真的孤独吗?

社会学者河合克义先生早在20多年前就预测将来单身老人会成为社会问题,所以他一直致力于这方面的研究。他在《大城市的独居老人与社会孤立》(法律文化社,2009年)这部著作中,进行了一项"恐怖"的

---

① 团块世代专指日本在1947年到1949年之间出生的一代人,是日本二战后出现的第一次婴儿潮人口。在日本,团块世代被看作20世纪60年代中期推动经济腾飞的主力,是日本经济的脊梁。

调查。

2004年，他对居住在东京都港区的约1000名老人进行了调查。调查数据显示：回答"有在世的子女"的人占49.3%，不到半数；回答"没有"的人占44.7%；没有做出回答的人有6.0%。之所以出现这样的结果，是因为少子化的关系。回答"最多生2个孩子"的人占73.2%，与回答"最多生3个"的人加在一起的比例为91.9%。现在的老年人经历了"人口转变期"[①]，他们正是实现了"最多生2个"孩子这一目标的少子化时代的父母。

如果超老龄化现象持续发酵的话，那么年龄已经80、90岁的人的孩子，也将面临老龄化的问题。子女先于父母离世的事已经屡见不鲜。我们称之为"高龄逆缘"。

据二战后不久的"家庭生命周期"[②]显示，日本人的平均寿命为50岁。最小的孩子尚未成年，父母就离世了。在超老龄社会中，若想自己高龄时子女还活着，就必须在40多岁甚至50多岁时，生下第3个或第4个孩子才行，但无论是在经济上，还是在体力上，这都是不被允许的。少子化是"少生优育"时代的产物，抚养一个孩子直至成年的成本在显著增加。

事实上，我很在意"没有回答"的那6.0%的人群。这个比例并不低。有没有孩子？孩子是否在世？明明是很容易回答的问题，他们却刻意避而不答。河合先生推测其中很有可能包含了膝下无子的人。"没有孩子"对很多人来说是不光彩的，因此不想问答这样的问卷调查也无可厚非。除了这个原因，我认为离婚率的增加也造成了一定的影响。像电影《入殓师》中呈现的那样，父亲在孩子尚且年幼的时候就有了外遇而离家出走，与原

---

① 人口转变期是指传统人口再生产类型（即高出生率、高死亡率和低自然增长率）向现代人口再生产类型（即低出生率、低死亡率和低自然增长率）的过渡期。

② 家庭生命周期是指家庭依照一定的轨迹形成、发展、分裂出新的家庭，直至母家庭消亡的全过程。

来的家人断绝了关系。那么，日后即使与成年的孩子偶然相遇，也会因为关系淡薄而形同陌路吧。社会学家有责任根据这样的数字，推测其背后隐藏着的种种故事。

作答的老人，是兄弟姐妹众多的"多子社会"的产物。他们就算独居也并不孤独，如果子女还在世，可以与子女家来往；若没有子女，也可以与在世的兄弟姐妹走动。这个年代的人的父母，给他们留下了兄弟姐妹这一资源。但是下一辈的人，本身就属于少子化的一代。兄弟姐妹少的话便无法互相帮助，而且他们的孩子是很少有七大姑八大姨和表亲堂亲的。

河合先生还做了另一项"可怕"的调查。

都说单身老人是社会孤立的，真的如此吗？由于衡量社会孤立没有固定的尺度，所以河合先生设计了这样的提问——"正月头三天你是一个人过的吗？"在2006年的这一调查中，居住在横滨市鹤见区的3848名老人给出了回答。

正月是家人团聚的时刻，但对于单身者来说却十分煎熬。有家人的人都会与自己的家人共度，所以如果正月头三天不与任何人见面、一直独自度过的话，可以说是社会孤立的表现吧。虽然最近便利店在元旦期间也营业，但是在便利店里就算不开口也可以买东西，这无法被算在"与人见面"的范围内。针对河合先生的上述提问，在65岁至74岁的独居男性中，居然有61.7%的人回答"是一个人度过的"。而女性作答者中只有26.5%的人回答"是一个人过的"，不及男性的一半。男性的社会孤立程度之高可见一斑。这个比例到了75岁以上的老年人反而有所下降，为46.8%。这或许是因为65岁至74岁的独居男性的不结婚和离婚比例在日渐增加，而75岁以上老人的结婚率较高，就算是独居，也有分开住的家人，至少正月是一起度过的。反观75岁以上的女性，回答"一个人过的"的比例却反而上升了，为32%。这说明年龄越大丧偶的比例也会越高。我们可以推测，在这个年龄段孑然一身的独居女性,因家人皆已离世而被单独留在世间。回答"不是一个人度过的"的人,大多是与子女和孙子女一起过的正月。在75岁以上的老年人中,与女性相比,男性与子女和孙子女一同度过正月的比例较低,这是因为正如预测的那样,他们要么没有子女和孙子女,要么已经与其断绝关系了。

另一方面,从相对贫困率来看,独居女性半数以上为贫困者(所谓的相对贫困率,是指低于平均收入一半的人的比例,该比例显示了社会的贫富差距)。与独居女性相比,独居男性的贫困率较低,可见女性比男性贫困。樋口惠子女士造了一个词——BB-贫困奶奶①,揭示出女性的贫困是伴随终生的。年轻时即已贫困的女性,上了年纪后只会更贫困。例如在依靠生活补助金生活的人中,老年人占了39%(2011年),其中多半都是单身。或许跟家人住在一起可以解决贫困问题,但事实上,不贫困的是丈夫和子女,并非女性自己。一旦离开了家庭,女性转眼间就会沦为贫困阶层。因此,依靠生活补助金生活的人的比例之所以高,是由于高龄贫困阶层,尤其是女性的"贡献"。如果想降低这一比例,就必须采取措施使女性不陷入贫困,但是现实中年轻女性的贫困人口正在不断增加。贫困的年轻人,不久将会变成贫困的老人……政治家们知道这一点吗?

社会孤立与孤独

那么社会孤立与孤独是一回事吗?单身的人不但是孤立的,也是孤独的吗?

河合先生在书中介绍了他在1995年做的调查中的一则"令人震惊的自由式回答":

---

① BB是日文"贫困奶奶"的罗马音的首字母。

75岁的我切身感受到独居生活是寂寞的，悲伤得让人想哭。我有一个女儿和一个外孙，但是他们很忙，所以很少见面。一个月差不多见3次吧。我希望有人与我住在一起，但是很难实现。因为精神上一直紧张，所以感到疲惫。我想找个身心都能依靠的人。我本来有个儿子的，但不在了，我非常想要一个儿子。70岁时得了脑血栓，之后病倒过3次，所以我非常担心。每天都提心吊胆，一刻也不能放松。想这想那，感觉脑子都要不听使唤了。我觉得自己快要得抑郁症了。我该怎么办呢？请帮帮我吧。

河合先生介绍完这则自由式回答后，写道："这位女士每个月与女儿见面3次，客观地说，在家人的支持这一点上是具有标准水平以上的生活条件的。"确实，每个月与女儿、外孙见面3次，可以说足够了。女儿也许这样想："我已经尽力每月去见母亲3次，母亲还有什么可抱怨的呢？"女儿的丈夫没有在回答中出现，不知是因为算不上家人，还是已经离婚了。但是不管怎么说，女儿很忙碌，说明她可以独立生活。这位女士说儿子已经不在了，在超老龄社会，"高龄逆缘"是极有可能的。女士的回答里没写儿子是什么时候去世的，若是成年之后离世，应该有他的家人（妻子和孩子），但是回答中也没有出现相关信息，大概是其妻子偏重娘家亲属的结果。在丈夫去世后，多数妻子就不会再与丈夫的父母长期保持亲属关系了。

河合先生之所以判定该女性"从客观上看具有标准水平以上的生活条件"，是因为在旁人看来她是幸福的，但是她本人所说的"寂寞"是主观的情绪，就算把客观条件摆出来也解决不了问题。

我在《朝日新闻》周六版的专栏《烦恼熔炉》负责解答读者的提问。如果碰到这样的问题，我该怎么回答好呢？那位女士一个人生活，觉得寂寞、悲伤，或许是因为丈夫去世不久吧？想必这位女士从来没有一个人生活过吧。她希望"有个一起住的人就好了"，比较常见的解决办法是与姐妹同住。但其实一起住了之后也会出现各种问题。她好像希望与女儿以及外孙同住，但是实际上住到一起后，会不得不迎合女儿的节奏，以至于心理得不到休息吧。女儿之所以没有提出一起居住的想法，想必自有她的道理。这位女士还说，"想找一个身心都能依靠的人"，但是在被依靠的人看来，也许会觉得困扰而选择逃走。或许对她来说，丈夫曾是这样的存在，但如若一位成年女性身心两方面都要依靠男性的话，男性也够辛苦的。

换作是我，可能会这样回答：过了一段时间，就会习惯独居生活的。任何生活习惯都是时间久了自然而然形成的。不久，你会觉得一个人轻松自在，与别人一起住反而会觉得厌烦。"想这想那，脑子都要不听使唤了"是大脑僵化的信号。那些想了也无济于事的事，就不要再多想了。万一的事等万一发生了的时候再说。70岁得脑血栓，也很正常。随着年龄的增长，身体好比各种疾病的巢穴，只能根据情况与疾病和平共处了。如果还是担心的话，不妨找个可以随时联系的主治医生和上门护士。另外，"精神上很紧张"的话，还可以防止老年痴呆呢……

单从数据来看，独居女性受贫困所困，独居男性为社会孤立所扰。如果遭到贫困和孤立的双重打击，那就更糟了。老后生活尚且如此，面对人生最后的旅程就愈发不安了。因为一直以来，老年人的老后生活只有依靠家人这一选择。正因为如此，很多老年人一旦失去了家人，就失去了一切。然而，俗话说得好——有备无患，我们只要凝望老年人的背影，学习如何面对老后生活就好了。

2 死亡常识发生变化

一个人临终并非"孤独死"

有些人光是听到"一个人居家临终"(© Chizuko Ueno)这个词,就觉得不吉利。有些人把"一个人最后的旅程"理解成了"一个人的穷途末路"。在家里一个人静静地离世,会被称作"孤独死"。

独居老人最终在家里一个人走完人生的旅程是理所当然的事。虽然也有在路边猝死的情况,但是身体渐渐虚弱、无法出门的人,自然是在家中离世的。所谓孤独死,是指那些生前就一直过着孤独生活的人。就算是独居,如果不孤独,也不算孤独死。因此我称其为"一个人居家临终"。目前,这个词除了我以外,还没有别的人使用,所以我加了©(注册商标)。开个小玩笑。实际上,我可不打算注册商标限制该词的使用。不仅如此,我反倒希望越来越多的人使用这个词,甚至最后想不起来这个词是谁提出的。那样,我将感到荣幸之至。

独居老人只是没有与家人住在一起,并非没有家人和朋友。一说到"独居老人"这个词,就想要将其当作瘟疫一样消灭,难道与家人一起住就那么美好吗?事实上,因为跟家人同住却被周围孤立的案例很多,还有的老两口虽住在一起,却深陷"面对面的孤独"这种难熬的境遇。在长年观察独居老人的我看来，有家人的老人封闭在只有家人的环境里，而不与外界建立联系，是存在很大风险的，这着实令人担心。相反地，那些没有安全感的独居老人，平时就会有意地努力建立与他人之间的联系，以备不时之需。

此外，远在他处的家人和亲戚，在独居老人离世前一刻才齐聚一堂也有些奇怪。这种送终情结（我想这样称呼）也应该抛弃了。过去家人和亲戚齐聚一堂是因为都在同一个区域生活，如果住得远，是做不到的。平时很少见面的亲戚，之所以火速奔往现场见老人最后一面，是因为想在今生好好告别。如果老人已经陷入昏迷了的话，就为时已晚了。有这份心意，还不如早点去看望，表达告别和感谢之情。超老龄社会中的死亡，是缓慢进行的。既然可以预计得到，觉得差不多了，就应该提前告别。这样的话，即使收到讣报，也已经做好了心理准备，因为完成了告别，也不至于感到遗憾。

家人也是如此。与其事到临头彷徨失措，不如定期地去看望父母。在多次看望的过程中，一旦发现有衰弱的迹象，就能预料到死期将近。就算没能见到最后一面，如果在老人在世时曾多次地抚摸他的面颊和双手，并且对他说出"谢谢""很幸运做你的孩子""这也许是最后一次见面"等感谢和告别之词，那么他就能从送终情结中摆脱出来。

这种情结，越是亲近的人越是强烈。他（她）们会觉得，明明每天都去看望，怎么竟然会没赶上见最后一面？我有一个朋友与母亲住在一起，后来在她外出的时候母亲去世了，为此她一直非常自责。毕竟每个人都有可能有事必须外出，老人也有可能在睡梦中离世。如果接受不了的话，就要24小时一直陪在其身边。并不是临死前赶上见面才是送终。在那之前的所有时间，都是送终的过程，而充分经历了这个过程的人，就可以坦然地说："就算老人在我外出时离开了人世，我也做好了思想准备。"

人生最后的临终之所

"物以类聚,人以群分",独居的我的周围,也都是独居的朋友。近年送走的两个女性朋友也都是独居女性。她们两人一直是一个人生活的。所幸,两人都有很多朋友,朋友们陪着她们走到了最后(这个经历我之后再详细说明),但是她们最终还是在医院去世的。

目前,日本人大约有80%在医院临终,13%在家临终,5%在养老机构临终,其中在养老机构临终的比例逐年在增加(2010年)。虽说如此,日本人在医院临终的历史其实并不漫长。

日本人长期以来都是在榻榻米上离世的。在家临终与在医院临终的比例的逆转,是从1976年开始。在那之后,在医院离世如怒涛排壑,一发不可收。顺便提一句,在医院生孩子成为主流,是在20世纪60年代。在那之前,都是把接生婆接到家里来接生的。日本人把出生和死亡全权委托给医院的历史,尚不足半个世纪。

最近,在养老机构为老年人送终的情况日渐增多。我每次去养老机构做调查,都会询问对方关于临终的处理和遗体的安置问题,因为我觉得从太平间的位置和氛围就可以看出这个养老机构的生死观。如果太平间位于不起眼的阴暗角落里,灵车从后门出去……像这样的养老机构我是不会认同的。生前和死后不能从同一场所进出,着实令人心酸。此外,我也不能认同不让养老机构里其他与离世者共同生活过的同伴们看到其离世场景的做法。仿佛大家都不愿意看到死亡,死亡似乎是不可示人的。

某次我在韩国做调查时,问一所集体之家(group home)的负责人:"你们这里有送终的服务吗?""有。""那么太平间在哪里?""我们没有太平间。"……咦?我很吃惊,随即又问道:"那么遗体会安置在何处呢?"对方的回答让我非常震惊。

"遗体都运到医院的太平间,然后请死者的家属过来领。"

之所以这样做,据说是因为如果让老人在养老机构里临终,家人面子上会过不去。所以一定要演给亲戚看,向他们证明自己把老人送去医院救治了,直到最后自己都尽了最大的努力。

虽然这事发生在我们的邻国,但我们却不能一笑置之。日本的养老机构以前也不是送终的地方。即使在特别养护老人院(以下简称"特养")或集体之家,当入住者的病情恶化时,也是需要拨打119①叫救护车送到医院的。

在某一收住重度认知症老年人的集体之家里,我问道:"你们如何送终呢?"对方回答说:"我们没有这项服务。""那么有合作的医疗机构吗?"我又问道。"没有。""嗯?那么如何处理呢?"我紧接着问。对方回答说每次都是拨打119叫救护车来,也就是说,要视当时的情况才能知道会被送到哪家医院。我听了之后目瞪口呆。

送终服务的确会增加养老机构的负担,还有些员工对此感到畏惧。老人照护保健设施(以下简称"老健")要求医生和护士常驻,在不具备这个条件的地方,仅靠照护员是应付不过来的。然而,极其需要照护的人,正如走在人生的下坡路上一样,总有一天会面临死亡。既然如此,那么不如让他们在自己一直生活的地方与这个世界告别,出于这个目的,"特养"和"老健"开始增设送终服务。为了鼓励该项服务,日本的照护保险为养老机构附加了"送终照护加算②"这一额外的报酬。

养老机构目前已成为入住者最后的归宿。连原本以转向居家为目标的"老健",也因入住时间变长而趋向"特养"。"特养"和"老健"也接

---

① 在日本,火灾、求助、求救、急救车都是拨打119。
② 当老人在住所以外的照护机构或养老机构临终时,照护保险会为机构附加额外的送终报酬。

受了这个现实，在接纳入住者的时候，会与其家属协商如何送终。

有两个选项：在入住者自己的房间送终，或者送去医院。现在选择后者的家属仍然占大多数，这是因为，尤其在一些偏远地区，如果不把老人送去医院的话，家人在亲属面前会没有面子。

过去在偏远地区，或对穷人而言，医院是一种"奢侈品"。甚至有孝子会感叹：多希望在父母去世前带他们去医院看一次病啊。"在医院里直到最后尽了全力"本是家人的心愿，却最终变成了在亲属面前的面子问题，这使得选择在医院临终的人越来越多。如此一来，与其说是当事人选择了在医院临终，倒不如说是家人的选择更合适。

在医院临终还有一种效果——把死亡从日常的场所中隐藏起来。不过也有地方反其道而行之，将死亡置于人们能看得见的日常场所里。爱知县西尾市的单元型"特养"——"千年村"，以全部房间皆为单间著称。在那里，老年人基本上10人以下为一组共同生活，他们居住的单间配置于厨房、食堂、起居室等共同生活空间的四周。在"千年村"，大门是开放的，灵车可以直接停放。与逝者生前有来往的入住者齐聚一堂，与其告别之后再一起把遗体送出去。如此，"千年村"特意打造了一个共同见证死亡及与死者告别的空间。据说齐聚在那里的老年人会从心底里感到安心："自己以后也会这样被送走吧。"

在另外一个与入住者一起举行同样的告别仪式的养老机构里，我还听说了这样一个感人的小故事。因重度认知症而认不出谁是谁的一位老人，在参加告别仪式时，在灵柩被运走前深深地对其鞠了一躬，并且口齿清晰地说道："漫漫人生路，你辛苦了。"还有比这更棒的"告别"吗？

在家临终者会增加吗？

接下来谈谈在家临终。

"死亡的医院化"导致日本人的临终之所一下子从家里变成了医院。不过近年却出现了相反的趋势。虽说如此，在家临终的比例仍未大幅增长。想要颠覆"临终应在医院"这一根深蒂固的常识颇为困难。

即便都是在家临终，现代与以往的情形也截然不同。过去，居家照护的医疗水平很低。在那时，一旦卧病在床，出现褥疮是理所当然的事情（谁会想到如今"褥疮"这么难的辞藻日本人都在普遍使用了。如果雇用印度尼西亚籍和菲律宾籍的护工的话，或许使用"皮肤磨破溃烂"的说法更容易懂一些）。当时，卫生水平和营养水平都不高，褥疮不断加剧的话，就会有细菌从溃烂处侵入，受照护者很快会因感染而死，因此以往的居家照护，原本并不会持续很长时间。照护负担变重是由于照护水平的提高、照护期间的增加。换言之，即使需要照护程度很高的人，如果能受到悉心的照料，也可以长期活下去。

不仅如此，居家照护之所以成为可能，是因为需要照护的人与有照护能力的家人同住。所谓的照护资源，其实是指儿媳妇。当住在一起的公婆需要照料时，不管儿媳愿不愿意，这个任务自然就落到了她的肩上。"'不能拒绝的照护'就是强制劳动（forced labor）。"不过即使我一向说话不留情面，这句话也不是我说的，而是研究照护的外国学者玛丽·戴丽在书中所写。看来强制劳动不仅仅存在于集中营中，也存在于家庭内部。

不过，最近几年情形也发生了剧烈的变化。儿媳逐渐不再是照护资源了。樋口惠子女士甚至宣称，作为照护能手的儿媳已经绝种。

各种调查都显示，当自己需要被照料的时候，老人最希望配偶来照料自己，其次是女儿，接下来是儿子。儿子已经超过儿媳位居前几名。儿媳与公婆之间原本就没有血缘关系，一方不想照料，另一方也不想被照料。另外，居家照护之所以能够实现，除了家人的照护以外，还因为有第三方介入，也就是照护保险的存在。现在不仅可以接受专业的照护，必要时还可以享受上门看护和上门医疗。以前的居家与现在的居家，已经截然不同了。

死亡临床常识的改变

最近我感觉关于死亡的临床常识正在急剧变化，于是调查了一下，发现了一个有趣的现象。近几年，围绕居家临终这个主题，出现了大量由医疗专业人士撰写的书籍。

没想到最先提倡在家临终的，竟然是医生。曾经在医院急诊室工作的他们，突然觉得："这不太对劲……"

作为居家安宁疗护（把家作为临终的地方）的先锋而闻名的山崎章郎医生，于1990年撰写了《在医院去世这件事》（主妇之友社，1990年/文艺春秋，1996年）一书。虽然书名令人费解，但当时还在急救病房工作的山崎医生，对于为何老年人要被救护车送到医院来临终产生了困惑。急诊室是进行延命治疗的地方。年轻的山崎医生的工作，是为心电图上显示马上就要心脏停搏的老人做心肺复苏。把手放在胸口持续按压，心电图上的心跳会微微上升。他感觉到在自己的按压下老人脆弱的肋骨都要断了。即使老人没有意识，也可能很痛苦，因为他们的脸都扭曲变形了。急救的过程会持续数分钟，将死亡时间推后哪怕是一点点都会让急救医生有种成就感。因为医院是"与死亡搏斗的地方"，死亡意味着医疗的失败。

在急救期间，家属是远离重症监护室的。当无论怎么按压，心脏都不再跳动，心电图上的心跳完全停止时，一直等在手术室外的家人才可以进来，并由医生宣布"我们已经尽力了"的消息。接着，家属抱着遗体放声痛哭。这是当时在医院临终的真实写照。临终的现场就如施工现场一般乱成一团，家人无法目睹老人断气。山崎医生说，他当时觉得这是不正常的。本来理应安详的死，却变成了战死一样的状态，这样真的好吗？能不能创造一个让当事人和家人都能平静地接受死亡的场所呢？出于这些考虑，山崎医生决定成为一名安宁疗护医生。之后，他又转而成为居家安宁疗护医生，主张终末期患者并不是非要待在安宁疗护病房不可，也不一定要去医院，而是可以在家里临终。因为即便是安宁疗护病房，也属于医院的一种，对患者来说仍是脱离日常的。于是，他在东京郊外的小平市修建了"小平照护城"。

继《在医院去世这件事》出版22年之后，山崎医生于2012年又写了《在家临终这件事》（海龙社）。这本书的标题也让人摸不着头脑，但是从同年他与二坂保喜医生合著的《在医院临终很可惜——打造正视"生命"的新城市》（春秋社）一书来看，不难发现，在20多年间，他的立场发生了180度的转变，从主张在医院去世转向了主张居家临终。在这期间，山崎医生持续从事居家安宁疗护，他最终确信，接受安宁疗护比医院急救好，而在家临终又比在安宁疗护病房临终好。

另外，以不打点滴、不治疗的方式为数百名患者送终的中村仁一医生撰写的书《如果想寿终正寝就不要临终医疗——自然离世最好》（幻东社新书，2012年）也已问世。曾经在养老机构为160名入住者送终的石飞幸三医生，撰写了《最好平静地死去——等到不能进食了该怎么办》（讲谈社，2010年/讲谈社文库，2013年）一书。书中写到，他从未在病症终末期为了缓和患者的疼痛而使用吗啡。很多人都说"死亡是没办法的事，但是不要疼痛"，针对这个问题，石飞医生说，他所经手送终的养老机构的老人，无一例外都无痛苦地安详地迎来了死亡。如何得知没有痛苦呢？他说，从老人安详的表情中便可看出。

像这样颠覆死亡临床常识的新发现层出不穷，其原因在于，日本人的死亡方式发生了改变。

超老龄社会中的死是缓慢的、可以预期的。人慢慢地变得虚弱，无法站立、卧床不起。之后因不能进食而处于饥饿状态，连水也不能喝的时候就进入了脱水状态，不久，因为呼吸困难而不得不用下颌呼吸，最后咽了气。到了晚期，大脑会分泌一种麻醉物质——内啡肽，跟吗啡有同样功效。所以据说当事人并不痛苦，死亡不过是因衰老而寿终正寝的过程而已。濒死时不能进食是理所当然的，这个时候没有必要强行插管。不能饮水也是很自然的过程，就算出现脱水的症状也不必强行打点滴。开始下颌呼吸后，旁人看着好像很痛苦，但其实有时当事人连下颌呼吸都没有，就不知不觉安详地离世了。

衰老的老年人中，有些是癌症患者。癌症是老化现象的一种。超老龄社会中，癌症病情的发展是极为缓慢的，没有必要进行像外科手术那样的治疗，以致造成身体的负担。在高龄的癌症患者中，有些人的离世到底是因为癌症还是衰老，有时也无法判断。

很多有送终经历的医生都说："如果可以选择，我宁愿患癌症而死。"目前，日本人的死因排名依次是癌症、心脏疾病、肺炎、脑血管疾病，最后是衰老。其中癌症有下述四个特征：（1）可以预期死亡时间；（2）身体的活动水平一直可以维持到生命晚期；（3）直到最后，意识都是清醒的；（4）从昏迷状态到离世的时间比较短。即便如此，还是有人觉得癌症的疼痛让人受不了，但近年，缓和医疗有了显著的发展。过去，使用吗啡时有技术好坏之分，但近来，缓解疼痛的药物有了长足的进步，不管医生的技术水平如何，都能对疼痛进行有效控制。当然，并不是说我们可以选择如何死，只是说，如今已经不再是畏惧癌症疼痛的时代了。据中村医生所说，高龄的癌症患者中很少有喊疼的。

居家安宁疗护的引领者

任何行业都有引领者。

日本居家安宁疗护协会第一届会长川越厚医生，早在1994年就撰写了《安详的死——与癌症的斗争与居家记录》（日本基督教团出版局）一书。这本书记录了他如何陪伴一位强烈想要"在家走到最后"的患者度过余生。读了川越医生的记录，我很惊讶，在那个患了癌症却选择在家里临终会被视为缺乏常识的时代，竟然有医生支持患者的想法，使患者最后能安详地离世。在进行居家医疗实践的医生中，有很多人愿意虚心向患者和一线照护人员学习。在现场经历的感动，让他们乐此不疲地奔赴"家中"这一魅力之所。

1998年，上门护士的先锋宫崎和加子女士撰写的《在家临终很任性吗？——一个有20年照护实践的上门护士的经验》（主妇之友社，1998年／筑摩文库，2002年）出版发行了。原来那时在家临终还被当作是任性之举啊。

2000年以后，与在家临终相关的书籍纷纷面世。有川越厚和川越博美共著的《在家送终这件事——晚期癌症患者的居家安宁疗护实录》（讲谈社，2005年）、川越厚和柳田邦男的《在家活着的意义——选择居家安宁疗护的人以及支持他们的人》（青海社，2005年）、川人明《希望在家辞世——一个给老人出诊3万次的医生眼中的生命》（祥传社新书，2005年）、网野浩之的《在家临终最好——思考生与死之14章》（幻冬社，2010年）、中村伸一《在家寿终正寝——为了能说出"真是不错的人生啊"这句话》（中央公论新社，2010年）等等，作者几乎都是医生，这些书可谓他们居家医疗的实践记录。正如玉地任子医生的《在家临终——多彩生命的选择》（讲谈社，2001年）一书中呈现的那样，"在家临终原来是如此丰富多彩啊"，字里行间都能让人体会到一线医生的那种感动。

居家医疗的引领者，中野一司医生在其著作《居家医疗改变了日本——由治疗到照护的模式转换（提倡新的医疗概念即"以照护为中心的医疗=居家医疗"）》（医疗法人中野会，2012年）中充满激情地描述了要改变老年人医疗的哲学与模式这一任务。

最近，面向当事人和家人的实践手册也应运而生。包括高濑义昌的《在家里迎来安详离世的方法——当事人和家人都能满足的在家平稳临终》（WAVE出版，2013年）；大头信义编著的《选择"居家安宁疗护"——让家人送终》（现代书林，2013年）；悠翔会编著、佐佐木淳监修的《给家人的居家医疗实践手册》（幻冬舍Media Consulting，2012年）；长尾和宏的《尽孝道让父母"安详离世"——给父母送终子女该做的27件事》（EARTH STAR Entertainment，2013年）；长尾和宏和上村悦子的《由家人选择的"安详离世"，只有送终的家人才知道的"幸福的临终"》（祥传社，2013年）；德永进的《我也能送终》（Best Sellers，2013年）等等。川越医生的《居家安宁疗护/缓和疗护——通过演习形式学习疗护的指针》（Medical Friend社，2003年）一书，则是针对专业照护人员而写的有效的实践手册。

但是，从这些书的书名不难看出，它们面向的读者，是送终的一方。接下来介绍几本针对临终者（被送终）一方的手册。松永安优美医生的《"在家临终"的心理准备——为迎来圆满结局》（白杨社，2013年），网野医生的《还是想死在家里——都市的居家医疗12年》（日本评论社，2008年）。冲藤典子女士是"改善老龄社会妇女协会"的理事，她的《即便如此还是想在自己家里走向那个世界——来自居家照护的现场》（岩波书店，2012年）一书，是以第一人称站在被送终一方的视角上撰写的。

虽然出版了这么多书籍，但从书名中的"还是""即便如此"这些词语不难看出，在家临终的门槛依然很高。冲藤女士的书中虽然出现了单身老年人的案例，但是写得小心翼翼，并不是中心议题。

由此可见，即使有家人，在家临终的难度也非常大，因为会被说"任性""即便如此也不应该"等等，更何况我这种单身一人的呢。难道就毫无居家临终的希望了吗？

在这样的背景下，以下两本书粉墨登场了。一本是《男性单身术》的作者中泽真由美女士撰写的《一个人也能在家走到生命的最后——帮助人们平静离世的医疗与居家护理》（筑地书馆，2013年），另一本则是我自己和小笠原文雄医生合著的《上野千鹤子问：小笠原医生，独居老人可以一个人在家离世吗？》（朝日新闻出版，2013年）。这两本书都是站在临终者本人的立场撰写的。

我们再回顾一下这20年来的书目，可以发现以下几种倾向。第一，人们的关注点从医院临终变成了安详离世、在家临终。第二，读者从医疗专业人士扩大至家人及当事人。第三，从医疗专业书籍转变为一般书籍。第四，书籍的出版商不再是小型出版社，而是变为主流的出版社，发行量也不断增加。第五，呼吁对象由家人变为即将离世的当事人。第六，以"一个人"在家临终为主题的书终于问世了。

没有同住的家人的单身者，一直以来被认为是无法选择在家临终的，但如今，他们也有了全新的可能。

然而，就像中泽女士的书名中带有"即使一个人"那样，我与小笠原的合著书名是加了问号的："可以独自一个人离世吗？"我的愿望是把"即使"和问号统统去掉，所以我将本书的主题设定为"一个人居家离世"。

3 促使居家临终者增加的因素

《医疗与照护综合法》的诞生

面对超老龄社会这一现实情况,日本政府于2014年6月出台了《医疗与照护综合法》。与照护保险法相关的法案自2015年4月起依次实施。

据日本国立社会保障暨人口问题研究所做的人口数量推测,如果低出生率持续下去的话,大约半个世纪后,也就是到2060年,日本的人口将会下降至8000多万。届时,老龄化比例预计将达到40%。

正如经济学家藻谷浩介先生指出的那样,日本的不景气是国内市场规模缩小造成的,故而难以阻止。想要增加人口,有两种方法,一是自然增长(出生人数的增加);二是社会增长(人口移动,也就是移民)。而要想维持国内市场规模,可以选择让外国人进入日本。但若想补足数千万人规模的人口缺口,就得像经济团体2000年以后倡导的那样,必须考虑引入1000万的移民,或许1000万也不够吧。顺便提一下,日本政府一直以来都在使用"外国人"一词,而避讳"移民"这个字眼。这大概是因为"外国人"只会在日本工作一段时间,最终还是要回国的。但是"移民"这个词,却有"定居"的余韵在,所以政府才会敬而远之吧。有人说,抵御少子化的最后一个有力手段，是引进外籍家务劳动者（保姆、管家等），但目前看来，日本政府还没有打算大量引入不熟练的家务劳动者。

年轻的社会学者古市宪寿先生指出，日本政府错失了恢复人口数量的最后一次机会。也就是说，政府错过了婴儿潮二代生育下一代的最佳时机。众所周知，日本的人口结构有过两次攀升，一次是二战后不久的第一次婴儿潮，以及这些人迈入生育期时出现的第二次婴儿潮。我是在第一次婴儿潮时出生的，而我们这一代的孩子属于婴儿潮二代。没想到战争这一大规模的人祸对人口现象产生了如此深远的影响。婴儿潮二代原本可以带来第三次生育高峰的，但现实是，他们这代人面临晚婚、非婚、少子等诸多问题。这是年轻人劳动力市场的瓦解造成的，更准确地说，是政界、财界、工会等领域的中年大叔勾结在一起瓦解了年轻人劳动力市场的结果。政府一边高喊要解决少子化问题，却连适婚适育年龄的男女最基本的、稳定的生活保障都没有提供。政治家们到底都在做什么？一想到这点，我就愤怒难耐，想要不停地奋笔疾书。详情可参考拙著《女性的生存大作战》（文艺春秋，2013年）。

由于不断减少的生产人口要支撑不断增加的高龄人口，所以，日本正在经历"从骑马打仗型社会到骑脖子型社会的转变"①。政府的《医疗与照护综合法》就是为了应对这种危机而产生的。

年金制度为老年人提供的保障

老年人的社会保障基于以下几个主要因素。

年金、医疗、照护为三大支柱。位于中心地位的是居住保障。居住福

---

① 骑马打仗型社会指平均2.4个劳动力（20岁至64岁）抚养一名65岁以上老人的社会，而骑脖子型社会是指平均1.3个劳动力（20岁至64岁）抚养一名65岁以上老人的社会。

利（确保住处）非常重要，但之前一直没有被讨论过。没有被讨论的缘由以及其重要性日益凸显的原因，我之后再详细论述。

年金、医疗、照护在日本均属于共同救济制度，换言之，它们分别建立在相应的保险，即国民年金保险、国民健康保险、照护保险的基础之上。请注意，只有照护保险未加"国民"二字。照护保险从一开始就没有限制加入者的国籍。该保险规定，满足一定条件的常住外国人只要交纳保险费，就可以使用。年金保险和健康保险最初成立时，限制了加入者的国籍，把外国国籍的居民排除在外，但后来条件也放宽了。

这三种保险制度的完善可以说是日本引以为豪的一点。当然，也有一些令人羡慕的国家不是通过保险形式运作，而是全额由税金支付，但那是以高税负为代价的。相对而言，日本老年人的社会福利水平绝对不算低。最近甚至有人批判说老年人的待遇比上班族还要好。

年金制度的完善改变了老年人与后代的关系。因为老年人拥有了与子女不同的钱袋子。以往所谓的家人，是以共同管理开支（也就是一个钱袋子）为前提的。在二战结束前，日本家庭的开支都是由年长者掌握的，他们控制着经济大权。但前提是年长者尚处于健康状态，当时的日本人一般只能活五六十岁。在如今的长寿社会，老年人可以活到患认知症、卧床不起而接受照护的年龄，可是，当他们到了那个年纪，就已经无法再向子女发号施令了。如果只有一个钱袋子的话，只能把经济实权交给子女，自己过起隐居生活。换言之，年长者成了一家的累赘。

在这种情况下，开支的共同管理，意味着要依赖子女的财产。如果与子女同住，便由子女负担支出；若不住在一起，则依赖于子女提供的生活费。所以说，在年金制度出台之前，没有子女可以依靠的老年人是最悲惨的。

年金制度好比是由社会提供生活费的一种制度。试想，如果换成是每个月以子女的名义，通过现金挂号信的方式寄来一定金额的钱的话，父母会在子女面前抬不起头来吧。

年金制度使父母有了独立于子女的钱袋子。虽然金额不多，但正因为是自己可以自由支配的钱，也就不用看子女的脸色了，还能享受给孙子零花钱的快乐。就算后来与子女住到一起，因为父母有年金，对于子女来说也不是坏事。非但如此，现在还有一些子女靠父母的年金生活呢。还有更过分的子女，他们担心少了父母的年金来源，所以即使父母去世也不办理死亡申报，以致出现了"老年人失踪"这样的事件。

照护保险刚出台的时候，有些政治家表示反对，他们的理由是，日本有"子女照顾父母的美德"。也有人说，照护保险会破坏日本的家庭传统。如果按照自民党宪法修正案中所说的"家人必须互相帮助"的说法，应该最先废除年金制度吧。因为那样一来，老年人就不得不依赖子女了。而且，因为没有成家，所以没有子女可以依靠的老年人，自然会陷入凄惨的境遇，那时，会被保守派人士肆无忌惮地说成"自作自受"吧。

不过不要忘了，从历史上看，任何社会的老年人福利，都是为了减轻工作的一代为老年人所承受的负担而发展起来的。年金制度和照护保险制度的完善，终于让工作的一代从赡养年迈的双亲的重担中解脱出来，工作的一代达成政见一致的背后，其实隐藏着这样的"真心话"。

正因为有了年金制度，医疗保险和照护保险才得以成立。换言之，是因为老年人具有了购买医疗服务和照护服务的能力，保险才得以存在。如果没有年金保障，医疗保险和照护保险都是空谈。

年金制度正面临因为人口结构变化而引起的财源问题，以及不同世代间分配不公的问题等，所以制度有所动摇。这些问题都很重要，我们还是交给专家讨论。在这里，我们只谈医疗和照护的问题。

医疗福利制度的改革

《医疗与照护综合法》是在政府的社会保障、税制一体改革的过程中颁布的。

约10年后的2025年，人口的最主要人群，也就是婴儿潮一代，将正式进入高龄。在此之前，我们必须把医疗保险和照护保险变成可持续的制度，《医疗与照护综合法》就是在这种危机感中出台的。

医疗改革主要包括以下几点：

（1）将医疗分为急性期医疗和慢性期医疗，医院主要负责急性期医疗及高水平医疗。

（2）控制病床数和住院天数。

（3）废除疗养型病床。

"可持续"一词其实是节约的代名词。以上各项政策都是以如何回避医疗保险破产为目的的。

第（1）项改革是为了减少日本人只因小感冒就带着健康保险证去大医院就诊的行为。医院的专业性将越来越强，初诊患者至医院就诊的门槛越来越高，没有诊疗机构的介绍信就无法看病。许多高福利国家的家庭医生制度乍看很好，实际上，家庭医生就像医院的守门人——没我的允许，休想踏进来一步，这与关卡的守卫所做的事如出一辙。因此，如果遇到糟糕的家庭医生，患者会苦不堪言。

第（2）项改革是为了缩短住院天数。与其他国家相比，日本人的住院时间偏长。病床数和住院天数相互影响。由于住院时间拉长，所以不得不增加病床数量；一旦病床增加，就要尽可能留患者住更长的时间。在美国那样的国家，如果使用民间健康保险的话，保险公司会进行严格审查，不允许不必要的住院费用。患者在手术后3天就出院并不罕见，不会像在日本，医院动辄将患者留在病床2周之久。近年在日本，随着康复观念的改变（手术后要马上活动身体），也倾向于让能走动的患者回家休养。

顺便提一下，跟其他国家相比，日本的人均病床数和住院天数最长的，是精神科病房。厚生劳动省的患者调查（2011年）统计显示，出院患者的平均住院天数为32.8天。其中住院时间最长的，是身患与统合失调症相关疾病的人，长达561.1天。其次是认知症，359.2天，阿尔茨海默病则为236.3天。就算让医院缩短天数，医院也不能立即实施，而且，如果天数缩短，那么一直依赖长期住院患者的精神科医院，将无法经营下去。为此，医院打算把精神科改成面向患认知症老人的疗养科。但需要注意的是，医院为了维持原来的病床数，瞄准了认知症老年人这一市场，从而取代了原来的精神病患者市场，这点非常恐怖。

关于第（3）项改革，政府早在2006年就提出了废除疗养型病床的方针。起初决定于2011年年底全部废除，但由于奋斗在一线的医生们提出正在疗养的患者无处可去，所以政府一度撤回了该决定，并在2011年修改《照护保险法》时，将废除的期限延至2017年。有人不禁要问，那么之后患者该去哪里疗养？想必政府是打算让他们去成本更低的养老机构或者是回家疗养吧，毕竟是为此把医疗和照护分开的。

医院将成为治疗疾病、让患者活下来的地方，而非死亡之所。治疗和照护大相径庭，因此把两者分开的宗旨并没有错。当初之所以创设照护保险，是因为医疗保险不堪重负，而导致保险负担过重的原因，则是老年人基于"社会因素"的住院。所谓社会因素，是指已经不再需要医疗的老年人，因无处容身（就算有家，因为家人不接纳也回不了），所以长期占据床位的情况。医院原本也不是生活的地方，因为患者无处可去，所以不得已才让他们4人或6人一间，长期过着只隔着一个帘子、毫无隐私的生活。如此一来，不仅老年人不幸福，医院也无法发挥原本的功能。

有一件事，至今我仍无法忘怀。当医生对一位因"社会因素"而长期住院的老人说"老人家，我们已经没有什么可做的了，您赶紧回家吧"时，老人立刻跪坐在床上双手合十，说道："医生，我求求您，拜托您，不要赶我走！"女性若能做做家务、带带孩子尚且还有点用处，一无是处的老太婆在家里便成了多余的。此外，女性一直扮演着照顾他人的角色，当反过来需要别人照顾的时候，会觉得脸上无光、根本无颜面留在家里。过去的女性，是没有"在家疗养"这一选择的。

把这样的老年人（因社会因素住院的）从医院转到养老机构，作为"从治疗到照护"（中野一司）的过渡，并非坏事。哪怕其动机不纯，只是为了把照护从医疗保险中分割出来，转嫁给成本更低的养老机构。

今后即使因老年人的病情恶化而拨打119叫救护车，医院或许也不会再理睬了。目前的状况是，救护车为了寻求接收患者的医院，要跑好几家。救灾时，我们引进了"优先救治"这一概念，坦白说，就是甄别能救的和救不了的。救护车里的人员联系医院时，会被询问患者的年龄，只凭这一点，就有可能被决定是否"优先救治"。

在第2章中，我提到了关于死亡的临床常识已然改变。在超老龄化社会，现在总算开始有这样一种共识——对于可以预测的死亡，应尽可能地减少医疗的介入。同时，医疗制度改革的推行者们也让我们不得不面对这样的一个事实，那就是医疗资源已经达到了极限。

养老机构非临终之所

那么可以在养老机构里临终吗？

养老机构本不是送终的地方。一直以来，人们认为"老健"里有医生，但"特养"里没有医疗体制，到了晚期还是会被送到医院去。多数经营"特养"的社会福利法人,要么是从同一地区的医疗法人派生出来的,要么与其有合作关系,所以难免让人猜测是不是为了增加合作医院的创收,才将晚期患者送过去的。

"老健"原本并非送终的地方,而是从患者出院到回家休养之间的过渡场所。所以与"特养"不同,"老健"原则上只允许入住3个月,多数人会停留大约3~6个月的时间。但是,制度总是赶不上实际变化。本来只允许入住一段时间的"老健",愈发趋向于"特养化",无处可去的老年人开始长期入住,"老健"和"特养"的送终服务都在增加。比如某一处有良心的"老健",收住的需重要照护的人越来越多,结果,那里每年要为几十位入住者送终(也就是平均每月一名以上)。可这件事在当地居然被消极看待,人们风传说"去了那里会没命的"。

"老健"也好,"特养"也好,并不是自愿为入住者送终的。不仅值夜班的员工会紧张,而且需要更多的人手。如果每月为数名入住者送终的话,员工的负担会相应地增加。虽然明知道这一点,但是为了让老人能安稳地离去,员工们依然选择不让其移动,就在老人的房间里为其送终。2009年开始,照护保险终于给在一线做的这种实践附加了名为"送终照护加算"的额外报酬。据说在养老机构里为入住者送终,员工是很有成就感的。在过去,到了最后要把老人送去医院,无法为其送终,所以员工们难免遗憾。如今,他们积极表示,想陪伴老人走到生命的尽头,毕竟是自己一直照顾过来的。

在医院,死亡意味着失败,但在养老机构里,死亡则是终点和目标的达成。据说,最初,对那些见证死亡的员工,需要进行心理疏导,但如果我们不将死亡看成负面的、消极的事物的话,不断累积了工作经验的员工会逐渐变得自信。本书第9章将详细介绍名为"妈妈之家"的安宁疗护之家(其营业活动在照护保险范围之外,是一个为老年人提供群体生活外加送终服务的团体），其经营者表示，开始时觉得"送终不需要医生，有上门护士就够了"，最近却感到"有护工就够了"。

话虽如此，这种有良心的机构还是凤毛麟角。多数养老机构仍然担心家属会埋怨他们让入住者在机构里临终。最近，养老机构终于开始与家属在事前就进行商议，以求在入住者是在自己的屋内临终还是送去医院一事上达成一致。但事实上，家属同意入住者在自己的屋内临终的动机两极分化严重，有的是出于对老人的孝心，想尽可能让老人安稳地离去；有的则是因为不想支付额外的费用，想把所有事情都交给养老机构，自己完全不管老人。但就算是动机不纯，只要结果对当事人有利，我们也就不必计较了吧。

比较麻烦的是"自立型"老年人住宅①和收费养老院。两者都提供条件不错的单人房，可当我问道"将来需要照护的时候怎么办呢？"时，他们的回答竟是"没问题，我们准备了照护房"，简直让我惊讶得说不出来。所谓的照护房，就是在狭小的房间里放了张床而已。虽然有常驻护士在，但是老人们必须要从自己住惯的房间离开。既然如此，那么入住者为何要支付高昂的费用以确保舒适的房间呢？

住进这样的机构之前，最好先确认一下是否可以在自己的房间里临终。如果需要追加服务费，也就意味着如何走黄泉路取决于你的手里有多少钱。那么，就需要有个思想准备——离世也是要花钱的。这也告诉我们，必须趁自己身体还算健康的时候，亲自挑选养老机构才行。

在提供服务的老年人住宅②里临终，可以算作在家临终。在家临终的比例一直持平不见增长，但是在养老机构里临终的情况却在逐步增加。这

---

① 指收住有生活自理能力的老人的老年人住宅。
② 在日本，依据老年人住宅法的基准注册的与照护、医疗携手为老年人提供服务的无障碍设计的住宅。

是现场灵活应对的结果。入住者的老龄化和病情重症化，使得其入住时间拉长，所以养老机构采取了相应的应对措施。养老机构已经不能再说"我们这里没有送终服务"了。

不再增设养老机构

那么，一直住在养老机构里，就可以安心地临终吗？

事实上，政府的社会福利改革并没有朝着这个方向发展。目前，日本全国等待入住"特养"的老年人据说有52万人（2013年），但实际上并未实现增设养老机构，相反，甚至是在控制增设。

养老机构建设的许可权在地方政府手上，但地方政府对此事持消极态度。因为除了建设成本高以外，入住者的人均费用也会增加，这势必给政府的照护保险财政带来压力。在地价高昂的城市里建机构，成本本来就会比较高，比如建一个有40个床位的单间的"特养"，要花费40亿日元以上，相当于平均每个床位就要1亿日元。再加上人力费以及设施设备的维护管理费这些营运资本，真的不容小觑。建了养老机构后，地方政府的照护保险费的确会上涨。然而，养老机构能够容纳的收住人数有限，势必导致有些人能入住，而有些人不能，无法做到公平。甚至有人说，入住的先后顺序也与政治家们出于利益的斡旋有关。

此外，虽说申请入住的平均人数是可容纳人数的3倍以上，但存在地区差异。有的地方相对容易申请，而大城市及周边城市的话，可能有近1000人在排队入住。有些地方，已经历经了老龄化的最高峰，开始走下坡路了。虽然老龄化比例在持续上升，但因为人口规模本身在缩小，所以有些地方的死亡人数和老年人人数都在递减。新潟县长冈市是一个约有30万人口的地方城市，在那里经营"特养"——"辛夷园"的小山刚先生早就预言，"今后必须考虑地方养老机构的关闭方式"。

日本政府似乎也不想再增加"特养"。2014年6月通过的《医疗与照护综合法》规定，自2015年4月起，只有需要受照护的程度在3等以上的人，才能入住"特养"。这是为了提高入住的门槛，从而控制人们对特养的使用。不过政府还有一个目的，即为了促进轻症患者回到家里。的确，我去参观养老机构的时候，看到有些入住者身体健康，所以不禁思考："为什么受照护程度仅为1或2的人，非要住在这里不可呢？只要有居家援助服务，住在家里就好了啊。"所以从这点来看，政府这样做也是不无理由的。同样，在这个问题上也是不管动机如何只要结果好就行了。住在家里，是老年人恳切的愿望。我深深觉得，再好的养老机构，也没有一位老人是自愿住进去的。

既然如此，老年人应该在哪里临终呢？实际上有些无处可去的人被

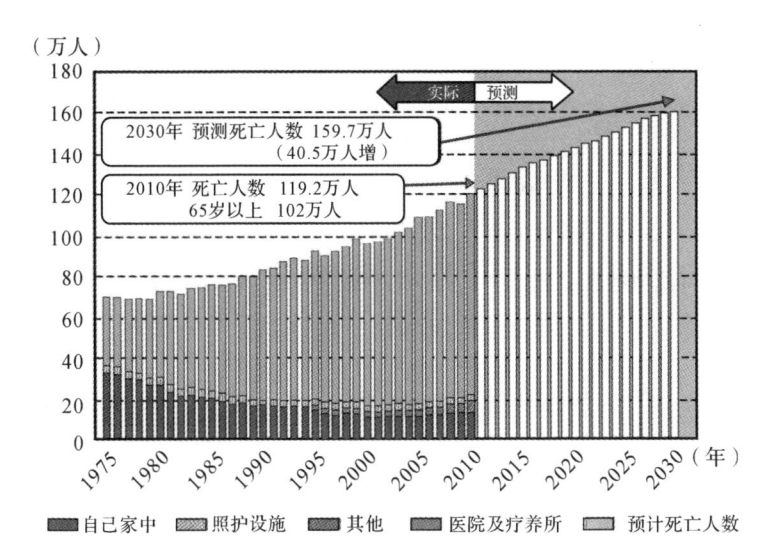

在不同死亡场所死亡及死亡人数的逐年变化及未来预测

资料来源：根据中央社会保险医疗协议会的资料（2011年）制成

称作"临终难民"。不管老龄化趋势如何，每个人无一例外地最终都会死去。目前死亡人数在逐年增加，然而病床数量基本保持不变，在养老机构临终和在家临终的人数也只有少量增加，如此一来，估计无法入住医院和养老机构，又不能在家临终的"临终难民"，每年多达40万人以上。这是模拟计算得出的数据，你是否也在其中呢？

最后该去哪里临终？

医院去不了，养老机构也进不去，那该如何是好呢？对于这个问题，政府给出的回答是"在家临终"。既然再也不能选择医院临终和养老机构临终，那剩下的就只有在家了。政府不得不考虑为老年人在家临终进行基础建设，为此大幅增加了医疗保险中居家医疗的点数①，给居家医生以更加优厚的待遇，同时提高了为患者在其住所送终的点数。

再次重申一下，政府之所以进行医疗与社会福利改革，都是为了降低医疗和社会福利的成本。尽管动机不纯，但此举为老年人带来了福音，所以也算是皆大欢喜。

如果说住在家里是老年人恳切的愿望，那么在家里离世也一定是他们殷切希望的。如果"死要死在医院里"这一"常识"被逐渐打破的话，那么，又有哪位老人还愿意到了将死的时候去医院和养老机构呢？

如果真的能在家临终，那该有多好啊。但是，前提是要有同住的家人，且家人愿意为老人送终。独居的我是不是没有这一选择呢？

怎样才能实现一个人居家临终呢？这是接下来要讨论的话题。

---

① 点数指诊疗报酬点数，将医院的诊察、治疗等各项医疗行为皆以点数表示，按照1点10日元计算，从而算出总医疗费。

4 老年人是住宅市场中的弱者吗？

照护的"再家庭化"

在前一章里，我们预测若无法入住医院或养老机构，那么最后只好成为照护难民、临终难民。

但是，人世间发生的任何变化都非自然现象，而是人为的社会现象。之所以有可能成为临终难民，是因为现在的政府决定不再增加病床、不再增设养老机构。而做出如此决定的政府，是由选民推举的。因此，若要怪政府，也只能怨恨自己了。

政府目前转变了方针，积极推广在家临终。他们如此表述改变方针的理由：不一定非要在医院和养老机构临终不可；日本老年人的持房率本来就很高；而且直到不久前，大部分日本人还都是在家里临终的。

但是政府推广居家临终是以"与家人同住"为前提的。同时，政府不再让需要照护程度较低的人享受照护保险的服务，意在让他们自己想办法。这里的"自己想办法"似乎体现了自民党宪法修正草案第24条中的"家人必须互助"这一想法。

仔细想想，把家人的互相帮助叫作自助，不是很奇怪吗？在课堂上，我曾向学生解释"自助"和"共助"的区别，说："自助是指家庭内部的互助。"这时有个学生的反应让我很意外，那个学生说："既然是互助，那么家庭的互助不应该是'共助'吗？"说得也是，"自助"就是自助，也就是self help。无法独自办到而需家人的帮助时，才叫作"共助"。

如此来重新阐释"自助"的话，就会明白以前的"自助"概念有多么荒唐了。无论家中有身患残疾的孩子，还是需要照护的老人，一切都只在家庭内部解决，并称之为"自助"。不仅如此，这个重担都落到了家中的女性身上。由此看来，"自助"的概念源于把家人看作一个整体的想法，即类似"夫妻同心""父母和孩子是命运共同体"的观念。持这种观念的往往是家里的强者，并且很明显，此类观点对丈夫和父母更有利。

政府推广在家临终，等于推广家人照护。提出"三种福利体制理论"[①]的艾思平－安德森（Esping-Andersen）称之为照护的"再家庭化"。照护保险可以说是迈向照护社会化的第一步，但如果掉以轻心的话，非但不能使成果开花散叶，还有可能倒退回去。这方面我们已有过不少教训。照护的社会化亦称为"去家庭化"，但是这种变化并非是单向发展的，也有可能"再家庭化"。任何想要削减福利预算的国家，都会采用"再家庭化"的策略。

不与家人同住的居家生活

推广居家临终最让人出乎意料的结果是，"在家"不再等同于"与家人同住"。照护保险自施行起已经过去了15年，在此期间老年人的家庭结构发生了巨大改变。资料显示，没有与家人同住的老年人即独居老人增加

---

① 艾思平－安德森在其著作《福利资本主义的三个世界》一书中将资本主义的福利制度分为三类：1.自由主义福利模式。主要有美国，加拿大，澳大利亚。2.合作主义福利模式。例如奥地利，法国，德国，意大利。3.社会民主主义福利模式。如斯堪的纳维亚国家。

了。据日本国立社会保障暨人口问题研究所的推算（2013年），现在老年人家庭中夫妇家庭和单身家庭的比例均超过30%，二者加起来超过60%。夫妇家庭因为终归会有一方会先去世，所以也会成为单身家庭。无论是叫子女过来住还是去子女家住的可能性都在显著下降。其实这两种同住的真实状态，我们透过老年人及其子女，都有所了解了。

对家里有贡献的老人是受欢迎的，有养老金拿的老人更是如此。孙子还小的时候，老人也是非常受欢迎的。但如今夫妻双方都很长寿，女性的丧偶率到了75岁以后才会高于配偶拥有率。这时候孙子也长大了，而在二老互相照料的过程中照顾丈夫直至生命尽头的妻子，或多或少也会患有身心疾病，从而需要他人的照顾了。家里住着无事可做的健康老人已经很麻烦，如果是需要照料的老人就更麻烦了。结果，家人往往最终不堪照护的重负，对老人说："对不起，你还是走吧。"等待老人的只有养老机构。

明明有家和家人，却还是被送到养老机构，怎么会有如此不合天理的事呢？在走访养老机构时，我了解到了一个情况，那就是，正是因为与家人同住，才会按照家人的意思被送去养老机构。在过去，行政机关负责接济贫困无依的老年人，并为他们做所有决定；而如今的养老机构则不同，它们收住的，不再是没有依靠的老人。大部分入住者都有家人，并且是在家人的决定下入住的。既然住在一起的结果是必须离开自己的家，那还不如从一开始就不要一起住。因此，我在《一个人的老后》中，将子女提出来的"妈妈，我们一起住吧"称为"魔鬼的呢喃"。

另外，我曾经怀疑很多住养老机构的老年人说"想回家"，并不一定是"想回到家人身边"，而是"想回到自己的家（就算那里空无一人）"。8年前我还只是怀疑，现在则深信不疑。

"自助"与"共助"

上一章提到，日本老年人的福利基于年金、医疗、照护这三个因素以及三者分别对应的年金保险、健康保险、照护保险制度。除此之外，还有居住条件。三种保险都属于共同救济制度，也就是原本意义上的"共助"。这是一种社会连带原理，大家互相掏腰包出钱，有困难的时候把钱分配给有困难的人。从来没生过病的人也需要一直付健康保险费，但或许一辈子都用不上；照护保险费从养老金中先行扣除，但是也许哪天突然猝死根本用不上照护保险。相反，有些人因身体多病，享受的医疗费用超过所付金额，也有人最大限度地使用着照护保险。对于平安无事的人来说，共济制度是不公平的。但有困难的时候互相帮助，这就是"共助"的原理。

美国却不是这样。美国是主要靠"自助"的社会，所以直到奥巴马总统上台前，美国没有所谓的国民健康保险。被称为"奥巴马医保"的国民健康保险，当初成立时因为共和党的反对差一点无法通过。即使在现在，反对派的势力依然很强大，保险加入率一直没有上升。如果将来共和党执政的话，"奥巴马医保"[①]会被立即废除吧。因为美国大部分富裕阶层都已经加入了私人健康保险，不再需要公共保险了。据说在美国，没有加入私人健康保险的人达到3000万，受惠于公共健康保险的人都是贫困阶层，而这些人的健康风险比较高。美国的富裕阶层不愿为了这些人从自己的口袋里拿出钱来，进行"共助"。不仅如此，众所周知，保险行业是建立在取决于风险概率的统计学基础上的，而健康风险与收入高低密切相关。面向富人的美国保险公司的广告，宣扬"你的健康风险越低，保险费就越

---

① 特朗普总统上台后第一件事就是宣布废除"奥巴马医保"，现行的"奥巴马医保"已经有很大改变。

低"。事到如今，在国民阶层差距和健康差距都很大的社会，想重新实行风险再分配的所谓"社会连带"是行不通的。相较之下，在18年前，日本能在国民一致同意下施行照护保险这一共济制度，简直可以说是奇迹。

老年人的居住福利

除了以上三项老年人社会福利外，最近又出现了第四个概念——居住福利。仔细想来，之前为何没人讨论老年人的居住福利问题呢？

老年人一直以来都被称作"住宅市场中的弱者"。他们一直租房住，随着年龄的增长，失去了经济能力，房租的负担也会相应加重。不仅如此，在续约和更换住所时，大多数房东不愿意将房子出租给老年人。因为他们担心老年人拖延房租，而且如果老人死在自己名下的房子里，或者死后几个月才被发现，不仅事后的处理很麻烦，房子还会因为变成凶宅而价格暴跌。许多住宅市场中的弱者，在年老前就已经是弱势群体，而年老后则愈加弱势了。

日本人的平均持房率在60%左右，户主的年龄越大这个比例越高，65岁以上的人达到了80%以上。这是战后日本的持房政策的可歌可泣的产物，即上班族以自己的一生做担保来购置房屋，并因此给公司做牛做马。然而从数据来看，多数老年人绝非"住宅市场中的弱者"。

而且，近年来，随着人口的减少，各地的闲置房屋率在增加。日本全国住宅中有13.5%（2013年）的闲置率，东京都内约11%，即约75万套的房屋，都是无人居住的空房（2008年）。这个数据令人非常震惊。事实上，我听说在首都圈郊外一些交通不便的住宅区，就像梳子接连掉齿一样，四处出现了闲置房屋，而且一直就那么空着。

多数老年人名下都有房子，高龄女性也有自己的房子。这点我是从

"改善老龄社会妇女协会"的调查数据中得知的。该协会有时会以会员为对象,进行独家调查。针对2002年的调查中"自己名下是否有房产"这一问题,大约70%的会员(女性)回答说"有"。

当然,该协会的会员都具备平均以上的知识和经济水平,所以如果放到全国看,这个数字要大打折扣。但我们可以看出,现在与"三界之内女人皆无家"的时代相比已经大不一样了,高龄女性拥有自己的房产。这也是妻子为丈夫送终应得的回报。1980年日本修订了《民法》,为了保证"妻子的地位",将妻子的继承财产权由原来的三分之一增加到二分之一。2007年又引入了离婚时的年金分割制,离婚时妻子最多可以分得丈夫厚生年金[1]报酬比例部分的一半,在那之后,就没再听说中年离婚急速增加之类的消息了。似乎大部分妻子认为,与其离婚最多得到年金的一半,还不如等丈夫去世后分得四分之三的遗族年金[2]更好。因此,我把妻子的遗产继承权和遗族年金领取权称为"给丈夫送终的保障"。

给丈夫送终的妻子还有一项奖励——人寿保险。这是经济学者荻原博子女士告诉我的。婴儿潮一代以前出生的已婚女性大多是专职主妇,因为考虑到万一丈夫意外死亡还要抚养孩子,所以她们中很多人都买了人寿保险。而且,这一代人正赶上保险公司正式启动让中老年女性加入营销主力军的策略,好多人都成了"卖保险的阿姨"。因地缘、血缘的"人情",不少人从女性友人那购买了两三份保险。经济不景气之后,由于交不起保险费而退保的人虽然大有人在,但是幸运地撑到交完保费的人,在丈夫死后都得到了一大笔钱。对于无法也无须再就业的高龄女性来说,这是到了人生最后阶段才得到的一大笔财产,也可以称为妻子的退休金。

---

[1] 厚生年金是指被雇佣人员加入的收入比例型的公共年金,由日本政府依据厚生年金保险法运营。
[2] 遗族年金是指国民年金或厚生年金保险的参保者去世后,一直靠该参保者维持生活的遗属领取的年金。

而且，日本高龄人士的储蓄率很高，平均每户的储蓄金额超过2000万日元。

综上所述，包括女性在内的半数以上的日本老年人，都拥有一定的动产和不动产。不过近来，他们相互之间的差距也在拉大。

为什么必须离开家？

既然如此，人们不禁要问：拥有自己的房产，为什么不能一直住下去呢？

第一个理由是与家人住在一起。或许有人想："什么？不是应该相反吗？"事实上，正因为与家人同住，才会被送到养老机构或医院，哪怕老人有自己名下的房产。因为决定权在子女手中。就算不是这样，老人也会为家人着想，自己选择住进养老机构。我曾经问过一位老人："你为什么住到这里？"对方回答说："因为儿子拜托我这样做。"听到这句话，我心里非常难受。日本的老年人，尤其是女性，都太为儿子着想了。她们已经习惯于一辈子都扮演一个好母亲的角色，凡事不是先想到自己，而是优先考虑儿子。

那么，如果不与家人同住，情况又会是怎样呢？

居住福利的最基本的一点，就是确保有地方住，而且住在那里无须得到任何人的许可，更不会有人要求你搬出去。这样说来，独居老人就可以一直住在自己的房子里，可为何还是难以实现呢？

第二个理由也跟家人有关，那就是因为这是家人做出的决定。大多数独居老人都有住在别处的家人，他们会因为觉得"不能放你一个人不管"，而决定让老人住养老机构。现在的老年人基本都是在结婚率很高的时代迎来适婚年龄的，所以有结婚生子的经历。而且自己有兄弟姐妹的人也不少，所以真正无依无靠的老人并不多（以后会越来越多吧）。在这样的情况下，如果老人独自生活，周围的人就会指责老人的家人说"竟然让老人一个人住"。邻居们要求家人尽到监护的责任，理由是老人"万一引起了火灾"，或者"在街上徘徊"会给大家添麻烦。如果一个原来在社区里住的独居老人，不知从什么时候开始不见了踪影，人们会认为他/她应该是"被远处的女儿接走了"，或者是"孩子找了一家养老机构把老人送去那里了"。以往的社会从未想过让老人独自居住，所以一直将这一行为视为"社会的恶"，有除之而后快的架势。

第三个理由是缺乏居家的照护能力。老后的独居生活之所以不能支撑下去，是因为居家生活无法维持。生活是指进食、排泄、保持清洁。也就是说，只要有饮食照护、排泄照护、洗澡照护这三大照护，即使是需要照护的独居老人，也可以一直住在自己的家里。如果家人不说"你还是搬出去吧""不能让你一个人住"之类进行干预的话，就更容易实现。但是，就是因为没有照护能力，老年人才不得不离开家里。

最近，除了养老机构，还出现了能够提供服务的老年人住宅。老年人住宅的历史并不长。老年人的集合住宅（senior cooperative house）是在20世纪80年代进入日本的，而公共住宅中出现独立型老年人住宅则是90年代的事情。在那之前，世界各地也有集居（collective living）和居住共同体等几代同堂型住宅，但并不是针对老年人的住宅。除了以上这些，很多住宅区随着户主年龄的增长，曾经的新城过了30年也变成了旧城，自然而然地成了老年人住宅。

话说回来，为什么老年人必须聚在一起居住呢？因为他们是"弱者"，需要被照护。倘若可以自立的话，就似乎没有理由聚在一起住了。

养老机构是为了照护者的方便而建的。把老年人集中在一起照料，既方便又高效。对所有人一视同仁地对待，不但容易操作而且成本低。医院也一样。但医院病床的高度也是为了方便医疗者而设计的,没有考虑病人上下床是否方便。患者之所以能够忍受医院里毫无隐私的多人房,是因为考虑到只住一段时间就会离开。但是随着入住时间的拉长,养老机构已经变成了生活的场所。自由作家小笠原和彦先生说,"特养"就是"没有出口的家"(小笠原和彦:《没有出口的家——警卫眼中的特别养护老人院的昼夜》,现代书馆,2006年)。除非咽气成为尸体,否则无法离开。

在这样的背景下,为了维护老年人的尊严,单间型养老机构问世了。这是养老机构住宅化的一个趋势。自2003年开始,单间"特养"被称为"新型特养"。众所周知,厚生劳动省最初也鼓励发展"新型特养",称如果不是这种"特养"将不提供补助,然而到了2005年却突然提出,既然是单间就要交房租,导致新型"特养"经营者因遭受厚生劳动省的拆台而处于孤立无援的境地。

养老机构的住宅化与住宅的养老机构化

在养老机构的住宅化的同时,住宅的养老机构化也在加速。比如前文提到的提供服务的老年人住宅(以下简称"服务老住")。在早些时候,这种住宅被称作老年人专用租赁住宅、面向老年人的优良租赁住宅、老年人顺利入住的租赁住宅等等。"服务老住"的说法源于2001年颁布的"关于确保老年人的居住稳定性的相关法律"(老年人住宅法),之后在2011年,该法律被大幅修订,并把上述名称统一为"服务老住"。在此之前,老年人的服务与住宅分属两个行政部门管辖,老年人的服务归厚生劳动省管辖,住宅归国土交通省[①]管辖,而"服务老住"将老年人和住宅统合在

---

① 国土交通省是于2001年由日本的运输省、建设省、国土厅及北海道开发厅合并而成。主管国土资源的系统综合的利用、开发和保护,以及社会资本的整顿、交通政策的推进等事务。

了一起。

如前文所述，地方政府担心照护保险的财政压力，从而对养老机构的增设持消极态度。

"服务老住"这样全新的营业形态就是钻了行政许可的空子。本来只是单纯的租房业，虽然是特别针对老年人设计的，却并不需要地方政府和厚生劳动省的认可。房租也是按当地行情走，并不便宜，而且往往以管理费为名收取更多费用。之前对养老机构经营一窍不通的建筑行业，因经济不景气纷纷加入，导致"服务老住"如雨后春笋般增长。政府为了制定一定的标准，规范混乱无序的状况，才出台了上述法律。

"服务老住"既然是住宅，当然有厨房、卫生间、浴室，且为无障碍设计。标准面积最低为25平方米（约15块榻榻米大）。如果有共用的厨房和浴室，可以不设独立厨房和浴室，在这种情况下，标准面积就缩减到18平方米（约12块榻榻米大）。这样的面积到底能否算得上"住宅"还是个疑问，但"服务老住"不仅仅是老年人集合住宅，它还提供各项服务，包括照护和医疗人员常驻的服务，还可额外选择送餐服务。

因为"服务老住"的建设成本比养老机构低，所以地方政府对于前者的建设也积极得多。但如果是建在地价高的大城市，房租也自然会水涨船高。

日本地价最贵的城市，非东京莫属了。猪濑直树先生在石原慎太郎知事手下当副知事的时候，曾担任"实现适合少子老龄时代的新住宅项目小组"的主席。2009年，该项目的报告书公布后，我大吃一惊。报告上赫然写道：作为"东京标准"，老年人住宅内如果有公共厨房和浴室，那么面积仅为8块榻榻米（约13平方米）就可以了。他们的逻辑是，国家的标准是12块榻榻米（约18平方米），但碍于成本太高，所以东京都制定了自己的标准。东京这个地方本来就喜欢拥戴跟中央唱反调的都知事。以"地方分权""地方主权"的名义制定这样的单独标准，老年人怎会愿意？说话难听一点的人，甚至称这样的老年人住宅为"管饭的老年人寄宿地"。怎么可以让老年人住进现在年轻人都不愿住的狭小房间里？真是令人气愤至极。报告书中写到，将在首都圈按照东京标准建6000户老年人住宅。之后猪濑副都知事下了台，这个方案不知有没有实行。

"服务老住"还是属于住宅，所以基本上都是单间，可以保证隐私。但是，如果老年人自己可以自立，就没有必要住在一起生活；相反，如果老年人不能自立，"服务老住"与养老机构不同，责任归属不够明确。另外，管理制度也因各个企业的水平不同而参差不齐。

而我最大的疑问就是："服务老住"是租赁房，老年人明明有自己的房子，为什么还要特地支付租金搬去住呢？

近山惠子女士是一般社团法人社区网络协会的成员，也是最早开始创办老年人集合住宅（senior cooperative house）的行业先锋，在与她对谈时，我问："为什么老年人要住在一起呢？"她的回答非常干脆："这是一起买'安心'。"即使对一个人来说是不小的负担，但与同伴一起购买的话，就能以比较便宜的价格购买高质量的"安心"。

原来如此，我恍然大悟。但既然这样，有余力个别购买服务的人，就没有必要住一起了啊。首先，离开自己的房子去花钱租房就是本末倒置。花在房租上的钱，如果用于购买自费服务的话，可以买不少呢。老年人住在一起是为了节省服务的移动成本，但是与农村不同，人口密集的大城市的移动成本并不高，原本住在住宅区和集体住宅的人，把现在自己住的房间作为照护居室也没什么问题。"服务老住"配有紧急求救电话，拨打之后，管理室的管理员会在5分钟内赶来。但上门护士站的护士15分钟内也可以过来，由此看来，两者区别甚微。老年人真的需要离开自己的住处搬到租赁住宅去吗？

我不认为住宅只是一个单纯的"箱子",而是装满了记忆和体验的生活场所。它就像我们身体延伸出去的一部分,即使摸黑也能找到开关。正所谓"金窝银窝,不如自己的草窝"。我非常明白老年人的这种心情。

不过,"想住在自己的家里"跟"想与家人同住"是一回事吗?

以前的居家照护就是家人照护。而我思考的问题是——如果把家人从居家照护中去除,会怎样呢?下一章就谈谈这方面的内容。

5 居家安宁疗护的推行

政府开始推行居家临终

如前文所述，2014年6月18日，日本国会通过了《医疗与照护综合法》，政府开始推行居家临终。政府的目标是实现人们"基本在家，偶尔去医院"。为此，政府要求医院提升回家疗养率这一指标，从而有效控制长期住院的情况。那么老年人是否可以在养老机构接受医疗呢？其实养老机构诊疗的评分也被政府拉低了。毕竟能否住进养老机构都是未知数。政府提高了门槛，比如"特养"的入住条件是需照护的程度达到3级以上才可以。养老机构未见增多，等待入住的老年人却丝毫没有减少的迹象。我在第3章里介绍过，根据厚生劳动省的推算，今后每年死亡人数都将持续上升，在病床数仍维持现状的情况下，顶峰时每年会有40万人成为临终难民。

最后的办法就是在家临终。既然在医院和养老机构临终的老人都不幸福，那只要使老年人安心住在家里就好了。可现实中困难重重。把"要援助"[①]从照护保险的对象中去除，将高收入者（让人难以置信的是，年金

---

① 日本的介护保险制度规定，参保人员的需要照护程度（失能程度）分为"要支援"和"要介护"，共7级，最轻的为"要支援1"，其次是"要支援2"，"要介护"包括"要介护1""要介护2""要介护3""要介护4""要介护5"。

收入每年280万日元以上就视作高收入者）的自付比例提高到20%，都会使老年人减少照护保险的使用，不利于居家临终的推行。而且，一旦居家援助变得薄弱，就无法保证老年人安心在家。日本的选民选择了一个让自己老后生活更为不安的政府。

小城医院化的"尾道模式"

我一直觉得即使动机不纯，推广居家临终也是好的。因为这是老年人恳切的愿望。但需要让他们能安心待在家里才行。

此时，令人"安心"的机制终于出现了，也就是近年备受关注的居家医疗。任何领域都不乏先驱者。距今20年多前，医师协会开始了把整个城市作为一座医院的尝试。这个想法起源于广岛县的尾道市，因此被称作"尾道模式"。该模式提倡"家为病房，街道是走廊，医院是护士站"，患者不需要住院，改由医生和护士把医疗送到家里。

于1991年提倡该模式的片山寿医生，之后把整个医师协会都动员了进来，并在2000年就任尾道市医师协会会长。照护保险在其中起到了推动作用。目前，据说医师协会所属的医生中，有90%以上的人都会出席患者与其家属参与的照护会议（提供服务者会议）。按说医生参加照护会议是理所应当的，但医疗与照护的合作，并不是很融洽。在照护援助专员[①]看来，医生不仅繁忙而且往往居高临下，因此很难开口请求医生出席。即使开口邀请了，对方也会以工作繁忙为由拒绝参加。当然这其实是制度的问题，因为医生即使参加照护会议，也得不到诊疗报酬。

我曾经居住的小镇上，经常给我看病的私人诊所医生，可以随时到家中问诊……这个场景让我十分怀念。在尾道这个人口约15万的地方小

[①] 专门从事《照护保险法》规定的照护支援工作的人员。

城市，也许能做到。但在"尾道模式"诞生的同一时期，城镇的私人诊所医生大多面临后继无人的处境。比如我的父亲就是如此。他就是在北陆地区①的一个地方城市开过私人诊所。父亲夜里被电话叫醒，背着沉重的出诊包冒着大雪出门的背影，深深地印刻在我幼小的心灵里。与我们约好的假日计划，常常因为患者突然打来的一个电话而被临时取消。小的时候，我常常埋怨爸爸说话不算数，后来我才明白，父亲是位把患者放在家人前面的有良心的小镇医生。

同一时期，医生的培育课程纷纷转向培养按人体脏器划分专业的专科医生。以高水平医疗为目标，医生们开始在专科病房服务。私人诊所医生或是子承父业，或是远离严峻残酷的医疗一线的老年医生，所以私人诊所医生这一职业一直都被人瞧不起。正因为如此，当我在居家医疗的实践现场遇见初期护理的年轻领袖——松村真司医生时（家住东京都世田谷区的第二代私人诊所医生），他倾注于地区医疗的热情让我非常震撼。因为跟他同辈的医生们都以高水平医疗为目标而成为专科医生。居家医疗再次备受瞩目，为了表达我的崇敬之情，我给松村医生送上了一个称号——"'落伍'的先行者"。

坦白说，长久以来我一直犹豫是否要涉足居家医疗这一领域。因为身边有亲人是医生，我目睹了现状，所以想尽量避免跟他们有来往。更何况开诊所的医生是些没有组织概念的"山大王"，我一直都认为他们是缺乏社会性的典型人物。当然，之后出现的"学者"这一行业，在缺乏社会性这点上，跟医生相比有过之而无不及，所以我也没资格这么说。

比起医疗行业，在从事照护行业的人当中，许多人具有优秀的品质，他们会为人着想，体贴周到，这是我的亲身感受。有时我觉得，当今社会中，献身于低回报的工作的人，往往好人居多，而在聚光灯下备受瞩目、

---

① 北陆地区是日本中部靠日本海一侧的地区，包括新潟、富山、石川、福井四县。

拥有权力和金钱的人却恰恰相反。还有一点，从经验上来看，率先挑战那些没人愿意做的、不赚钱的事的开拓者大多是了不起的人，看到他们的成功、认为肯定会赚钱而加入的人，却有赚有赔。这么想来，在还得不到回报的时候，就把居家医疗作为使命的医生中，令人尊敬的人的确大有人在，松村医生就是其中一位。因此，我决定抛弃以往的偏见。

"落伍"的先行者

虽然"死亡的医院化"转了一圈又回到了居家医疗，但是这种医疗跟以前的居家医疗是截然不同的。

首先，人口结构发生了根本改变。老龄化比例上升，老年人增加，需要照护的人越来越多，需要照护的时间也变得越来越长。老年人定期去医院看病的比例约为70%，而医疗保险的一半以上都是他们在使用，因为他们大多无法摆脱疾病。

其次，老龄化导致疾病的结构和死因发生了巨大变化。老年人当中，患慢性病的人比急性病的人要多。病情发展缓慢，基本没有突然恶化的情况出现。80岁以上的老年人的死因，依次为癌症、心脏疾病、肺炎、脑血管疾病，接下来是衰老。癌症也是老化引发的疾病，其特征是不会突然死去，而是可以预期死亡的时间。过去，位列日本人死因第一名的是感染症，但如今类似这样的死亡大幅减少了，因为只要将此类患者送去医院救治，就可以得救。

再者，家庭结构发生了巨大变化。以前的"家"，都是指三代同堂的大家庭。家庭中有"儿媳妇"这一角色。可是如今的"家"，多半是独居或者仅有老两口的家庭。因此就算是在家，也没有同住的家人，即便有，也不能指望他们成为照护资源。所以，我们必须考虑到，推行居家临终，不是把老人"送回家人那里",而是"送回没有人的家里"。

在居家医疗的呼声下,开始有人怀旧地说:"还是以前好啊!"摄影师国森康弘先生以在家送终为主题拍摄的写真绘本《生命的传承——"送行者"》系列、《小恋的第一次送终——正视太奶奶的死》、《变成月亮的娜美奶奶——在家乡、在家里"走向天堂"》(农文协,2012年)等作品都引起了热烈反响。绘本中记录了在家人和亲戚的环绕下,太奶奶在榻榻米上寿终正寝的过程。为太奶奶送终的,还有当时出诊的滋贺县东近江市永源寺诊所的花户贵司医生。绘本非常感人,看了之后不禁让人感慨:"原来日本人都是这样离世的啊。"

不过,感动到此为止就好了。我觉得对于今天的大部分日本人来说,(那种感动的场景)已经是无法期望的了,或者说是即使期望也无法实现的,这个写真集就是为了让我们看清这一点才存在的吧。

写真集中的"小恋"不是孙女而是曾孙女。直到最近,大部分日本人都没能活到曾孙辈出生。三世同堂甚至四世同堂中,支撑临终照护的资源是儿媳妇。在京都生活了很长时间的我,曾在滋贺县有过痛苦的记忆,

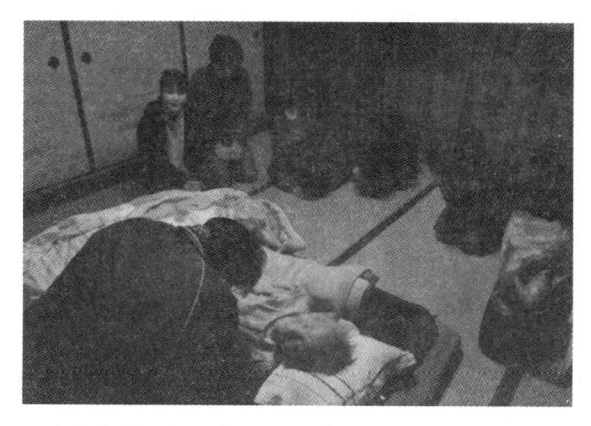

照片来自《小恋的第一次送终》第6—7页

"穿过比叡山隧道，（滋贺县）那里就是旧时代"。在滋贺县作演讲时，在回答问题的环节，有很多女性就自己的烦恼向我提问，她们的烦恼集中在婆媳关系上，这与京都市内的女性有天壤之别。她们提出的烦恼让我有种时空错乱的感觉，令我措手不及。不过，那是20世纪80年代的事。如今过了近30年，不知是否已有所改变。

从治疗到照护

前文中提到，"死亡的医院化"后的居家医疗，跟之前的居家医疗已截然不同。这种变化用一句话来说，就是"从治疗到照护"的模式转换。引领这一模式转换的，是家住鹿儿岛市的中野一司医生，他表示，医院是"治疗"的地方，而家是"照护"的地方。医院是与死亡战斗的地方，而家是接纳死亡的地方。如果不治疗，医生就没有用武之地。医生在医院里虽然是主角，但是在患者家中，医生只是陪伴患者的家人、照护人员以及护士的配角。在照护现场，医生应该只是照护人员、护士等多种行业的人组成的合作团队中的一员而已。

不过，也许是出于职业使命感，也许是居高临下惯了，医生总是不能适应配角这一角色，也很难接受配角这种状态，所以中野医生提出的建议并未能在医生中普及。由于医生都习惯了延命治疗，所以别说当配角了，或许仅是为了克制自己给患者进行无谓医疗的冲动，都要花费一番工夫。

上文还提到过，在看了居家送终的现场之后，近来有人说："送终不需要医生，有上门的护士就够了。"甚至还有人表示："送终不需要护士，有照护人员就行了。"照护人员如果能不断积累送终经验的话，他们会越来越自信。本来送终都是依靠家人，没有医生和护士在场，现在当然也可以换成照护人员来负责。

为了使医生成为只是照护人员、护士等多种行业的人组成的合作团队中的一员，邀请医生出席照护会议是其中一个重要环节。但前文曾述及，这件事并不简单。在陪松村医生到患者家中问诊后，与其合作的照护援助专员在事务所里，告诉我说，松村医生出席了所有自己负责的患者的照护会议（与当事人的说法相比，我一般更相信周围人的说法）。同时，我还看到照护援助专员对松村医生非常信赖。我对松村医生说："真不简单啊。"他却说："没什么，这不是应该的吗？"理所应当地做着"理所应当的事"，就是他的过人之处。

以患者为主体的居家医疗

对于专业医疗人员来说，居家医疗是困难重重的现场。医疗记者大熊由纪子女士用足球比赛形象地打了一个比方："医院是主场医疗，居家医疗是客场医疗。"的确，医院不是为了患者而是为了医生的操作方便而设计的。患者若想被救治，只能忍耐和适应（几个人同住一间狭小的病房），因为他们想着只是住一段时间而已。但是居家医疗是在患者的家中进行的，一切事物都是按照患者的生活风格配置的。外来的医疗人员以及照护人员，都要"入乡随俗"，连自来水在哪里都得询问户主，有时不得不在连点滴架都无处放置的空间中克服不利条件作战。

相反，对患者来说，在一直生活的自己家中，自己才是主角。无论医生嘴上再怎么说"患者是治疗的主角"，可一旦躺在医院的病床上，他都只是按照器官分类的病人，只能听任医生和护士的摆布。

许多医疗人员惊奇地发现，回到自己家中的患者，会表现出在医院里从未有过的精神焕发。针对这一现象，《一个人死也没问题》（朝日新闻出版，2014年）的作者奥野滋子医生，在书中介绍了患者说的一句话：

"一旦住院,疾病就成为我生活的全部,而在家里,疾病只是我生活的一部分。"

话说回来,"患者"这个称呼本身也是站在医疗人员的角度给出的。人在成为患者之前,首先是一个生活者。在家里,每个人都会回到生活者的角色。"患者"只是那个人的某一个身份,而非全部。因此,若是在家,自己生活的全部就不会被"疾病"所吞噬。如果说在医院里是全职患者的话,那么在家里就是兼职患者。有一句话说得很好——"癌症患者的兼职化",从"患者"的身份中摆脱出来,自然就会精神焕发。

很多专业人士证实,居家医疗拥有医院所没有的神奇力量。所有检查数值均显示:来日不多的患者,回到家后多活了好几个月;在医院里不能主动进食的老奶奶,回到家就又能吃能喝了;还有人说连癌症晚期的疼痛感受度,在医院和家里都是不同的。知名上门护士——秋山正子女士曾写过一本名为《居家照护的神奇力量》(医学书院,2010年)的书,这本书的书名直截了当,看来"在家"真的发生了很多超出医疗人员想象的奇迹。

为了证明上面所说的"奇迹",在此介绍一本吉田惠子、吉田利康根据真实故事合著的绘本《住有伊比拉的家》(自费出版,2009年)。"伊比拉"据说是住在家中的人类看不见的妖怪。故事中的母亲有两个孩子,分别读大学和初中。母亲因患癌症晚期,便从医院回到家中。每天过着平常的生活,送孩子们出门,迎接孩子放学回家,与孩子们一起叠洗好的衣服,一起去散步。这些再平常不过的日常,对家人来说却是无可替代的时光。如果在医院里,是无法拥有这一切的。而创造这一奇迹的就是"伊比拉"。

本书第2章介绍过的山崎章郎医生,原本是外科医生,后来转为安宁疗护医生。山崎医生曾是河边贵子女士丈夫的主治医师。河边女士后来写了《河边家的安宁疗护插图日记——送走所爱的生命之时》（与山崎医生合著，东京书籍，2000年/改订版，圣公会出版，2014年）一书。该书图文并茂地描写了家人也参与其中的感人的送终故事，故事的背景发生在"像在家一样"的安宁疗护病房里。河边女士把病房布置得尽可能像家一样，每天与癌症晚期的丈夫一起生活，最终41岁的丈夫在她的陪伴下安然离世。但是，比起"像在家一样的病房"，家本身成为病房也许更好。之后，山崎医生认识到，安宁疗护病房也是病房的一种，于是将在安宁疗护病房送终转变为在家送终。尽管家里缺乏安宁疗护病房的那种团队治疗的安心感，但如果能把这种安心送到家里，那么在人生的最后时刻，似乎没有必要去安宁疗护病房，因为那里在大家看来是"等死的地方"。自己家成为临终的场所，这就是所谓的"居家安宁疗护"。

向一线护理人员学习

与我一起合著《上野千鹤子问：小笠原医生，独居老人可以一个人在家离世吗？》的小笠原文雄医生，现在是日本居家安宁疗护协会的会长。该协会成立于1955年，第一代会长是上门护士川越博美。她和丈夫川越厚医生，作为居家安宁疗护领域先锋中的先锋，一路走来相互扶持、并肩作战。小笠原医生则是第二代会长。

川越医生在东京都平民区的墨田区，经营着自己的"帕里安"诊所。在墨田区，居住着很多经济阶层低下的人，申请生活补助的比例较高，是一个较难实现居家安宁疗护的地区。川越医生断言："在这里如果可以实现居家安宁疗护医疗的话，整个日本都可以。"

川越医生萌生居家安宁疗护的念头，是在20世纪80年代后半期以后。在川越医生的著作《想在家里与这个世界告别——跟家人一起为癌症患者送终的记录》（保健同人社，1992年）中，记录了他与患者的家人共同探索并实现患者"想在家中离世"这一想法的全过程。20世纪80年代后半期，是医生连将患者患癌症这件事告知当事人都会犹豫的时代。在那个时代，如果患者表示反正横竖都是一死，那就在自己家里好了（而非医院），则有可能被认为是"任性"之举。

川越医生还著有《Active Death——真快和尚对死亡的选择》（岩波书店，1997年）一书。真快和尚是江户川区唐泉寺的住持，原名高田真快，这本书记录了身患癌症的真快和尚临终前2个月的经历。他直到最后，都坚持自己的想法，选择了符合自己的"即身成佛"愿望的在家临终。川越医生将真快和尚的这种死亡方式，称为"Active Death"。也就是由患者自己选择，在患者及其家人、医生的共同合作下创造的"积极的死"。

真快和尚的妻子正圆女士[1]送走丈夫后，自己也患了癌症。我有机会跟川越医生一起探望了躺在病床上的正圆女士。正圆女士以居室为病房，与病魔做斗争。因为丈夫就是自己在家里为其送终的，所以她毫不犹豫地选择跟丈夫一样在家临终。这也是因为她十分信赖川越医生。在正圆女士的房间里，有亲戚和信徒出入，像热闹的广场一般。

居家医疗的引领者有一个共通点，那就是，他们都有向患者学习的态度。最先打破"死要在医院"这一"常识"的，不是医生，而是患者。他们颠覆了"常识"，选择回到家中。而且，这些患者不断地创造着奇迹：有的本来已经半死不活了，回到家中却恢复了食欲与精神；有的被认为只能活几天，却活了好几个月；有的从卧床不起到开始走路了。医生通过亲身经历体会到居家医疗的神奇效果，并开始意识到家的守护神——"伊比

---

[1] 日本在明治维新后，发布了《肉食妻带解禁》的法令，规定僧侣可以娶妻生子、喝酒吃肉。

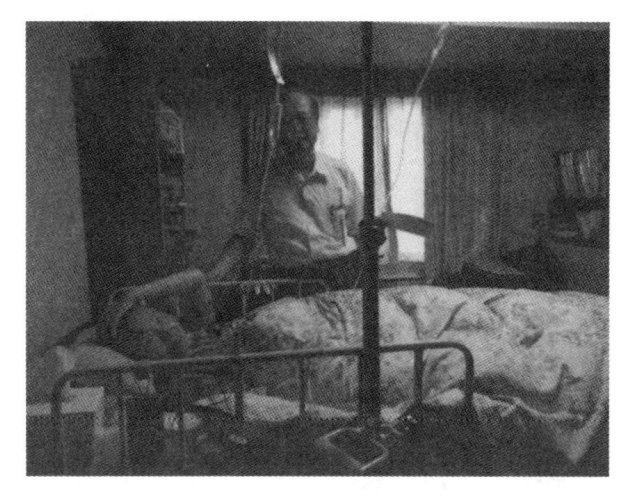

川越厚医生与高田正园女士

拉"的怪力。

小笠原医生曾经也是大学附属医院的医生,因为眼睛不好,才离开了医疗的最前线。他说当初下决心开诊所的时候,充满了挫折感。为了还诊所开张时欠下的债,他也提供出诊的服务,但在现场不知道该怎么做,关键的事都要请教护士。在旁人眼中一向重视权威的医生,竟能够如此谦虚地坦白实情,我听后非常感动。现场的事就要请教现场的人,怀有这种虚心学习的态度的医生,打破了我对医生的偏见。

有照护经历的遗属是一种地方资源

然而,无论何种佳话,都建立在有家人的基础上。有家人的人当然没有问题,但像我这样没有家人的独居者,该怎么办呢?

山崎章郎医生自开创"小平照护城"以来约10年间,经手的临终家庭有660户。这也意味着小平地区有660户有临终陪护经验的遗属。山崎医生说，这些有陪护经验的遗属，是小平的地区资源。他把这些遗属组织起来成立家属会，家属会成员作为志愿者积极地开展活动。每年举行两次遗属的交流会，加深相互之间的联系，并感谢他们做出的贡献。志愿者们作为有临终陪护经验的过来人，开展各种活动，比如聆听刚送走家人不久的遗属的烦恼，为他们做心理疏导；或对需要帮助的人施以援手。有了这样的平台，医生会省力不少吧。对于医生来说，逐一应对那些因失去家人而感到茫然的遗属，安抚他们的不知所措与哀伤，是很沉重的负担。这个时候，如果有一个克服了同样困难的过来人组成的组织，在那里，有人为自己分担痛苦并提供建议，想必遗属会心里有底多了吧。在病人过世后，医生只要告诉其遗属有这样的组织就可以了。

有临终陪护经验的家人组织，听到这个说法，我的疑问油然而生。所谓的家人到底是谁呢？是丈夫还是妻子？是男性还是女性呢？从数据来看，极有可能是为丈夫送终的妻子。仅夫妻两口的家庭迟早会成为"一个人"的家庭。子女已经不会回到父母身边了。那么"遗属"就是被撇下的妻子了。总有一天她们自己也要迎来生命的终点。那时，她们会如何下决断呢？她们会想，"丈夫能在家里临终是因为有自己在，但是为自己送终的人又在哪里呢？绝不想让子女重蹈自己的覆辙。那么自己只能在医院或者养老机构临终了"？还是会想，"既然自己能在家里送走丈夫，我也想在家临终。所幸自己住的地区有可以依靠的医疗资源，我就一个人在家里走吧"？想到这些问题，我开始向山崎医生追问。

他的回答是："这个嘛，就是下一个课题了。"

以往的在家临终，都是建立在有家人照护这个基础上的。虽然各地实践居家医疗的可靠医生总算有所增加，但支撑照护事业的并不是医生。即使有家人，在家临终的障碍依然很大，那么，又该如何跨越没有家人的独居老人在家临终的障碍呢？

6　居家临终的条件

家人照护是居家临终的必要条件吗？

通过采访进行居家医疗实践的医疗专业人士，我将居家临终的条件归纳为以下几点。

（1）当事人的强烈意愿

（2）有照护能力的同住家人

（3）所居住的地区有可以利用的医疗、看护、照护资源

（4）再准备些资金

下面，我依次对这几点进行说明。

（1）当事人的强烈意愿

居家送终的实践家们异口同声地表示，居家离世的第一个条件，是"当事人的强烈意愿"。"强烈意愿"经常也被叫作"任性"。因此，正如上门护士的先锋宫崎和加子女士所说："在家临终很任性吗？"事实上，能"任性"到底的家庭成员是有限的，也许大部分男性可以坚持"我不去医院""我就是想回家"，而大多数女性则会主动克制自己，不会"任性"到底。女性能够"任性"到底的，只有在熬成婆婆以后吧，而且那也是极为罕见的事例。

由此，我们可以看出，当事人只要没有"强烈的意愿"，周围的人就会代为决定，在临终前将其送往医院，这已经成为理所当然的事情。"死亡的医院化"固定下来已经近40年，在如今的社会，一旦死期临近就不能住在自己家里了。

但即使有"强烈的意愿"，也仅限于在当事人神志清醒的时候。在当事人处于不省人事的昏睡状态，或者得了认知症的话，情况就大不相同了。因此有人说要趁着意识清醒的时候表明自己的意愿，但是，即便把自己的意思写下来，家人是否会照做谁也说不准。还有人冷淡地表示，如果失去意识的话，住在哪里都一样。

然而，正如很多居家医生证实的那样，在家临终的那种安详是在医院临终无法实现的。好不容易当事人有了"强烈的意愿"，想在家坚持到生命的最后一刻，但是否能够实现，完全取决于家人。这是当下第一线的实际情形。话说回来，在这个时代，如果没有"强烈的意愿"，就无法选择居家临终了吗？

（2）有照护能力的同住家人

居家送终的实践者们举出的第二个条件，是要有同住的家人。但如果处于老老照护（老年人照顾老年人）和认认照护（患认知症的人互相照顾）的状态的话，这个条件是无法成立的。家人有照护能力是个先决条件。这就意味着要求要么妻子尚健康且有照护能力，要么有年轻的家人，也就是儿媳妇或女儿、儿子在身边。家人光有照护能力还不够，还必须同意老人在家临终。也就是说，有爱且有照护能力的家人一起住，才是居家临终的条件。换言之，居家临终的主语是送终的"家人"，决定的也是家人。这也是为什么很多关于居家临终的书，都是面向家人写的。

（3）所住地区有可以利用的医疗、看护、照护资源

再怎么有"强烈的意愿"——希望在家临终，如果自己所在的地区

没有可以利用的医疗、看护、照护资源的话,这个愿望也是遥不可及的。实现在家临终的条件,是有24小时待命的上门照护、上门看护以及上门医疗。除此以外,再加上上门康复训练、上门药剂管理、上门牙科诊疗以及上门口腔护理等多种医疗服务携手的话,就更好了。在这些资源中,最重要的是援助老人生活的上门照护。送终疗护部分的主角是上门护士,医生是配角。实施居家送终的很多医生都说"死的时候不需要医生"。医生需要做的,是在病人死后写死亡证明。自己居住的地区,如果有出诊的医生和24小时待命的上门护士站,当事人就安心多了。但问题是,有些地方有医疗、看护、照护资源,有些地方却没有,地区之间存在着差距。住的地区不同,决定了是否可以选择在家临终。像我这样没有家庭累赘的人,可以随时搬到积极推进居家医疗的小笠原医生或者山崎医生所在的地区,但有家有口的人,恐怕是无法做到的吧。如此一来,便只能在自己所住的地区建立医疗、看护、照护资源了。

(4) 再准备些资金

众所周知,照护保险根据当事人需要受照护程度的不同,设定了不同的使用金额上限。该制度是为了把保险的使用金额控制在一定的范围之内,比如需要受照护程度最高的5级,使用上限约为36万日元。在照护一线的人都说,就算用到最大额度,对于晚期的精细照护而言,也是远远不够的。因为当初在设计照护保险时,其整体使用额度上限就是有缺口的,设计者指望用家人的照护能力来弥补这一缺口。不少相关人士心有不甘地指出,要是再多一点照护保险费足够援助老人生活的话,就不用在最后关头送老人去医院了。既然如此,超出照护保险上限的部分,是否可以自己负担呢?医疗保险虽然不允许混合诊疗,但照护保险从开始就允许混合使用(保险内和保险外的混合)。至于"再准备些资金"到底要准备多少钱,之后我再详细论述。先透露一下,是要花费一些的,但不会很多。毕竟从需要密集的医疗、看护、照护到临终的周期长度是有限的，并不会永远持续下去。如果把入住养老机构或"服务老住"所支付的房费用来购买照护服务的话，也是一个很实际的选择吧。

居家照护可以不依赖家人吗？

以上举出的"居家临终"的四个条件，可以说是从专家那里得到的最大公约数。

但是，这个结果却让我很沮丧，对我这样的独居老人来说，居家临终的障碍还是很大的。即使我"有强烈的意愿"，却缺少最大的资源——有照护能力的同住家人。我不禁心想，原来"居家临终"说到底是有家人的人才有的特权。

一直以来，居家照护和家人照护被认为是相同的。但由于单身家庭的增加，老年人想在自己家里不一定就等于想和家人在一起；而且，由女儿或儿子取代儿媳妇进行照护的情况有所增加。即使是家人照护，也不一定就是住在一起，而是家人定期到老人家中进行照护，这种情况也越来越多。所以事实上，居家照护、家人照护、同住照护三者之间的等号不再成立了。照护的一方未必就是住在一起的家人。既然住在别处的家人可以定期到独居老人家来照护的话，那么外人也是可以的。实际上，住在别处的家人照料不到的部分，也是由上门照护来进行的。

既然如此，那么是否可以把家人从居家照护中排除出去呢？独居老人在自己的住处接受照护，并在同一地方迎来死亡，如果这两点可以办到的话，就可以达成"一个人居家临终"。只要有负责的照护、医疗、看护的专业团队的支持的话，独居老人就绝对不会"孤独死"。

从结论来说，一个人居家临终的条件是：（1）24小时待命的巡视上门照护，（2）24小时待命的上门看护，（3）24小时待命的上门医疗。只要有这三种行业在一起的组合，或许就可以实现一个人居家临终。

在该组合中，按重要性来排序的话，依次是（1）照护、（2）看护、（3）医疗。从事居家医疗实践的医生，往往对上门看护的评价很高，而对上门照护的评价则更高。反过来说，对看护和照护评价很高的医生，可以说都是能够信赖的存在。

家人原本就不能取代医疗，无论老年人是否有家人，都一样要请照护、看护以及医疗团队进入家中。而照护中比较重要的，是支撑老年人生活的照护。所谓的生活，是每天的进食、排泄、保持清洁。由此也产生了"三大照护"的说法，也就是饮食照护、排泄照护、洗澡照护。家人负责的这三种照护，如果可以换成外人来做的话，那么即使是单身一个人，也可以住在家里。反过来说，就是因为缺乏上述的照料，所以老人不得不含泪住进养老机构或者医院。只要有上述照护，就可以实现居家送终，例如在老人去世的前一天为其在自家的浴缸里洗浴等。

到了终末期卧床不起时，老人需要密集的照护。但也并不需要有人24小时一直守在身旁。即使在医院或养老机构，护士和工作人员也只是隔几个小时过来巡视一次而已，而且每次顶多共处5分钟。医院与上门看护的区别在于，同样按下呼叫电话，医院里护士会在5分钟内赶来，而上门看护需要15分钟，仅此而已。

将这种机制商业化的，是定时巡视、随时待命形式的短时间上门照护。每天巡视4到6次，每次停留15到20分钟，再配上紧急求救的话，就可以做到24小时不间断应对了。或许有人感觉停留时间太短了，但如果手脚足够麻利，为被照护者更换尿片和身体姿势、清理现场其实有15分钟就足够了。我随护工参观过一些夜间上门照护的现场，专业人士都很麻利，就像把养老机构里的照护服务送到家里一样。或许按下紧急求救按钮之后等待的时间比养老机构要久一点，但也只要忍耐一下就好了。上门照护的空档，如果再配上上门看护的话，就更让人安心了。

到了终末期，老年人有可能在4或6小时一次的定期巡视的间隔中停止呼吸。"一直是一个人生活过来的，那么一个人走也没什么关系"，如果能够这样想的话，一个人居家临终是可以实现的。

不过，一直进行居家送终实践的小笠原医生说了一件有趣的事。

"上野女士，不可思议的是，独居的人很少会在一个人的时候死去呢。"

据说好像一直在等待那一刻的到来一样，老人往往会在亲朋好友、熟悉的护工或护士赶来时，在他们面前咽气。仿佛将死之人懂得自己该何时逝去。

当然其中也不乏这样的情况：还有几个小时孙子就到了，所以为了多维持几个小时进行勉强的延命治疗；或者为了争夺遗产，家人要求医生控制死亡时间。

夜间上门照护供不应求

即使当事人手头再宽裕，如果自己居住的地区没有医疗、看护、照护资源的话，也无法获得这方面的服务。地区之间的医疗、看护、照护资源是有很大差距的，甚至有些地方完全没有。尽管目前大家对于居家临终的认可度越来越高，居家送终的专业人士也终于成长起来，但是服务的供给还远远跟不上。明明有需求，为什么供给却不见增长呢？

在一个人居家临终的三个条件中，最重要的是照护能力。而且到了最后阶段，有可能需要夜间照护。有人愿意做这种照护工作吗？

24小时应对的定期巡视、随时应对型上门照护的运作听起来很好，但是能够提供这种服务的企业实际上并不多见。因此能否一个人居家临终产生了地区间的差异，有的地方可能实现，有的地方却无法做到。究其原因，主要有以下几点。第一，提供夜间上门照护的机构没有增加；第二，愿意做夜间工作的护工没有增加；第三，地方城市移动成本过高、营利不佳；第四，照护报酬过低无法吸引各类组织机构加入。

在有些地方，愿意开展上门照护事业的，只有当地的社会福祉协议会。协议会只有一些非营利组织类的小规模机构加入，在那里工作的大多是有孩子的已婚女性。她们背负着家务和育儿的双重负担，无法上夜班。而且女性如果不开车，深夜独自出行的话也很危险。连往返于需要受照护者家中的交通费也需自己承担。这是照护保险制度本身的问题，它原本就没有把交通成本计算在内。

为何做上门照护的护工多为女性呢？因为上门照护是照护保险的七种事业中收益最低、最不划算的低薪工作。女性之所以愿意做这份工作，是因为她们背负家务和育儿的重担，在劳动力市场中处于不利地位。

在上门照护中，身体护理的报酬很高，夜间则更高。听说有些男性护工代替不能上夜班的已婚女性，做着夜间身体护理的工作。但如此一来，女性只能负责时薪较低的日间生活援助工作，而男性则集中从事时薪颇高的夜间身体护理工作，结果，男性与女性之间的薪金差距不断拉大。总之，现行的照护报酬给上门照护设定的时薪过低（之所以定价过低，是因为觉得照护工作只要是女性，谁都可以做），导致本就一筹莫展的上门照护机构不愿再扩大规模以适应需求。

我听说在地方城市有这样的例子。立志做居家医疗的医生请求当地的上门照护机构增加夜间上门照护，以援助独居者的生活，却得到了这样的答复："医生，你能凑齐5个人吗？"也就是说，如能凑齐5人，那么就算雇护工也能赢利，倘若凑不齐5人，就会亏损。站在经营者的角度做出这样的判断合情合理，但据说最终没有凑齐5人。一直生活在当地的独居老人，就像梳子上的齿一样，不知不觉少了一根又一根。后来听说家人纷纷把老人送去养老机构了，因此能坚持独居的老人总是不见增多。没有人提供照护服务，老年人的居家生活就无法得到援助，从而形成恶性循环，导致医生虽有志向做居家医疗，却不得不放弃。

做上门照护的护工非常辛苦，无论刮风下雨还是下雪天都要登门，但只要给他们再高一点的报酬，就可以解决上述问题。而且再辛苦的工作，只要报酬跟付出成正比，就会有人愿意做，可现在的照护报酬根本无法做到这一点。

同时，我在别的地方又听到了一件有趣的事。最近照护用品的品质大幅提升，老年人用的尿片的吸水力惊人地提高了，因此可以减少换尿片的次数。一块尿片也许不能承受三次的排尿量，但两次是完全没问题的。有些老人甚至提出，与其夜里被叫醒换尿片，还不如不换，这样就能一觉睡到天亮了。

为此，小笠原医生推荐球形导尿管。这样不但不需要换尿片，而且还可以带着它坐轮椅移动、外出。

"夜里不能一个人上厕所"似乎无法成为需搬去养老机构住的理由了。

居家医生不见增加的原因

上文提到，日本政府的《医疗与照护综合法》是本着"基本在家，偶尔去医院"这一方针制订的。

厚生劳动省于2006年认定了居家疗养援助诊所，大大提高了上门诊疗的报酬，并进行推广。居家援助诊所的必要条件，是"配置24小时待命的医生或者看护人员,并将联系方式以书面形式提供给患者"。如果对于医生来说居家医疗成为一份美差,那么打算加入的医疗机构也会增加吧。2006年时全国有9434家诊所提出了申请,而2012年增加到了13758家,但数量仍然不足。其中"提供居家送终服务的诊所"全国只有3280家(2011年,厚生劳动省统计)。一个诊所每年只要有一例所谓"居家送终的服务",就会被计算在内。

家住鹿儿岛的居家医生五反田满幸医生,阐述了为何居家医生无法增加。他对鹿儿岛医生协会于2014年9月针对会员做的问卷调查进行了分析,并在报告中得出以下结论。鹿儿岛市432家机构申请居家援助诊疗的只有81家,还不到全市的20%。报告称,尽管居家医疗是高收益的领域,但很多医疗机构不愿加入。其理由主要有以下几点。

(1)医生不愿意24小时待命。

(2)没有需要此项服务的患者。

(3)缺乏相关知识。

(4)报酬低却很辛苦。

(5)光是门诊就很忙了。

(6)目前的收入已经足够了。

(7)条件过于严格。

(8)手续麻烦。

医生要24小时随时待命,的确是苛刻的条件。

当我听说经营"小平照护城"的山崎医生告诉患者自己的手机号码时,非常惊讶。我问他:"那岂不是一刻都无法放松身心了吗?完全没有自己的生活了啊。"他却回答:"患者一想到随时都可以联系到医生,反而不怎么打电话过来了。"据说,他每月实际接到夜间电话的次数仅为两次。那还可以接受,不过,待命期间是不能喝酒的。

多名医生的值班体制以及当地医生之间的合作体制可以有效缓解这一问题。比如有的地区由医师协会主导，实行病历共享等合作体制。但有些地区的医师协会反而会妨碍居家医生，再加上私人诊所医生的老龄化和后继无人等问题，使情况雪上加霜。我曾经随同医生去了7名患者家里做上门诊疗，从早上9点到下午1点马不停蹄。当时我差点就要叫苦连天地说："这样的生活最多只能做到50多岁。"

居家医生这个工作非常艰苦，没有一定的使命感是做不下去的。原本开私人诊所的医生对于改变业界现况就不积极，因此居家医生中有很多是因对居家医疗有使命感而新加入的创业一代，而非家里有私人诊所的第二代或第三代。

居家医疗的需求少，导致供给也无法增加；供给少就无法成为被选项；无法成为被选项，因此需求也无法增加；似乎就陷入了这种恶性循环。

上门护士站数量不足的原因

居家医疗还有个不可缺少的环节——上门护士站。已有很多人指出，临终时看护比医疗更重要。老龄社会中的死亡都是缓慢的。老年人的疾病多为慢性病，病情突然恶化的情况并不多见。前文说过，中野一司医生将其称为"从治疗到照护的模式转换"。

如果说治疗是医生的职责，那么照护就轮到护士登场了。上门看护是护士可以相对独立工作的绝好机会，使护士从必须"依照医生的指示"这一《医师法》[①]的束缚中摆脱出来。长期以来，护士要求与医生平起平坐，上门看护正是让护士本来的专业性得以发挥的重要舞台。护士通过定

[①] 日本在1948年10月开始施行的规定医师职务及资格的法律。

期上门，长期观察老人的病情变化，甚至可以指示医生如何处理……相信有很多护士希望自己能发挥指挥部一样的作用。

尽管如此，上门护士站的数量却一直没有增长。厚生劳动省的报告"居家医疗的现状"显示，上门看护机构及使用上门看护服务的用户近年略有增加。上门护士站由2003年的5115家，增加到2011年的5815家。有数据表明，2011年以后上门护士站的数量虽呈现出增加趋势，但约三分之一的上门护士站都处于亏损经营的状态。如果不赢利，数量自然难以增加。那么，到底是何缘由呢？

我效仿五反田医生分析了一下，大致有如下原因。

（1）用户并不清楚上门看护的服务内容。

（2）费用高，导致用户敬而远之。

（3）护士没有受过上门看护方面的培训，缺乏相关知识。

（4）上门护士站很难做到24小时待命。

（5）上门护士站很难维持"（有专职人员）2.5人"的开设条件。

（6）上门护士站规模小的话，管理成本就高，不划算。

（7）上门护士的待遇比医院护士差。

（8）医院护士缺口大、求职容易，所以人们缺乏从事上门看护这一职业的动机。

大家都知道，上门护士站的开设条件比居家援助诊所的门槛要高。只有一名医生就可以申请开设居家援助诊所，但是申请上门护士站则需要护士、准护士、有保健师资格的人，并且换算成专职人员后必须满足2.5人以上的标准。也就是说，实际上要凑到3名以上的看护人员才能开设护士站。看护人员多为女性，常常因为丈夫的工作调动、生孩子、照顾老人等原因而离职。总之，因为人员流动性很大，要把专职人员维持在2.5人以上并非易事。有时因为离职了一个人，上门护士站就不得不关门歇业了。

听说上门护士站的开设条件是需要专职人员2.5人的时候,我非常吃惊。居家援助诊所有一名医生就可以申请开设,为什么上门护士站要2.5人呢?难道说2.5名护士才与一名医生的价值相等吗?

明明有一名医生就可以开业,为什么护士就不行呢?这么不合理的事,为什么护士们都不反抗呢?对于我的疑问,一位护士这样回答:"那是因为护士的能力就这么有限。"

听到这个回答我简直哑然。开设私人诊所的医生中也有能力有限的,但是医生绝对不会承认自己"没有能力"。谦虚也得有个度吧,怎么能说自己"没有能力"呢?(护士的回答)太像女性说的话了,让我目瞪口呆。

缓解24小时待命负担的一个手段,是实行多人体制。若实行2.5人体制,的确可以减轻夜间待命的负担。独立经营诊所的医生为了缓解经营的负担,一般采取值班医生、病例共享等合作体制。同样,独立开设看护站的护士与其他护士合作就好了。既然医生可以这样做,为什么护士不能呢?

仅计算护士的话,上门护士站的平均从业人数为4.6人(2013年)。越是规模小的看护站,越是处于"用户少""轻度的用户多""经营不稳定"的处境。或许有人想说:"那么扩大规模就好了啊",但在地方城市,想要招募到5名护士难于上青天。那么是否能允许一个人开设看护站呢?如果一个人经营的话,那在自家安一部电话就好了,也不需要管理成本。地方上肯定有退休的保健师和暂时没有工作的护士。能不能唤醒这些沉睡的人力资源,为地区做出一点贡献呢?我觉得可以像医师协会那样,创建一个由独立经营的护士组成的、类似地区上门护士协会的职能组织。为什么日本规模最大、历史最悠久的女性职能集团——日本看护协会不能牵头做这件事呢?这明明是与医生平起平坐的绝好机会⋯⋯难道这是我的一厢情愿吗？

　　时代的变化也体现在上门护士站上。对于上门看护的社会认识在提高，需求也在增加，因此不少股份公司纷纷加入上门看护事业。大规模的上门看护机构的经营很是稳定。最近护士培养课程中也加进了上门看护这一门课，一开始就立志成为上门护士的人在缓慢增加。

　　虽说在医院里无法独当一面的护士在居家医疗上也一样派不上用场，反过来说也如此。希望医疗现场多一些能对患者的居家生活产生共情的医生和护士。

7 独自居家临终的反对派

家人反对

上一章中，我们阐述了实现一个人居家临终的条件。

如果具备（1）当事人的强烈意愿（2）所在地区有可以利用的医疗、看护、照护资源（3）有一些经济能力等3个条件的话，就算没有家人的照料，也可以实现一个人居家临终。

但实际上，差一点就可以实现在家临终的老人，到了最后关头还是被送到医院的事屡屡不绝。想必那些持续定期巡视、眼见老人日渐衰老的照料人员和看护人员一定很不甘心吧。如果平日里他们已经知道老人一心想要住在自己家里的话，就更是如此了。

为什么老人希望在家临终却不得呢？因为有以下三个反对派势力的阻挠，他们分别是（1）家人（2）医疗专业人员（3）照护援助专员。

第一个反对派是家人。很多参与照料的人员说，比起身边的家人来说，住在远处的不常见面的亲戚更是令人头疼。他们在老人弥留之际从远处赶来，看到濒临死亡的老人后惊慌失措，并会说："都这样了为什么还放在家里不管？"然后便拨打电话叫救护车。

那些大嗓门的远道而来的兄弟姐妹以及配偶，往往会做出以上的举动。他们通过怪罪一直勤恳照顾老人的其他家属，来摆脱由于自己的不作为而使老人变成如此境地的自责。他们觉得只要送去医院，老人就可以得到很好的看护，仿佛把老人送去医院就是自己的"不在场证明"一样。在老人身边的亲人也会觉得自己的照料总有不够周到之处，因此就会被大声嚷嚷的一方牵着鼻子走。自己本身就很不安，担心万一到了最后一刻不能应对，或者不想事后出现纷争，也就屈服了。即使他们知道老人说过想在家里临终，也不想为老人说话，而是选择保全自己。现在的医院与其说是为了患者本人，还不如说是为了家人的安心和借口而存在的。

在过去医疗还是很难享有的宝贵资源的时代，也许有孝子说："多么想在父母死前能带他们去看一下医生啊。"但是如今将老年人送到医院去，反而是他们的不幸。离开熟悉的环境和家人，躺在像战场一样的重症监护室里，四周都是医疗器械和来去匆匆的医生护士，怎么可能迎来本可以安稳的死亡呢？

每个人都是送终的生手。面对即将离世之人，每个人都会感到不安。进行居家送终实践的医生们，正在尽最大努力消除这种不安。

老年人衰弱死亡的过程

因此，应该让家人一起了解一下死亡的过程。

本书第2章中提到，与猝死不同，老年人的死亡是有个缓慢过程的。首先身体慢慢地变得虚弱，继而无法站立，卧床不起。之后因不能进食而处于饥饿状态，到了水也不能喝的时候就进入了脱水状态，不久因呼吸困难而不得不开始用下颌呼吸，看上去连吸气都很痛苦。虽然一旁看着的人忐忑不安，但其实这个时候老人已经处于昏睡状态，大脑会分泌一种麻醉物质——内啡肽，因此并没有什么痛苦。据说，五感之中最后只剩下听觉，所以家人可以不断对老人说话。也有些老人不会出现下颌呼吸，以致周围人都不知道老人什么时候咽的气，就像熟睡般安详地走了。

当老人不能进食和饮水后，很多家人都会被迫决定是否需要人工补给营养和水分，也就是插管，再加上点滴。的确，这些做法可以防止老人被呛到，但是摄取过多的营养和水分会使其身体浮肿，痰量增加，所以不得不增加吸痰的次数。不能进食是自然规律，人都是在饥饿状态中慢慢死去的。

明明可以做些什么却什么都不做，要做出这样的选择，对家人来说是很痛苦的吧。因此，事前必须与当事人以及家属商量好。

小笠原医生在这种双方的沟通上不惜花费大量时间。甚至会把平常没什么来往的亲戚也叫来，然后向他们说明上文提到的情况，取得他们的理解。为此会花费1个小时，甚至有时长达2个小时，而这些时间是不收诊疗报酬的。但由于双方能否达成一致直接影响到事后是否留有遗憾，所以小笠原医生并不计较报酬的问题。

有一点非常重要，那就是病情骤变时不要因慌乱而拨打119。如果被救护车送到医院，不管当事人愿意与否，医院都会实施延长生命的治疗，因为医院就是救治生命的地方。所以，医疗人员应该对病人家属做出下述指示。

先要给上门护士站打电话听取护士的安排。上门护士必要时会与主治医师联系。因为24小时待命就是为了应对这种情况。接着要联系照护援助专员。拨打电话的顺序依次是上门护士、主治医师、照护援助专员，119是最后才需要拨打的。

把写有这些号码的纸条按照优先顺序醒目地贴在床头，这样就不会惊慌失措了。

事实上，老年人的缓慢死亡，大多数情况是不需要医疗介入的。家人该做的，就是守在老人身边。有些老人死的时候非常安详，只有家人送终，甚至没有联系医生和护士。请医生前来是在人死之后，是为了确认死亡并出具死亡证明。

也许有人担心，在无人的地方一个人死去，会不会被当成"非自然死亡"而接受司法解剖。其实如果不是猝死，而且之前有医生介入的话，就算医生当时不在场，也可以出具死亡证明。按规定，离世后24小时以内医生前来就有出具死亡证明的资格，并且据说这个规定以后还会放宽一些。

在日本，家人有相当大的决定权，医疗机构害怕患者死亡之后的医疗诉讼，因此比起当事人的意愿来说，往往更加听从其家人的想法。如有同住的家人，就由同住的家人来决定，即使没有住在一起的家人，还是由不同住的家人来决定。当我听到家人是阻碍一个人居家临终的第一个反对派时，不禁松了一口气，我想，像我这样没有家人的人真是太幸运了。

医疗人员只知道医院

第二个反对派是只了解医院的医疗专业人员。

前文提及，对医疗人员而言，医院的医疗是主场医疗，而居家医疗则是客场医疗。医院是为了医疗专业人员便于工作而设计的。对于治疗来说，医院的确是最好的环境，但是对老年人而言，医院并不能成为其生活的场所。

很多在医院工作的医生只了解医院，并不懂得居家医疗的现场。在他们看来，怎么可能把高度依赖医疗的患者送回家呢？更何况是空无一人的空荡荡的家中，那太不符合常理了。

使命感越强的医生，越容易这么想。他们一直以来都认为，医生的职责就是救人，死亡是医疗的败北。但是如本书第二章所述，超老龄化社会中的死亡，正在急速改变死亡的临床常识。

如今，即使是高度依赖医疗的患者，在相当程度上也可以在家里临终。除了吸痰以外，带呼吸机、吸氧、挂水以及插管这些，在家里也基本可以做到。有些医疗人员和家人认为，如果在家也可以维持与在医院相同的医疗水平，让患者回家也可以，但这样一来，又与"居家的医院化"没什么两样。若住在家里生活，就应该减少医疗的介入。

照护援助专员也是反对派的一员

作为第三个反对派，还要再加上照护援助专员。有些照护援助专员有着根深蒂固的想法——"送终要在医院"，一旦住在家里的老人到了"差不多"的时候，就会倾向于让老人去医院，因为他们没有把送终当成是自己的职责。他们觉得，照料工作只管活着的时候，死亡是医疗的职责，这种各司其职的观念似乎深深地印刻在他们的脑海之中。到了终末期，有些照护援助专员会劝家人让老人住院。

照护援助专员之所以有这样的想法，也是因为不想增加护工的负担。没有送终经验的护工，与老人的家人一样，自然也是非常不安的。但是，护工中也不乏因为"好不容易照料了很长时间，最终老人还是被送去了医院，没能为其送终甚至上香"而感到悲痛的人。既然一路照料至今，许多护工都想陪老人走到最后，亲手把老人送走。在居家送终的现场，死亡不是败北，而是目标的达成。这里无论对家属，还是对照护援助专员和护工来说，都是具有成就感的、令人感动的现场。小笠原医生说："在这样的送终现场，有的只是笑容。"

建立居家疗护体制

在老年人中，不少人经常要与医院打交道。很多医院里都设置了为出院过渡做准备的"地区合作室"①。在那里工作的人主要通过医疗关系网和使用各种资源，实现患者从医院向居家的过渡。他们负责在医院医生与居家医生之间牵线搭桥。这也被称为病诊合作（医院与诊所的合作）。

在地区医疗方面历史悠久的长野县佐久综合医院，设有地区照护科，医院的医生能够很方便地出诊。医生的人事调动促进了医院医生和地区医生之间的相互交流，也培养出一批对主场医疗和客场医疗都十分熟悉的医生。护士也一样。曾在医院工作的护士，摇身一变成为上门护士，而上门护士则成为医院护士。也有些护士因为孩子刚出生不能上夜班，成为只上白班的上门护士。听说这个医院培养出来的医生，之后自己在地方上开诊所的人也不少。因为这些经营诊所的医生非常了解医院情况，所以病诊合作开展得很顺利。

佐久综合医院从战后不久的若月俊一医生时代就开始了，有着悠久的地区医疗历史，是地区医疗方面的领头羊。花费半个世纪建立起来的这一体制，不得不让人感叹，这才是真正的"建立体制"。医院和居家医疗之间紧密结合，使得即使没有超凡之人，没有超人的努力（只需要具有一般能力、肩负一般责任的医生和护士），这个体制也可以运作起来。我听说，打造居家医疗的先进模式的医疗机构中有人感叹，机构刚刚经历了新老交替，初期那些有激情的人退出后，新进入的医生普遍有些"工薪族化"②。但反过来说，如果医生能像在公司上班一样做下去，不用越过多高的门槛，这才是"体制"本身充分发挥作用的证明吧。而且，这个体制

---

① 负责医院与照护机构、行政机关以及福利机构之间的联络，使患者能够顺利就诊、住院，以及方便患者出院、转院等。
② 指像上班族一样只做与自己领的薪水相应的工作。

不是一朝一夕就能形成的。

如今，医院不能被封闭在病房里，越来越有必要把医疗服务配送到家。试想，曾经是医院的主治医师来上门问诊，或者患者虽身在医院，地区的主治医师也可以自由地过来巡诊，如果有这样的体制，该多让人安心啊。

养老机构的过多建设

除了反对派以外，一个人居家临终还有两个阻碍条件。

分别是（1）养老机构的过多建设，（2）无法自由使用哪怕"一点点钱"。

首先，养老机构建得过多的话，会引发什么结果呢？

厚生劳动省的公布结果显示，2013年"特养"的等待老人数总共为52万人，比2009年的42万人增加了10万人。同时等待多个养老机构的情况也不少，所以实际等待人数在20万人左右，即便如此，养老机构依然不足。当下，"特养"和"老健"都逐渐成为"临终之所"，只要入住者不去世，后面的人就住不进来。因此，等待入住的老人原本只需短暂等待，如今却不得不长久地等待着。

不过，地区之间养老机构的等待人数存在差异。前文说过，老龄化在有些地方已经过了最高峰。虽然老龄化比例持续升高，但老龄人口不会再增加了。这样一来，在有些地方老人就会比较容易住进养老机构。地方上的独居老人之所以没有增加，其中一个原因是，一旦独居就会被家人送去养老机构。

乡镇和城市建设养老机构的成本不同。在地价颇高的城市，要想增设养老机构并非易事。如果增设养老机构，家人的负担会减少，但地方政府的成本会提高，照护保险费因而会相应地上涨。现在日本全国平均的照护保险费是每月5514日元（截至2015年4月），高的地方超过6000日元。算下来，一年的照护保险费大约为6万日元，很难再往上提高。因此，各地的地方政府都倾向于不再新建养老机构。

在乡镇，有些养老机构已经出现无人入住的情况。上文曾经提及，地方的养老机构经营者中，像新潟县长冈市的"辛夷园"综合养老机构院长的小山刚就预言："今后必须考虑地方养老机构的关闭方式。"在敏锐的经营者中，已经有人准备带着在地方上累积的经验转战城市了。

因为地方政府控制新建养老机构，"服务老住"便趁机如雨后春笋般出现。同时还出现了面向富裕阶层的自费养老院。有各种各样的选择，价位高低不等。如果每月付得起20万到30万日元的话，就可以随便挑选了。

尽管如此，等待入住的人仍不见减少。原因只有一个，那就是，获得厚生劳动省认可的养老机构是最便宜的。虽然根据入住者的需要照护程度和收入的不同，入住价格也有所不同。如果入住4～6人房之类的多人房，每月的费用基本在5万～7万日元左右。如果住单间"特养"的话，要加上酒店成本（单间的房租）的7万日元，总共需要12万～14万日元。2005年开始，单间特养需要额外支付酒店成本，之后，出现了原本住在单间的老人被转到多人房的现象。同时经营着自费养老院（全部为单间，每月30万日元）和"特养"的某社会福利组织的法人说，增建单间"特养"的时候，有家属要求把老人从自费养老院的单间转到"特养"单间去。因为同样都是单间，自费养老院每月要30万日元，而"特养"单间只要一半的价格，更经济实惠。厚生劳动省最近提出，收入达到一定标准的入住者，即使住多人房也要收取房费（酒店成本）。据说这样做，是为了使入住养老机构的成本与住在家里的居住成本基本保持平衡。既然住养老机构要付房租，那还不如住在自己家中，不用付房租，只要把养老机构的服务送到家里就可以了。实际上，小山医生已经在这样做了。

养老机构的质量不重要吗？

我之所以这样长篇大论，是因为决定把老年人送进养老机构的大多是其家人，而家人判断老人入住哪所养老机构的标准往往是价格。

有一件事一直以来都让我觉得不可思议。据说等待上托儿所的儿童有好几万人，尽管很多人呼吁让这些儿童都能上托儿所，但是在通过允许股份公司的加入来增加托儿所的数量这件事上，人们却总是显得非常慎重。股份公司是营利法人，也就是以赚钱为目的的组织。很多人似乎不愿让企业赚这方面的钱。此外，哀叹自己的孩子上不了托儿所的父母，并非觉得哪家托儿所都可以。即使有离家很近、去车站很方便的托儿所，他们也要多比较几家，然后把孩子送到自己满意的托儿所去。所以，重要的不是托儿所的数量，而是质量。

然而，人们对待养老机构的态度却大相径庭。同时在多个养老机构排队等待入住时，家人总是会把老人送去最先排到的地方。他们并不想多比较几家，看看质量如何。我们可以从中窥见家人的私心，他们想尽快从照护的负担中解脱出来，而把老人送到养老机构后，自己便可以放心了。正因为如此，我才产生了这一疑问："养老机构到底是为了让谁安心而存在的？"

重申一下，如今的老年人都拥有自己的房产，而且有很多空宅。因此，有必要再增建养老机构吗？只要没有同住的家人，老人就不会被要求搬出去。只要能在自己家里临终，就根本没有必要增设养老机构，更何况建得太多的话，之后还要花费大笔资金来进行维护和管理。

有"一小笔钱"供自己居家临终吗？

阻碍之二是钱，只是"那么一小笔钱"。上文写到，照护保险并不是为一个人居家临终而制定的。需要照护程度最高为5级的老人，使用保险的上限为36万日元。但这是自付比例为10%时的使用限额，并不代表照护费用不可以超过这个数额。只要愿意自费负担，就能享用更多的照护服务。有些照护机构对于照护保险超出10%使用限额的部分，按照未超出部分的服务价格收费，只是需要全部自费。也有些照护机构对于超出的部分，会降低费用以便有需求的人使用。有些地区的NPO（非营利组织）以及市民团体提供照护保险外的互助服务，价位在每小时800~1500日元。随着《照护保险法》的修订，2015年8月起，高收入者（年金收入每年超过280万日元）的自付比例被提高至20%，与互助服务的价格差距将越来越小。

那么，要准备多少钱临终呢？综合专家的意见，不难看出，大致需要50万/月×6个月=300万日元的"去世费"。而在此之上自己再负担一些的话，就可以实现居家临终了，所以并不需要负担很多。

一提到老年人就联想到贫困，这并不合适。独居老人的贫困率的确很高，尤其是那些早早失去丈夫的女性独身老人，她们的贫困率超过50%。然而，在经历夫妻二人生活后成为独居老人的家庭中，为丈夫送完终的妻子，经济状况绝对不差。特别是属于婴儿潮一代的人，结婚率和婚姻的稳定性都很高，丈夫大多有稳定的工作，因此丈夫去世后，妻子可以拥有年金、金融资产以及不动产。

众所周知，日本的老年人储蓄率颇高，储蓄额也不少。两口人以上、户主为60岁以上的高龄无业家庭，平均储蓄额为2372万日元（2014年）。丈夫曾经是工薪族的标准家庭，平均年金额为21万8000日元（2014年），这也绝对不低。年金流动额和金融储蓄充足，且还有房产。年金流动额不够的部分，可以用储蓄加以填补，这也是储蓄原本的目的。什么时候用好呢？就现在啊①。这些钱就是"为了居家临终准备的费用"，如果这么想，会感觉很便宜。辛辛苦苦存的钱，如果不在活着的时候使用，就失去了存钱的意义。

家人不为老人用钱也不让老人自己用

日本的老年人有钱却不用在养老上，这是为什么呢？因为有人会反对。老年人的年金和资产通常都是由家人（主要是子女）管理的，久而久之形成了"家人不为老人用也不让老人自己用"的习惯。

在许多家庭中，自老年人可以领取养老金开始，虽然老人与子女住在一起，但彼此的开支是分开计算的。也就是说，父母与子女开支的分离早于户籍的分离。老年人的家庭开销靠自己的养老金，需要照护时，也在不超过养老金的范围之内支取，这已经变得习以为常。如今，很少再有给父母寄生活费的子女，甚至有些子女在分家之后，会让父母领生活补助金生活。更有甚者，不但不赡养老人，反而依靠父母的住房和养老金过活。有人称之为对老年人的"经济虐待"，或许是因为父母觉得有责任照顾子女，所以他们并不觉得被虐待。这种依靠父母生活的子女因为担心自己的生活费减少，所以会虐待老人，即使老人到了需要照护的状态，也不为其提供照护或送其就医。我曾听照护援助专员说过，在照护现场碰到很多"棘手的个案"，有时甚至觉得，干脆让老人与子女分家一个人过比较好，因为那样反倒会让照护援助专员更容易介入一些。

---

① 最早出现在补习班讲师林修出演的广告中，"何时做呢？""就现在啊"。而后大受好评，甚至被选为2013年流行语大奖。

如果金融资产不够，那么最后一步是卖房产。即使不卖掉现在居住的房子，也有其他选择，例如目前有一种以房养老的制度——反向抵押贷款（reverse mortgage）。生前可以一直居住，死后再清算欠款。1981年东京都武藏野市福利公社率先引进了这种制度，因此该制度也被叫作"武藏野模式"。虽然我觉得它是个好办法，但奇怪的是，之后在其他地区并无效仿事例，使用该模式的人也不见增多。我探究了一下原因，发现原来是因为子女的反对。

反向抵押贷款的担保条件是相当严苛的：地上的建筑物没有资产价值，被评估的对象只有土地的资产价值，而且贷款的上限只有评估价值的七成。首都圈①的大多数自有房产，都是公寓那样的集体住宅，不但使用年限短，而且房屋质量下降得快，基本上没有多少资产价值。这样一来，能抵押的就是那些资产价值较高的土地。但子女也觊觎这些土地，他们不想父母死后忍痛割爱，而且作为父母来说，他们也想把土地留给子女。

对日本人而言，一辈子还贷换来的住宅，与其说是资产，不如说是自我认同的依据。基于日本人这种难以割舍的心情，当下出现了协助房主移居、换房的一般社团法人机构。机构以签终生合同的形式，把老年人的独栋住宅租下来，然后再转租给育儿的家庭。如此一来，老年人可以搬出需要维修养护的独栋住房，在一个便利的地方租一间小房子，多出的房租收入可以用来做生活费。由于所有权并不发生转移，因此老人去世后，其子女还可以继承该房产。

婴儿潮一代的很多人都是第一代都市移民。既然是自己贷款、用流动资产变成的固定资产，需要时将这个固定资产再变回流动资产就好，没有理由犹豫。同父母一样，子女也要积累自己的固定资产。话虽如此，但似乎婴儿潮一代的父母并没有灌输给子女这种观念。他们虽然没有从自己的

---

① 指东京都以及神奈川、琦玉、千叶、茨城、栃木、群马、山梨的1都7县。

父母那里得到固定资产,却想给自己的子女留下点资产。也就是说,自己的父母没为自己做的事,自己却想为自己的子女做。如此,子女离不开父母,父母也离不开子女,这只会增加老后的风险。

不论怎么说,自己活着的时候,为了自己的幸福花自己的钱,合情合理。所以一个人居家临终也似乎不是不可能的事。

8 来自独自居家临终的
一线调查

居家疗护中发生的奇迹

那么，我就带着大家看看一个人居家临终的现场吧。

最初带我了解独居老人的居家疗护现场的，是小笠原文雄医生。

我去拜访的，是家住岐阜市的山田滋女士（90多岁，化名）的家。当时还是初春三月，虽然是间四处漏风的破房子，但那是属于她自己的家。山田女士自从年轻时成为战争遗孀，就一直守着佛龛中的丈夫牌位度日。她无子无孙，腿脚不好，还患有认知症，她坚持说："我绝不离开这里。如果不得不住进养老机构或医院的话，我就投木曾川自尽。"当我们拜访她家时，小笠原医生"哗啦"一声拉开没有上锁的大门，喊道："山田女士，你好吗？"然后径直走入屋内。

岐阜是个地方城市，也许是因为治安好的原因，我去拜访的其他人家大门也都没有上锁。我们去拜访一个领生活补助的人家时，通往患者的房间要经过一个厨房，我曾因医生突然打开冰箱门而吓了一跳。听说医生这么做，是为了了解这家的饮食生活。比如刚领完生活补助的几天，冰箱里物资丰富，可一到月底，就会所剩无几了。小笠原医生与患者之间已经建立起了信赖关系，患者可以把自己的日常生活毫无隐瞒地呈现在医生面前。

山田女士有自己的房子，又有养老金，所以不能领生活补助。当我们走进山田女士的房间，笑容可掬的护工已经在等候了。与医生同行的护士木村久美子，是小笠原内科附设的上门护士站的护士，也是"善终管理师"（THP，Total Health Planner）（详见第13章）。因为小笠原医生眼睛不好，出诊时，他的家人负责开车。这让我想起在以前的美好年代，地方城市中继承家业（诊所）的医生的身影。

医生在简单的诊察之后，跟山田女士聊了一会，然后告别："那我下次再来哦。"老年人的症状变化缓慢，而医生的工作就是看清每一个变化。我觉得似乎看到了示范，就算有认知症，只要有照护的协助，也可以过上安稳的生活。

不久，我收到了医生的消息。

"我们一起去拜访的山田女士，按照她的愿望，在我们的协助下于家中安然离世了。"

山田女士除了领取亡夫的遗属年金和国民年金外，还有一点储蓄。小笠原医生非常擅长问出老年人的储蓄金额，山田女士的存款有300万日元。

很早之前就听说，终末期的照护光靠照护保险的最高额度也是不够的，因此医生联系我的时候，我脱口而出的第一个问题就是："医生，您动用了她的钱吗？"

"是的，用了。不过，靠遗属年金就够了，没有动存款。"医生如此回答。

到了终末期，医生给夜里会感到不安的山田女士注射了镇静剂（通过药物使意识水平下降），此外，临终前3天每天请照护士巡视8次，这些

8 来自独自居家临终的一线调查

山田滋女士与笑容可掬的护工

左起依次是善终管理师木村久美子女士、山田滋女士、小笠原医生、作者

都是山田女士自费承担的。过去7年，保险外的自费负担总计108万日元。山田女士唯一的外甥是她的财产继承人。虽然没有动用存款她就去世了，但是保险外的自费部分，据说是经过那个外甥的允许才得以使用的，我对此惊讶不已。我不理解，为何山田女士的钱给她本人使用，竟然还要获得外甥的允许，后来才知道，那个外甥是山田女士的"成年人监护人"。但是，万一他不允许并要求把老人送到养老机构或医院去，结果会如何呢？

事实上，我紧接着又向医生问了一个问题。

"医生，如果她的钱用光了还没去世，你会怎么办呢？"

"那时候便由我们来负担了"，尽管医生的回答令人放心，但这不是谁都能做到的。即使预期不准，终末期的照料工作也不会永远持续下去。为了应对这种情况，如果地方政府能推行"将房产抵押待死后进行清算"的反向抵押贷款制度就好了。

从小笠原医生那里，我还听说了这样的趣事。这件事在《一个人的老后——男人之道》中我曾经介绍过，但因为太有趣了，所以我想再说一次。

有一对处于婚内分居的夫妻，丈夫患癌症晚期在住院。医生劝他："已经没什么能做的了，所以您出院吧。"丈夫虽然想回家，但是妻子不希望他回去。介入当中的小笠原医生当着他妻子的面说了这样的话："要是没有你，就可以让患者回家了呢。"

居家临终的反对派是家人，这个故事完完全全证明了这一点。最后，被小笠原医生这样进言的妻子做好了思想准备，把丈夫接回了家，嫁到不远处的女儿也经常过来积极地照料自己的父亲。在此期间，"奇迹"发生了。据说妻子开始主动照料起丈夫来，在丈夫去世前，两人和好了。如果男性直到临终都在医院度过，一定不会发生这样的奇迹。因为在住院期间，一切都是交给护士来做的。家就是发生这样的奇迹的地方，这是许多参与居家医疗、居家照护工作的人的真实感受。

推行初期医疗的年轻领军人物

在地方城市以及郊区的住宅区里，自古以来都有独立开设诊所的医生做着家庭医生的工作。第5章中介绍的松村真司医生（40多岁），就是家住东京都内世田谷区的第二代私人诊所的医生。他说，在同年龄的医生纷纷成为专科医生、病房医生的潮流中，他逆向而行，年轻时起就一直对基础医疗有一种使命感。

也许在专科医生看来，基础医疗的医生是"万金油医生"，从而瞧不起他们。但事实并非如此。就算挂"内科"的牌子，从婴儿到老人，从外伤到精神创伤，所有的病例都会被囊括进来。他们不能以"不是专科医生"为借口拒绝给患者看诊。不仅如此，他们必须根据患者的初期症状，推测各种可能性来进行诊断。有时可能因为初期症状的误诊而使患者失去治疗的最佳时机，因此责任重大。比如持续发烧而被诊断为感冒的患者，有可能是患了结核病，也有可能是艾滋病的并发症。

正是由于上述原因，我不赞成欧洲的家庭医生制度。在荷兰和丹麦，地区居民都挂靠在某个家庭医生名下。虽然可以选择，但是每次搬家之后，就必须在人生地不熟的地方立刻选择自己的家庭医生。家庭医生制度乍看起来令人放心，但若想要找一个再好一点的专科医生看病，则必须通过家庭医生的介绍。在法国和德国，虽然可以不通过家庭医生就诊，但是这种情况的自费负担会相应增加。在这些国度，家庭医生就像门卫一样把守在专科医院门口，控制医疗费的使用。家庭医生的水平如果很高倒没有什么问题，但事实上他们良莠不齐。倘若在初期发生重大误诊或漏诊，患者可就麻烦了。相比之下，日本的患者在医生与医疗机构的选择上有巨大的自由空间，能像购物一样货比三家。如此一来，要接受什么水平的医疗，由患者的医疗素养决定。虽然日本的医疗是自由主义式的，但对患者来说要比欧洲好一些。而想要控制医疗费的使用的，是厚生劳动省。

因此初期医疗与其说是"基础医疗"，倒不如说是"综合医疗"，实际上需要很高水平。相反，专科医生因为只看跟自己领域相关的器官，有时会漏看其他的疾病，或是疏忽与其他病因的关联。患者不是器官的集合体，而是一个人。因此，对患者的治疗还要求医生有高度的交流能力。

我曾向松村医生请求一起去患者家中进行采访。在这个过程中，我看到了他从父亲那辈延续下来的医生世家与患者之间的相互信赖、患者对于打小就认识的"年轻医生"的亲切感、他在所到之处与等待医生前来的照护援助专员和护工们的合作、他在途中路过上门照护站时与照护援助专员的平等交流等等，这些都告诉我们松村医生在当地是多么受大家的信赖。

松村医生总是一个人开车前往患者家里，没有护士同行。我问他为什么不建上门护士站，他说当地已有很多看护站，不需要单独再建一个。

松村医生出诊的患者中，有一位独居的癌症患者名叫木村松子女士（八十多岁，化名）。木村女士在一间不错的房子里守着佛龛。她儿子家住在栃木县，每三个月来看望她一次。木村女士坐在床上，医生和实习医生则围坐在她周围的榻榻米上。日本房屋的这种位置关系，使患者的视线位于上方，从而打破了医生在上、患者在下的关系，使医患关系趋于和谐。

听说木村女士不想离开这个与家人一起生活过的熟悉的地方，但是她这样安稳的日子可以持续到何时呢？也许她的儿子以后会选择让她住院或住进附近的养老机构。

我曾随松村医生造访过好几个患者的家，他只是量血压和进行简单的触诊，基本没有做什么治疗。之后我问松村医生："如果是这样出诊的

松村医生（左）、木村松子女士（右）

话，何必医生您亲自去呢，上门护士不就行了吗？""没错，但是这样定期拜访，患者和家人都会比较安心。"当然对于那些需要医疗程度很高的患者，医生也会进行相应的医疗援助。

不过，松村医生的日常是非常艰辛的。虽然家就在工作地点的旁边，这点非常有利，但也因此时时被工作缠身。听说他每天与家人一起吃完晚饭后，还要返回工作地点。这让我不禁想问："您有时间休闲吗？"听说有些年轻的实习医生，为了成为居家医生来松村医生这里进修，我忍不住对松村医生说：如果年轻医生目睹您这么拼命工作的话，可能会被吓到，所以您得表现得轻松从容一些才行。

小平市的"照护城"

小平市的市民很幸福。因为居家安宁疗护的先锋山崎章郎医生在这里成立了"小平照护城"。这是一个集居家疗养援助诊所、上门护士站、居家照护援助机构（照护管理中心）、日间服务中心、老年人专用租赁制集体住宅于一体的综合机构。曾经在医院工作的山崎医生，因对死亡急救医疗心存疑问，从而转向成为安宁疗护医生。后来，他认为安宁疗护也是临终病房的一种，进而又成为居家安宁疗护医生。当时，有一位与山崎医生一样致力于安宁疗护的先生，为了实现自己当医生的理想，愿意提供自有土地以便建设一个综合照护机构。

于是，照护城在一片偌大的土地上如愿建成。照护城的2楼有一个大食堂，也可兼作集会室，食堂旁边是21间单人房，1楼有诊所和上门护士站。中庭面向当地居民开放，可以听见孩子们的欢声笑语。在照护城里，NPO法人"东京社区社会福利联结"负责提供咨询并培养义工，同时还进行育儿援助。最近，听说有些居民嫌附近托儿所的孩子们太吵，并称其为"噪声公害"，我倒觉得老年人住在一起，如果连一点孩子们的声音都听不到，并非什么好事。

住宅部分的单人房中住着单身老年人、残疾人和癌症晚期的患者。后来山崎医生将他进行上门诊疗的90多岁的中野广子（化名）女士介绍给我，我便去拜访了她。中野女士的女儿住在小平，得知了这个机构后，就把独居的母亲接来这里。把住在别处的母亲接到自己家附近来，方便经常探望，却不与其同住，这真是十分明智的选择。

如果住在一起，就是全职家人，不住一起则是兼职家人。分了家不等于不再是家人，彼此住得近些经常探望就好了。家应该是在这个世上能够让人彻底放松的地方。若家变成一年365天、每天24小时无休的照护职场的话，家人片刻也不能轻松。被逼得走投无路时，家人就会说："求你了，爸、妈，你们去照护机构吧！"这也在情理之中。人是一种很现实的生物，如果不住在一起，就能眼不见心不烦。

即便没有到走投无路的地步，照护也是无止境的，不管做得多好，事后都会留有遗憾。研究照护的年轻学者井口高志先生将其称为"家人照

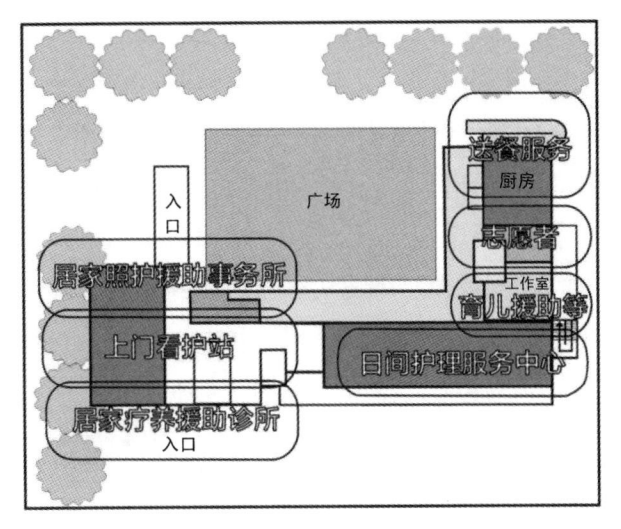

"小平照护城"的一楼平面图

护的无限定性"。即使不住在一起，对于家人来说，照料也是没有一刻不放在心里的沉重负担，无论在工作还是休闲时都是如此。既然这样，分开住至少可以确保自己的家是能够放松的场所，这点至关重要。因为有了这种从容和距离，对老年人的态度会更好。无须因为不住在一起照料老人而自责。

反过来说，只要建立起一种把老年人"一个人放在家里也很安心"的制度，即使不与其同住，家人也不必自责。小平照护城就给居住者提供了这样的一种安心。"照护城"的名称中蕴含着"可以过普通生活的小城"之意。

饮食均由食堂配餐，入住者也可以自己去食堂用餐。照护城里有紧急求救电话，万一发生紧急情况，可以迅速跟西科姆公司[①]联系。如果需要

---

① 西科姆公司，1962年成立的日本最早的安全公司，主要面向企业和家庭提供安全系统。

上门看护的话，24小时随时都可以请1楼的上门护士站的人过来。

在没有医生陪同的情况下，我一个人去拜访了中野女士。我刨根问底地问她："住在这里有没有什么不方便的地方？有没有什么困难？"我拼命地想要从她口中问出些什么。社会学家就是为了发现问题而存在的，是一个需要善于挖掘问题的"令人讨厌"的职业。尽管我使尽浑身解数，但最终也没能从中野女士口中探出什么让她不满意的地方。中野女士在说"没有任何不满"的时候，表情非常轻松自然，不像是在说场面话。之后，我甚至向医生汇报说："中野女士说她非常满意。"

小平照护城参考的样本是鹰巢照护城。鹰巢照护城位于北秋田市（在市町村合并前叫作鹰巢町），是一个由地方政府设立的"老健"机构。当时的町长岩川彻先生原本想要仿造丹麦的社会福利模式，打造一个包含学校在内的共生化、综合型的照护城，让老年人、残疾人以及孩子可以在一起生活，而鹰巢照护城就是这个宏大的照护城构想中的一个重要环节。不过，岩川先生在市町村合并前的2003年的町长选举中落选，照护城的构想也因此半途而废。之后，经过各种迂回曲折，鹰巢照护城这个名字虽保留了下来，但与当初的建设目标显得似是而非。鹰巢这一地名在地图上消失了，仅留存于"鹰巢照护城"和初期负责鹰巢照护城建设的"鹰巢福祉公社"的名称中。可见，鹰巢照护城受到了地方政治的摆布，它所经历的变迁过程，可参照拙著《照护的社会学——迈向当事者主权的福利社会》（太田出版，2011年）。

山崎医生继承了照护城的理念，但因为他目睹了鹰巢照护城的人为转变，所以绝不想依靠行政机关的力量。事实上，小平市没有为小平照护城的建设提供任何资助。山崎医生认为，"不受制于行政"是民间事业的志向。

在与山崎医生一同拜访的一位独居的癌症晚期患者家中，曾发生过一件令我难忘的事。小林雄一先生（60多岁，化名），虽然已婚，但长期与妻子分居，一个人生活。尽管当时我也在场，他仍向医生说道："从昨晚开始病情发生了变化，我一个人觉得很不安。"他还说："之前一个人生活觉得非常自由，但是现在感觉非常寂寞。"我还是头一次听到这个年纪的男性，在外人面前说"寂寞"，因此感到很震惊。但医生听后却非常平淡地回答："是嘛，那么你有两个选择。要么还是像现在这样住在家里，然后请护工和上门护士过来照料和看护；要么就搬到安宁疗护病房去，如果你想的话，随时都可以入住。请你自己来决定吧。"

我没想到自己居然见证了小林先生不得不做出关于临终照护的重要决定的场景。当时小林先生回答说，看看情况再说。

接着，小林先生站起身来，带我参观了他的寝室。在那里，我看到了惊人的景象。整面墙再现了客厅里挂着的那幅凡·高的名画《夜晚的露天咖啡馆》，墙上到处开有小孔，光从孔里透进来。晚上，打开灯光躺在地板上，想必会有一种置身于国外的露天咖啡馆一样的感觉吧。夜空中群星

与山崎医生在一起的小林雄一先生。墙上挂着的是凡·高名画《夜晚的露天咖啡馆》

璀璨，似乎可以闻到石板路上的露天咖啡馆里飘来的美食的香味，似乎也能听到人们经过时发出的嘈杂声。展现在我眼前的，正是这样的空间。小林先生已经不能外出，这是他通过想象力打造的时空旅行装置。

真的非常壮观。山崎医生也非常吃惊。他说虽然来过好几次，但还是头一次见到。也许是因为有我这样的局外人，小林先生才得以敞开心扉吧。听山崎医生说，与我同岁的小林先生以前是一名电工。正所谓宝刀未老，这大概是他为自己制作的最后一个作品。

不过，小林先生专用的"夜晚的露天咖啡馆"尚未竣工。山崎先生对我低声耳语道："最好尽快完成啊。"

后来山崎医生与我联系，告诉我说："上次跟你一起拜访的那位患者，在一周后去世了。"也就是说，我是在他去世前一周拜访他的。"最后是在哪里临终的呢？"我问道。山崎医生说，在去世前的几天，小林先生选择住进安宁疗护病房，最终在那里离世。小林先生的"夜晚的露天咖啡馆"，在他去世前有没有完成呢？自那以来，每当看到凡·高的画，我都不禁想起小林先生来。

我还请居家医疗先锋中的先锋——家住东京都墨田区的川越厚医生，带我一同前往患者家中。在墨田区，低收入人群较多，我们拜访了一位独居的、靠领取生活补助生活的男性，他是一名癌症患者。他住在没有浴室的木造房里，房子是租来的，房间只有四块半榻榻米大，采光很差。但是他坚持不去养老机构和医院，执意要住在家里。领生活补助生活的人，不需承担医疗费，因而能够安心地就诊。没有家人、没有房子、没有钱，即使生病了，只要有最后的安全保护网、有尊重当事人意愿的协助者，就可以实现居家临终。我感觉不虚此行，开开心心地回了家。

柳原医院位于东京旧城区的足立区千住地区，该医院也是居家医疗的领头羊。在那里，我见到了川人明医生。在前去拜访的患者家里，当我问起医生的口碑时，患者对他称赞有加。因为川人医生本人也在场，我觉得患者说的不能全部相信，但是其家人说的一句话打动了我，他说："能住在这个地区真是太幸运了。"这句话里包含了说话人的真实感受：虽然不是因为有柳原医院才选择住在这里，但生病之后，他们深切感受到了柳原医院的可贵。

医院里的私人医生

地方小城、郊外住宅区、旧城区等地方的条件差别较大，如果随时都能有医生来家中问诊，那么住在那里的人是幸运的。

地方上的"临界村落"①情况如何呢？山梨县山梨市山区的陡坡，严冬时期因积雪和冰冻的原因，只有四轮驱动的汽车才能行驶。我曾经同山梨市立牧丘医院的古屋聪医生一起拜访过住在那里的近藤绫子（90多岁，化名）女士。近藤女士一个人住在很宽敞的农家。周围是很陡的斜坡，凭老年人的腿脚是无法出去散步的。因为腿脚不便，所以老年人是交通出行的弱势群体，而在这个地方，你一旦成为交通弱势群体，就很难出去购物。尽管家门前就有公交站，但是一天只有几班。近藤女士最后的生活，完全靠留守在这个地区的五户人家的帮助。只要有人帮着买东西，剩下的事情，如吃饭、上厕所、洗澡等，她都能一个人完成。

在这所宽敞的日式房屋里，到处都是台阶，别说无障碍了，应该说到处都是障碍。但近藤女士认为，只要跪在地上爬行就什么都可以做，她似乎不想放弃这份"自立"。

"跪在地上爬行"一语，因为含有歧视的意味，所以据说现在禁止使用了。但是，换成什么词好呢？是"膝行"，还是"拖着身体移动"呢？

---

① 指65岁以上的老年人占人口50%以上的村落。

我认为，没有比"跪在地上爬行"更合适的说法了。

日式房屋原本就不是以站立为主要目的，而是为了坐着时生活方便而设计的。即使不适合轮椅的生活，腿脚不便的老年人在房屋中移动也是完全没有问题的。我曾经带一名坐轮椅的外国留学生，到一个日本人住的狭小公寓去，他下了轮椅后完全可以做到蹲着移动。因为房间狭小，所以卫生间的位置很近，这一点对于腿脚不便的人来说也很有利。

古屋医生还带我去了在山区一个人生活的一位老年人家里。那位老人也腿脚不好，虽然他很遗憾不能去房子后面的田地干活，但是他递给我们坐垫，让我们喝茶等，做这些动作一点问题都没有。购物方面，则是住在城里的儿子每周帮他采购一次。

在近藤女士的家里，有一件事让我很心痛。佛龛里挂着一张新的照片，据说是在当年去世的长女的遗像。近藤女士一直依靠的长女却先走一步，面对这位九十多岁的老人，我不知道怎么安慰她才好。在超老龄社会

古屋聪医生（左）与近藤绫子女士

中常常会发生长寿的父母为自己的子女送终的事。虽然俗话说"子女的本分是不能死在父母前面",但是想要恪守这个"子女的本分",却变得愈发艰难了。

在近藤女士的"被炉"①的坐垫上,放着一个布娃娃。90多岁的老太太把小女孩玩的娃娃放在身边虽然有些古怪,但是一想到她如此高龄失去女儿,该有多么孤独和忧伤,我就什么话都说不出来了。

后来从古屋医生那里,我听到了近藤女士去世的消息。当时她频繁住院、出院,最后是在牧丘医院临终的。牧丘医院有30张床位,听说为了患者能够自由地来往于医院和自己家中,医院经常会空出一定的床位。

牧丘医院的医生随时都会前往患者家中问诊,他们不会在门诊等待病人上门。尤其是被称为"行动派"的古屋医生,经常神出鬼没,无法掌握他的行踪(听说手机是一定会接的)。他出诊结束后,有时会顺路回趟家。"3·11大地震"后,他很长一段时间不在医院,而是在灾区活动。因为有同事们的支持,所以他才能够安心地离开医院很长时间。大概是因为这个缘故,牧丘医院不断有"行动派"的年轻医生来应聘,而且大多是女性。比如小泽幸子医生是"海地友之会"的代表,虽然我从没听过这个团体。海地位于加勒比海,因为2010年的自然灾害而广为人知。海地受灾后不久,小泽医生坐立不安,要马上奔赴当地进行援助,单位的人都给她温暖的声援,说:"一路小心。"继小泽医生之后入职的也是女性医生。这些充满活力的女性医生面临的难题,是怀孕、生孩子,以及育儿。小泽医生目前在丈夫的协助下,正在挑战这一难关。

我也曾陪同古屋医生出诊,早上9点至下午1点不吃不喝,一共走访了7位患者。医生总是开着1300cc排量的小型汽车,没有护士同行。他说因为自己更熟悉路线,所以比让别人驾驶好。在看不出东西南北的乡间小路

---

① 在炭火或电热等热源周围置以木框架,再从上面覆盖被褥的取暖用具。

上，他也能毫不犹豫地勇往直前，在会车时无法同时通过的狭窄道路上，他也能很好地行驶过去。要知道，冬季路上是会结冰的。计算起来，古屋医生握方向盘的时间，比在患者家停留的时间还要长。如果利用这个时间在医院门诊给患者看病，可以给多少名患者进行诊断啊。嗯……我差点就想说，这真是医疗资源的浪费啊，但也没有办法，因为等着医生上门问诊的患者太多了。

从各地来牧丘医院实习的医生络绎不绝。我的一名年轻医生朋友也来过这里。他参观后，我问他："怎么样？"他的回答正如我预期的那样："太特别了，无法效仿。"我把古屋医生称为"医院内的私人医生"，因为他的机动性太强，不受任何人的约束。而这一点，其他人是无法模仿的。幸好古屋医生没有上司，他自己就是自己的老板，所以才能办到，这就是所谓"单干"的好处吧。

只要做法可行，地方上的小规模公立医院，似乎也可以融入当地为老百姓做许多事。

9　安宁疗护之家的尝试

安宁疗护病房是等待死亡之所吗？

在上一章中，针对"一个人居家临终是否可能"这个问题，我得到了肯定的答案。

有人把送终服务做成了事业。比如位于宫崎市的安宁疗护之家"妈妈之家"的市原美穗女士，就是其中一位。

在这之前我们先来说说安宁疗护（hospice）到底是什么。

市原美穗女士（右）与作者

很多患者对于入住安宁疗护病房有抵触情绪，而且之后我会提及，现在的安宁疗护病房入住还有几个限制条件。

日本最初的安宁疗护病房，由大阪的淀川基督教医院的柏木哲夫医生于1973年创建。到了20世纪80年代，各地的医院开始出现独立的安宁疗护病房。

安宁疗护翻译成日语是"终末期护理"，或者"缓和护理"。两者都是指为已经无法治疗的终末期患者控制疼痛，或由宗教人士进行心灵护理，以减轻患者的痛苦的行为。安宁疗护病房最早出现在基督教系的医院绝非偶然，因为基督教医院里配有神父和牧师。原本我就希望有"葬礼佛教"之称的佛教派的宗教人士，在患者活着的时候也能参与到治疗过程中，而非在葬礼上才出现，结果后来出现了"vihara"（梵语中意为安住、修养）运动，新潟县长冈西医院于1993年成立了第一个vihara病房。

安宁疗护医疗是定额制，入住期限为30天，每天费用为49260日元。因为适用医疗保险，所以如果自费部分为10%的话，需花费4926日元，如果自费部分是30%，则为14788日元。在自费三成的情况下，倘若住一个月，大约需花费45万日元，但由于可以申请减免高额医疗费，所以每月最多花费14万日元。医院每月可得将近150万日元的诊疗收入，因此，安宁疗护病房对医院经营来说是不错的选择。

除了上述费用外，很多时候还会产生病房使用费。虽然有些安宁疗护的病房全部是单人房，但也有医院会设置多人房。多人房这种人员较为混杂的房间并不适合将死之人，因为室友会干扰死亡的静谧，临终时医疗人员和家属的频繁进出，也会使入住者发生心理波动。按照规定，至少一半的床位是不允许收取差额床位费的，但有些医院还是会对单人房收取2千到4万日元不等的额外费用，甚至有些特别病房，每天额外费用竟高达7万日元。

9 安宁疗护之家的尝试

不仅仅是钱的问题,入住安宁疗护病房还有条件的限制。

目前厚生劳动省大臣、都道府县知事认可的安宁疗护病房入住条件极为严苛,符合条件的只有癌症晚期和艾滋病患者,而患有其他疾病的患者则不能入住。另外,还有一个附加条件——"没有治愈的希望"。因此一旦进了安宁疗护病房,就不能开展任何治疗性的医疗行为(缓和护理除外)。即使到了晚期,有些患者也不会完全放弃,所以那些直到最后一刻都要求进行抗癌药物治疗的患者,是无法入住的。

不难想象,入住安宁疗护病房的患者,在心理上是有抵触情绪的。住进安宁疗护病房,就等于放弃了求生的欲望。长期以来,在日本,当患者罹患癌症,医生都会犹豫是否应该告知患者。让患者转入安宁疗护病房,对癌症患者来说就等于一种致命性的宣告。但如果不告知患者,患者则无法转入安宁疗护病房。日本人对安宁疗护的印象是"等死的地方"。如果里面再有牧师或僧侣的话,别说心灵护理了,甚至有些患者会因为绝望而被击垮吧。

我在欧洲那些社会福利完善的国家所见到的安宁疗护比日本做得更加彻底。在丹麦参观的安宁疗护病房里,只有护士。与日本不同,病房里并无常驻的医生。只有从附近的医院请来缓和护理的医疗小组进行巡视,基本上不开展医疗行为。丹麦的平均住院时间为2个星期,而日本的住院天数约为40天(2009年)。日本的入院时间比丹麦稍长,但都是名副其实的"等死之家"。

考察下来,我并没有觉得欧洲的制度有值得效仿的地方。在欧洲那些国家,对于确定即将离世的那些患者,基本不进行医疗介入,所以称之为终末期,而这个阶段比日本短得多。从中,我们不难发现一种冰冷的生死观,而这种生死观与安乐死的思想是有直接联系的。各国的照护制度,都显著地反映出该国的生死观,所以,我们并不能简单地把国外的制度移植到日本来。

站在被转入安宁疗护病房的患者的角度想，在无法行走、濒临死亡的终末期，不得不离开熟悉的住所，而且被实质性地告知"你已经没救了，再过几个星期就要去那个世界了"的话，患者该有多么绝望啊！既然只剩下几个星期，那为什么不能在家度过呢？

我曾去过安宁疗护病房，那里充满着死一般的寂静，会让人不由得压低脚步声和说话声。不知道是不是我的心理作用，我甚至觉得，从一般病房（通过门隔开的）走过来的护士的走路方式都与之前不同，她们尽可能不发出声音。

在安宁疗护病房里，患者与生的气息，与跟随大人一起前来探病的孩子们的欢声笑语远远地隔开，只是静静地等待死亡。一切都太不自然了。

从安宁疗护病房到居家安宁疗护

前一章提到，山崎医生成为安宁疗护病房医生后，他认为安宁疗护病房终究还是病房，进而决定转做居家安宁疗护医生。对患者来说，安宁疗护病房仍不属于日常生活。为何人生的终末期必须移至与日常分隔的非日常的时间与空间中呢？难道就不能在日常的时间和空间里迎来死亡吗？在日常的时间和空间中迎接死亡，就是居家安宁疗护的理念。

我有一位认识了30多年的老朋友——柴田由美子女士，她患癌症晚期后离世。她本来是京都一家经营使用天然素材制作服装的服装店老板兼设计师。店里面向成熟女性设计的服装穿着舒适，很受粉丝的喜爱。店铺名为"Ripin"，原来在银阁寺旁边，现在交由别人经营，迁到了中京区。柴田女士跟我一样也是独身一人，尽管有兄弟姐妹，但是没有孩子也没有孙子（女）。所谓人以群分，她的朋友中有很多人是单身或者重新恢复单身的。这些朋友轮流来到她的公寓住，陪伴她度过人生最后的旅程。

在她们当中，作为核心人物的一位友人，找到并为柴田女士预约了一个京都市内的安宁疗护医院。她为柴田女士做好了一切准备，说道："只要你愿意，随时都可以入住。"最近的安宁疗护医院不再是一旦进去就出不来的死胡同。朋友告诉柴田女士："如果感觉不好随时都可以离开那里。"但是柴田女士迟迟下不了决定。周围的人解释说，她本来就是个优柔寡断的人。直到最后的最后，身体无法自由活动之后，她才心不甘情不愿地搬进了安宁疗护病房。

两天后，从那位核心友人那里，我听到了柴田女士去世的消息。

"住进去才两天就走了。她早点下决断就好了……"她叹息道。而我回应她的第一句话是："是啊，就两天啊。如果在家里磨蹭一下，就可以在家里离世了。"

也许这样做会给周围的朋友带来负担和麻烦，但这种负担和麻烦并不会永远持续，而且朋友们也都是在力所能及的范围内轮流帮衬着的。若朋友们都累了，也可以请护工或借助外人之手。不过往好了想，我们可以说，独居的柴田女士在朋友们的帮助下，做到了居家安宁疗护，直至去世前不久。

在临死前两天，从住惯的环境搬到陌生的地方……其实人们习惯明天的生活也像今天一样继续。要完全改变一切，需要下很大的决心。

在我就一个人居家临终进行采访的过程中，对于"实现一个人居家临终的条件"的提问，很多参与者都异口同声地回答"是当事人的强烈意愿"。这里说的"强烈意愿"，也许是指对抗家人的"不能放你一个人不管"的想法，或者是对抗周围人建议住院以及入住安宁疗护病房的声音。将死之人不仅对周围的人极为友善，自身也会变得极其软弱。若身边的人强烈建议，且家人也希望如此的话，老人就有可能会为了家人，选择住院

109

而接受生活环境的变化吧。但事实上，比起维持日常的生活来说，彻底改变生活环境肯定更需要"强烈的意愿"。

经过柴田女士的事，我开始觉得一个人居家临终并不需要"强烈的意愿"，也就是说，从柴田女士身上我学到，可以做一天和尚撞一天钟。

安宁疗护之家的实例

让我们回到安宁疗护之家（home hospice）的话题。

Home hospice是个很特别的词，直译过来是"居家安宁疗护"，但实际上，它是指高龄老人的群体生活和送终服务相结合的经营形式。安宁疗护之家并非死期临近时入住的安宁疗护病房，而是老年人自己选择的为其送终的"最后的栖身之所"。

地方城市有很多宽敞的空房子。把这些空房子租下来作为老年人的居所，从外面请上门服务并安排夜间值班，向每个人收取大概每个月15万日元（包含送终费用在内）。如果需要医疗的话，可以在此基础上外加医疗保险的自费承担部分。安宁疗护之家这种业态属于房屋租赁业，既不是集体之家和小规模多功能之家，也不是收费养老院和"服务老住"，所以不在照护保险制度的范围内，因此也不受该制度的限制。也可以说，它是特意选择了在照护保险制度的范围之外。

因为一旦纳入制度之内，就会增加一个条件——需要在无障碍空间、走廊的面积、自动喷淋装置的设置等方面得到认可。如此一来，创业者的初衷——"租个普通的民房，让老年人过着普通的生活"一定会受到限制。"妈妈之家"这个名称体现了一种思想觉悟，那就是，需要确保无法在家里生活的老年人过上如在家一般普通的生活，而且一旦接纳了他们，就要对他们的人生负责到底。

但即使如此，如果把"安宁疗护之家"直译成日语的话，即为"等死之家"。子女无论如何也无法对母亲说"妈妈，您搬去等死之家吧"。也许正是因为"安宁疗护"一词在日本尚未普及，所以人们才能轻易使用吧。

"安宁疗护"一词隐含的意思在于，一直以来的养老机构都不是送终的场所。"特养"不是，"老健"也不是，"老健"原本是医院向家过渡的地方。集体之家也没有送终服务，而"服务老住"的入住者大多可以自立。所有这些机构都认为，送终应该在医院进行。

最近，养老机构的送终服务有所增加，照护保险也为养老机构另外加上了"送终照护"的报酬。但养老机构的送终服务需要得到入住者家人的同意——"可以不送去医院"。养老机构的送终服务之所以会增加，是因为一个现实原因——重症且没有家人收留的老年人的居住时间延长，使得"特养"和"老健"不得不成为他们最后的栖身之所。

"安宁疗护妈妈之家"今年迎来了成立的11周年。11年前，市原女士她们开始这项事业的契机，是当地需要照护的老年人都住在养老机构里，因而空出了许多民房。市原女士以照料对方为条件，向对方租下一处平房，隔成5个房间出租，让老年人一起住在这里。安宁疗护之家的好处，在于可以让老人在普通的民宅过着普通的生活。不是养老机构而是家，因此家人可以自由进出，街坊四邻也可以随时来串门。日式房屋虽然到处都是障碍，但是老年人在熟悉的榻榻米上生活会很安心。民宅蕴含着神奇的力量，没有必要建专门的设施。

从2004年最初的"曾师妈妈之家""雾岛妈妈之家"，到2007年的"檍妈妈之家"，事业规模不断扩大。每个"妈妈之家"都坚守一个原则，那就是，入住者不超过5人。老年人因为健康状况的变化频繁住院出院，也会有人去世，入住者哪怕只减少一人，都会对经营造成不小的影响，但市原女士说："只有人数不超过5人才能兼顾到每一位入住者"，因此在这点上，她坚决不让步。尽管她知道如果将入住者增加到7、8人，能使经营更加稳定，但因为那份坚持，她一直维持目前的入住人数，勉强维持着收支的平衡。

每个"妈妈之家"都是租来的房子，初期投资不用花费太多。同时，市原女士说："租房时，除了房子以外，还要带上原本就住在房子里的老人"。

她还笑着说："租这样的房子最好，作为房东的老人，会把本来的近邻人脉都连带过来。"

一般开设养老机构时，往往会遭到近邻的排斥。但租民宅则不同，多年住在那里的老年人建立起来的信用，也附着在房屋之上，所以据说每个"妈妈之家"的成立都很顺利。

想要照料老年人直到去世，医疗的介入是必不可少的。市原女士认为，这种介入的主角不是医疗而是照护，因此在开设安宁疗护之家的次年，即2005年，她设立了"上门照护站Parion"。市原女士在宫崎市内广撒渔网，同时与多家居家医疗和上门护士站建立了联系。2014年我去拜访

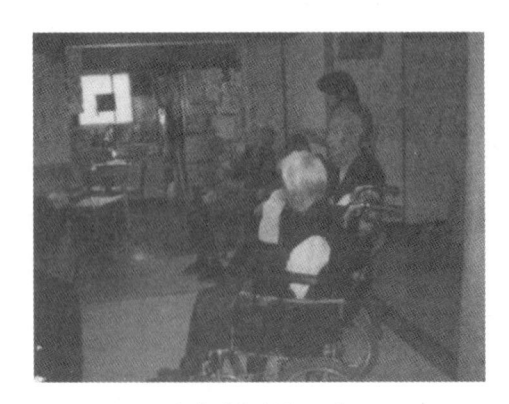

安宁疗护妈妈之家

的时候，听说宫崎市内的上门照护站及上门护士站总共有30家。如果将这些上门照护站及护士站包含的区域绘成图的话，基本整个宫崎市都会被覆盖。我还听到了这样让人倍感放心的话："如果住在宫崎市，那么无论是在哪里，只要愿意，谁都可以在家临终。"

安宁疗护之家与安宁疗护病房有着巨大的区别。安宁疗护病房原则上只有癌症以及艾滋病患者才能入住。集体之家也只限于患认知症的老人入住。一揽子合同定额制的小规模多功能型居家照护服务①正在逐渐居家化，但基本上还是只进行日间护理。上述几种机构，都提供多方位的照护，因此厚生劳动省决定不配置照护援助专员。厚生劳动省当初将一揽子合同定额制的小规模多功能型居家照护服务作为示范服务时，我就觉得这个制度有问题。全方位照护不需要照护援助专员，这就表示，老年人能接受何种照护，全凭经营者裁夺。若是小规模机构的话，里面就成了密室，无从监控，发生什么都不得而知，这着实令人恐惧。

安宁疗护之家是住宅，所以入住者每人都配有照护援助专员。市原女士说："在只有5名入住者的地方，最多的时候安排了5名照护援助专员。"照护援助专员发挥着外界监督的作用，因此才特意如此安排。

安宁疗护之家的成长期

受市原女士的影响，日本全国范围内安宁疗护之家变得越来越多。截至我采访的那年（2014年），全国总共新开了19家，分别是九州6家，中国②和近畿地区8家，关东2家，东北3家。如果把准备开张的也囊括在内的话，则全国共有29家。这也意味着需求之多。其中宫崎市内有4家，市原

---

① 根据使用者的选择，可以组合使用每天去养老机构或留宿在养老机构，以及上门照护的服务。

② 日本本州西部地区，包括冈山县、广岛县、山口县、鸟取县、岛根县5个县。

女士表示，感觉这已经是极限了，因为再多的话将无暇顾及。如果按照现在的势头发展下去的话，品质上可能鱼龙混杂，不好管理。我觉得安宁疗护之家经历了播种、发芽、生长期，现在迎来了发展壮大阶段。

市原女士及其同伴颇有危机意识，她们不希望长期建立起来的信用遭到破坏，所以最近不仅成立了全国安宁疗护之家推进委员会，还为"安宁疗护之家"这一名称注册了商标。

市原女士担心会出现提供送终服务的不良机构，可终究还是出现了。比如名古屋一带作为给患者出院过渡的"服务老住"就是一例，其恶行于2010年被揭露出来。该机构与医院勾结，通过频繁的出诊和上门看护，向出院者索取高额的诊疗报酬。该住宅属于租赁业，除了送终服务以外，还提供饮食和陪伴服务，每月费用为15万日元。令人震惊的是，那里只接收插管的患者。原来如此，我不禁感叹他们的如意算盘打得真不错。只接收插管的患者的话，厨房也省了，根本不需要厨房的工作人员。被揭发后该机构还不以为意地说："到目前为止，患者的家人对我们只有感谢，从来没有人投诉。"

上面提到的这家不良机构提供的服务包括送终在内，每月的费用为15万日元。这个价格跟单间"特养"的费用差不多，对于一般的家庭来说，勉强可以用养老金支付。对于有些无法入住"特养"，或因高度依赖医疗而不受其他养老机构欢迎的老年人的家人而言，这样的老年人住宅犹如救命稻草一般。但由于这样的不良机构不断增加，所以市原女士她们不得不开始思考如何守住"安宁疗护之家"的信用和牌子。

三户女士的案例

我去拜访"曾师妈妈之家"的时候，见到了三户①女士。听到三户这个姓，我觉得很耳熟，因为我是京都大学毕业的。三户女士曾长年观察并协助研究因洗山芋习俗闻名的"幸岛的猴子"。

京都大学是世界闻名的灵长类研究的圣地。现任校长山际寿一先生就是从事灵长类研究的学者。我的朋友当中也有研究猴子的学者。我还在京都大学上学的时候，灵长类研究的领军人物伊谷纯一郎先生、河合雅雄先生等人都十分活跃。尤其是伊谷先生，更是有"灵长类学的诗人"之称，为了听他的研讨课，我曾经特意跑到理学部去。但很快就打了退堂鼓，因为从事灵长类研究的学者要与猴子一起行动，所以都起得很早，研讨课通常安排在上午第一节。这对于习惯睡到中午的文学部的夜猫子学生来说，难以适应，无论如何也跟不上节拍。

幸岛位于宫崎县日南海岸，是著名的日本猕猴的栖息地。学者在当地要做的野外调查，是给岛上的猴子喂食并观察它们。但研究人员并不常驻在岛上，因此需要有接待研究人员，并负责带路、喂食的当地的协助人员。三户女士就是其中之一。

有一次，三户女士注意到幸岛的日本猕猴的一个行为——把喂给它们的芋头用海水洗过后再吃。这样不仅可以洗掉芋头上的沙子，还能用海水给芋头增添一些咸味，让芋头变得更加美味……这是人类全新的发现，发现了日本猕猴新的生活习惯。最先这样做的是年幼的母猴，接着成年的母猴开始模仿并学习。据说处于长老地位的猴子直到最后都很顽固，坚决不肯学习这个习惯。这一珍贵的事例，暗示了新的文化是如何产生并传播开

---

① 原名三户サツエ，生于1914年4月21日，卒于2012年4月7日，曾任小学和中学教师，1948年开始加入京都大学的幸岛猴子的研究，著有《幸岛的猴子》一书。

来的。

一看到这个报告，我就觉得偶然去做调查的学者是不可能发现这个现象的，一定是获得了当地人的协助。然后，学者把协助者的发现当成自己的功劳一样写成了论文。事实也的确如此。

当我问起三户女士的过去，才得知，她曾经是宫崎县教职员工协会的意志坚定的斗士，在环保和反核电站运动中一直打头阵。现在虽然患了认知症，可眼神依然敏锐，腰杆依然笔直。她的家在靠近海岸、对面能眺望到幸岛的地方，听说从"妈妈之家"带她去那里时，坐在轮椅上的三户女士一直望着大海。

市原女士总是努力了解入住者的人生经历。她并不仅仅是一位倾听者。她的信条是，每个人都有自己的历史，要尊重她们的历史，进行人与人之间的平等交流。

"那位三户女士，原来住在这啊！"看到我如此震惊，市原医生十分开心。因为又多了一个能分享三户女士过去的人。我还结识了三户女士的女儿，她经常出入"妈妈之家"。与要强的母亲相处，想必普通的方

三户女士与作者在"妈妈之家"

法是行不通的,但她对于母亲能在"妈妈之家"安度晚年,打心底里感到安心。

在那之后不久,我接到市原医生的电话:"那位三户女士过世了。临终时她女儿陪在身边,走得很安详。"

后来,我没有想到,她女儿把一枚很可爱的珍珠戒指送给了我,并说:"这是我母亲的遗物,请收下吧。"这一定是三户女士生前非常珍爱的物品吧。

三户女士的戒指,现在就在我的手边。每当带上它,我都有一种被三户女士保佑着的感觉,虽然我不是她的女儿。这是何等的缘分啊。

10　临终关怀师的职责

死亡的准备

俗话常说："生时一个人，死时也是一个人。"

但事实上，出生的时候和死亡的时候都不是一个人。出生的时候，身边不但有生我们的父母，还会有助产士和帮忙的亲戚。死的时候，在逐渐走向死亡的路上，也有陪伴我们的照护人员、护士以及医生。

我反复说过，超老龄社会的死亡，是缓慢的。昨天还好好的，第二天早上就走了，像这样的猝死十分罕见。有些人会担心"一个人在家里走了，会不会有警察上门啊？"请放心，这种情况鲜有发生。

缓慢死的好处是可以预测死期。就像缓缓地下坡一样，可以想象出照护、看护及医疗即将介入的整个过程。正因如此，也可以为死亡做好准备。

这样想来，患癌症后被医生告知还能活多久，就可以预测自己所剩下的时间，这一点弥足珍贵。偶尔听到有人抱怨，癌症患者卧床不起后想使用照护保险，但因为需要照护程度的认定从申请到结果出来需要一个月，所以来不及使用。这是因不懂得运用制度而产生的误解。现在，病情突然恶化的患者，只要照护援助专员判断其可以使用，那么患者不经过认定就可以提前使用照护保险。

若死亡可以预期，我认为在这期间就可以跟亲友诉诉衷肠，可以不断地向亲友道谢、告别。"或许这是最后一次见面了""感谢这段时间你陪我一起度过""有你这样的家人真好""我以有你这个儿子为傲"……家人之间说这样的话，可能有些不好意思，但之后也许再也没有机会说了，想说的话，还是趁活着的时候告诉对方吧。医生就是为此才告知患者还能活多久的。

再好的感谢和赞美，死者都是听不到的。我们为死去的知心朋友朗诵悼词、撰写追悼文的机会越来越多，但我现在觉得，倒不如在当事人活着的时候，对活着的人表达："很高兴认识了你""很感谢你当时那么做"。与朋友分手时，我也会想："不知道下次何时才能见面""只要大家都活着"。所以最近被我称赞的朋友要小心哦（笑）。

这么想来，就会觉得，"医生犹豫是否告诉患者还能活多久，或者家人直到最后都帮着医生隐瞒"的时代实在野蛮。告知病情就是为了使等待死亡的人与家人一起度过无可取代的美好时光。因此，必须让当事人了解事实，并与身边的人共享离别的痛苦和对时光流逝的不舍。

今晚闭上眼睛，也许第二天早上就不会醒来。但如果还能迎来新的一天，那就心怀感激地度过。如果是晴天就享受晨光，如果是雨天就品味雨意。感叹上天又眷顾了自己一天，就这样安静地度过便好——这是我的主观愿望。

在跟我一起写书的小笠原文雄医生的诊所，癌症患者在家临终的比例为95%。即使在众多的居家援助诊所中，这么高的比例都非同寻常，不过这只限于癌症患者。由此我们可以看出，目前癌症患者的居家临终并没有太大的障碍。即使是独居生活，癌症患者还是能轻松跨越居家临终的障碍的。

若患者到了卧床不起的状态，照护反而变得容易了。一旦患者无法进食或进入昏迷状态，不再需要饮食协助，照护者的工作也就更少了。

天使团队

不过，在一旁陪伴的家人会忐忑不安。患者濒临死亡时，会开始下颌呼吸，看上去很痛苦。下颌呼吸是在终末期呼吸变得困难时，患者借助下颌的力量来维持呼吸的一种生理反应。也有医生说，虽然看上去痛苦，但其实当事人并不难受。甚至有些患者不会出现这种情况，在不知不觉间就停止了呼吸。我曾经接触过在医院临终和在家临终患者的医生，他们都说在家临终的人的表情很安详。人的死有很多种，但是通往死亡的路却没有那么多。

现在的人很少目睹亲属咽气的场景。因为除了亲戚少，祖父母也都住得远。而且人们一般都是事后才在医院里见到亲属的遗体的。人们在医院临终的历史很短，却已经根深蒂固。将患者送去医院后，家人束手无策唯有守护，其他的都交由护士和医生处理。

在这样的背景下，一般社团法人"宁静之乡"的法人代表柴田久美子女士，想到了派遣临终关怀师去患者家中的办法。柴田女士原本是外资企业里非常能干的员工，以父亲的离世为契机进入了照护这一行业。她在岛根县隐岐的离岛——知夫里岛，开创了提供送终服务的照护机构。柴田女士还是《好想抱紧你送你离开——送终的日子里》（西日本新闻社，2006年）等书的作者，相信有人听说过她吧。

在照护保险成立之初，曾讨论过偏僻的地区和离岛这些没有机构提供服务的地方该如何处理的问题。毕竟40岁以上的国民都要缴纳照护保险费，但如果当地没有照护机构的话，会出现"缴了费却无法使用服务"

的情况。知夫里岛是日本海的浮岛，当时人口为700人，却没有机构提供包括送终在内的援助服务。柴田女士目睹了许多需要照护的老年人，为了住进陆上的养老机构不得不含泪乘船离开家乡的场面。为了帮助那些哀叹"我想在岛上离世！""为什么不能在岛上离世？"的老年人，柴田女士于2002年开设了送终之家"宁静之乡"，协助老年人实现在他们希望的地方与这个世界告别的愿望。将想法付诸实践是她的过人之处，就这样，几年来她已为数位老人送终。送终时，她会将老人抱在怀中。

柴田女士以"幸龄者[①]"称呼老年人，而非一般的"高龄者"，并以"温柔再温柔地陪伴，抱着送他们走"为目标。她说死是人生的句号，无论度过多么不幸而苦难的人生，只要死的时候安详，人生就是幸福的。听到她这样说，喜欢与别人唱反调的我想问："那么，如果走得不安详，之前的人生就都毁于一旦了吗？"但先把我的抬杠放在一边，她的确为老人们竭尽了全力。

后来，因特殊情况将照护机构从知夫里岛搬到岛根县出云市后，柴田女士开始组织提供送终服务的义工——天使团队。天使团队的成员并非专业人士，既不是照护人员也不是护士。天使们的职责就是陪伴和守护，不会插手照护的事。柴田女士的照护机构会另外派遣照护人员。

"招募天使团队很难吧？""不会，有很多人想做。""轮到自己当班时，赶上老人离世不是很难办吗？""不会啊，大家都希望自己当班的时候送老人走呢，有的人经历一次后，还想经历第二次、第三次。"我听后震惊不已。

生性多疑的我亲自跑去岛根县，见了天使团队。当我直接询问义工时，没想到她们的回答跟柴田女士说的一模一样。

在与柴田女士一起拜访的家里，住着一位卧床的老人。老人大概快

[①] 日语中"幸龄者"与"高龄者"发音相同。

100岁了吧，整日都很恍惚，随时都有离世的可能。她虽然与家人一起住，但是在地方城市，说是几世同堂，实际上白天都是独居的。白天家人都外出上班，留下需要重度照护的老人一个人在家，这样的情况司空见惯。天使团队会造访这样的人家提供陪伴。当时我还看了团队成员们为了互相交换信息而记录的"天使笔记"。

天使笔记

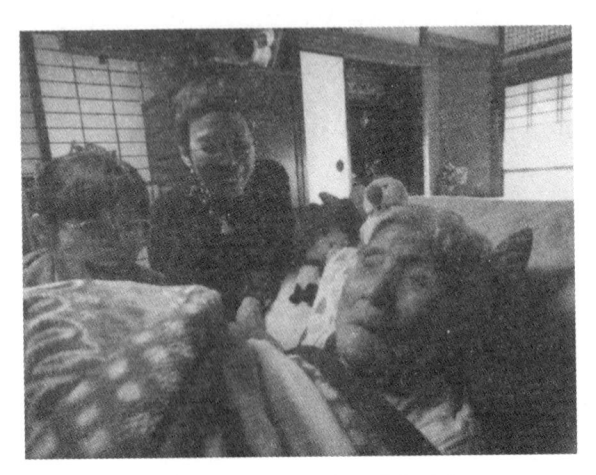

左起为柴田女士、作者、卧床的老人

我不禁佩服，天使团队的运作考虑得非常周到。当判断老人快接近死期的时候，多名天使会组成小组。义工每次上门的时间最多是3个小时，就算负责的天使时间允许，也会注意不超过这个时间。

我一听到有3小时限度，不禁叫好。自己是残疾人、孩子也是残疾人的同病患者互助咨询师安积游步女士，在育儿的最艰苦时期，说了一句名言："在密室中母亲与婴儿待上3个小时，母亲会成为伤害孩子的凶器。"她的解决办法非常简单，建立一个经常有外人出入且母亲与婴儿共处时间不超过3个小时的机制。这个育儿的智慧，无论对于有残疾的孩子还是普通孩子来说，都是有用的。

不仅如此，天使团队会在老人濒临死亡时上门，且时间不会太久，2个星期左右。在这2个星期中，他们可以感受到完成送终时的成就感，也可以将这种成就感与同伴们分享。我明白了那种"在有着共同目标的同伴中，希望自己当班的时候送走老人"的心情。判断老人是否快要离世的是照护人员，据说目前为止基本没有失误过，虽然发生过老人回光返照那样出人意料的事。

希望自己当值的时候给老人送终，还隐藏着一个"秘密"。在柴田女士的书中，她写到，即将前往那个世界的人，在死亡的一瞬间，会把"生命的接力棒"传给下一个人。因此，在老人咽气的瞬间在场的人是幸运的。对于不相信来世和灵魂的我来说，实在无法对此产生共鸣。但必须承认一点，对任何人来说，死的瞬间都是一个庄严肃穆的时刻。尽管天使团队的义工与逝者没有血缘关系，但仍然会拥有那份感动吧。

在山阴地区[①]的地方小镇，没有汽车寸步难行。天使团队的义工都是自己开车前往，不用照护机构出交通费。义工们会收到一点酬谢，但十分有限。之前是一小时200日元，据说从照护机构的收入里支出，但现在则

[①] 处于日本的中国地区中，山地北面的地区，包括鸟取、岛根二县和山口县北部。

完全无报酬。

在照护保险制度下，无论是机构的照料还是护士的看护都是有的放矢的。虽然可以有短时间巡访，但是不能长时间陪伴患者。而弥补这一空缺的，正是自愿陪伴老年人的天使团队的义工们。

临终关怀师的培养

柴田女士后来从米子市搬到了冈山市，成立了"日本临终关怀师协会"。她辗转全国，为培育临终关怀师不遗余力。截至2015年10月，日本全国范围内通过了临终关怀师资格认定的有91人。她在2015年8月还成功举办了第二届题为"思考日本人的送终问题"的全国大会。

我问她："怎样才能成为一名合格的临终关怀师呢？"她回答说必须接受15天的密集培训。培训费用总共为26万日元（含住宿费），价格不菲。课程除了检视内心的胎内内观法，还有关于生活礼仪以及送终学的讲座，最后学员需要提交小论文。不过，现在课程已经缩短为6天，学员上送终学课程，并参加培育讲座，价格是21.8万日元……看来要为人送终还得像僧侣那样积累修为啊，对于普通人而言难度有点高。课程里还有抄写经书的环节，好像柴田女士自己就是佛教徒。不过对于讨厌檀香味的我来说，还是免了吧。

据说临终关怀师的委托人通常是想在家里为老人送终的家人，我听后释然了。送终时家人会感到不安，而临终关怀师的任务就是陪伴、消除他们的不安，并处理突发状况及恐慌等情况，引导老人安详地离世。仿照"助产士"的说法，可以称他们是"助亡士"。以前家里往往是有送终经验的亲属陪在身边，但现在没有了，所以家人希望找一个有丰富送终经验的人陪伴左右。

临终关怀师的费用由委托方自费承担，大约是每小时8千日元。据说是根据照护保险之外请上门护士前来时的费用标准设定的。那么请上门护士来不是更好吗？可他们回答说，照护保险和医疗保险的上门护士都不能长时间停留。而能填补这个空白的，就是临终关怀师。

只要对保险之外的部分有自费负担的思想准备，就能请照护人员或护士提供长时间的服务。毕竟送终的时间不会很长，不可能没有尽头。临终关怀师资格也许有着"送终熟练而值得信赖"的品牌效果。

第9章中提到的安宁疗护之家——宫崎"妈妈之家"的市原美穗女士，也想出了类似的点子。听说她最近开始组织退休的护士和保健师，派遣她们作为有偿义工到老人家中进行临终陪伴服务。每小时500日元（真的是义务价了）。这种提供陪伴援助的服务也是为了抚慰与老人同住的家人的不安。活跃在第一线的人深切感受到，仅靠照护保险是不够的。市原女士说，在人生最后的时刻，如果能有人陪伴该多安心啊，而她认为最适合的人选，就是退休的护士和保健师。

临终关怀师满足了谁的需求？

但是，即将临终的人是怎么想的呢？

临终关怀师到底是为了满足谁的需求而出现的呢？

临终关怀师的确可以抚平送终家属的不安，避免他们因为陷入恐慌而拨打119，从而实现老人希望在家临终的愿望，使老人安详离世。最终结果可以说是"为了当事人好"。但是老人自己会委托临终关怀师送终吗？当然，死期临近的老年人此时可能已经意识模糊，不能委托临终关怀师为自己做些什么。

每当此时，我都会想起在老年人集体之家"COCO湘南台"生活的西条节子女士对我说起的故事。"COCO湘南台"成立于1999年,去年迎来了15周年。包括西条女士在内的在成立之初就入住的人,都是年迈的老人。西条女士入住时73岁,经过了15年现在已经88岁了。我每年都去拜访她一次,可以说是为了确认入住者的变化而进行的"定点观测"。

我一直挂念的是,好不容易选择了最后栖身之所的老人,最终能否得到送终的服务?其实"COCO湘南台"也有数位去世的和搬走的老人。一位是需要重度照护而转到了养老机构,还有一位在医院去世了。还有一例是遵照当事人意愿住在这里,最后由同伴帮助送终。听说那是一位患了癌症晚期的老人,其他同伴商量决定轮班守护,直到死亡一刻为止,绝不让他一个人孤单度过。

轮到西条女士当值的时候,她问了当事人:"请告诉我你的真实想法。"回答是这样的:

"偶尔也让我一个人安静地待一会儿吧。"

听了西条女士的讲述,我不由得拍手称赞。

我最初的感想是,西条女士,你真是问得太好了。将死之人都是善解人意的,始终被人陪在身边,就算心里想"很感谢大家,但是有些烦",也不会说出口吧。有问才有答。西条女士就是这样一位能坦率地问出这种问题的人。

鹤见和子女士在宇治的收费养老院去世的时候,陪伴她到最后的,是她的妹妹内山章子[①]女士。离世前几天,和子女士在房间里对妹妹说:"我很高兴有你在我身边。"

的确如此,她的话中表达的感谢之情一定是真实的,但想拥有属于自己的时间,也是真实的吧。会在这两者之间摇摆不定,才是"人"这种生物的特征。

---

① 在日本,女性结婚后一般随夫姓。

再说得直白点，想一个人待着的时候能够一个人待着，不想一个人待着的时候可以有人陪，若两者可兼得，该有多好啊。

体贴的家人可能希望当事人每次睁开眼睛，都有人出现在他的视线里，不让他孤零零的。可是，当当事人睁开眼睛的时候，无论看到谁都可以吗？比如素未谋面的义工或临终关怀师也可以吗？换作是我，虽然我还没死过，不确定那时是什么心情，但我感觉，如果有独居老人的那份坚毅，就算一个人也可以吧。万一有什么事，只要按下连接上门护士站或护工站的呼叫电话就好了。

之前我也提过，不想让将死之人独处，并想见最后一面，难道不是家人和周围人的坚持吗？

我把这个称为"送终情结"。这种情结不是被送终者，而是送终者的想法。

像我这样的"败犬"，本来就不存在有"送终情结"的家人，所以应该能够安详地离去。让一个人"偶尔独处"也是一种需求吧。

前几天，在关西再次见到柴田女士的时候，我对她说："我要在家里一个人离开。"她这样回复："不会让你一个人的，我会抱着送你离开的。"

我真是有一位可靠的朋友啊。（笑）

11　临终的看护管理

友人的英年早逝

最近越来越频繁地听到年纪相仿的熟人去世的消息。听到父母辈或师长辈去世，虽然也会难过，但想到年老去世是自然规律，也就能接受现实。而收到同龄人去世的讣告，不免唏嘘。尤其是经历了比自己还年轻的友人的去世，愈发觉得死亡就在身边，觉得任何时候发生任何事情都不足为奇。

在本书中，我一定要写一下我个人的一段经历。以下便是我跟朋友一起照顾患病的单身友人直至她离世的经历，以及我的所感所想。

我的朋友竹村和子女士比我小6岁，她生于1954年，因患癌于2011年12月13日去世，享年57岁。在出现症状、接受诊治时，已是难以救治的癌症晚期。从春天接受诊治到年末去世，她与疾病抗争了约十个月。

她是独生子女，父母已去世，又一直单身，既无儿孙，又无兄弟姐妹。唯一的亲人是远在京都、卧病在床的婶婶。

竹村女士发病时，尚是在御茶水女子大学任职的英文学者。她是将酷儿理论引进日本的新锐性别研究者，是朱迪斯·巴特勒[1]（Judith Butler）的翻译者、介绍者。朱迪斯·巴特勒的理论以复杂难懂著称，在日本能遇到竹村女士这样的介绍者，对巴特勒来说是一件幸事，就如同德里达[2]在美国得到斯皮瓦克的翻译和介绍一样。我听过竹村女士的演讲，感怀于她的敏锐和聪明。每每参加学术研讨会，我都希望能遇到她。竹村女士的主要著作有《女性主义——思考前沿》（岩波书店，2000年）、《关于爱、身份与欲望的政治学》（岩波书店，2002年），以及遗著《文学力之挑战——家庭.欲望与恐怖主义》（研究社，2012年）等等。其另一部遗著《搅乱边界——性、生、暴力》由我主编并解说。另有多部译作，多篇英文演讲稿及论文。

"K小组"的经验

为了支持和帮助竹村女士与病魔做斗争，我们组织了一个30人的援助小组，取名为K小组。K为和子[3]罗马拼音的首字母。成员除一名男性之外皆为女性。小组的活动记录由河野贵代美女士、大岛美树子女士、篠塚英子女士执笔，后来编辑成名为"竹村和子和K小组"的小册子印发。其中，河野女士是K小组的组长。组织朋友来照顾无家人的病人，这样的践行记录弥足珍贵，虽然曾有人提议成书出版，但最终只做成了不为大众所知的小册子。竹村女士有一部名为《她在看什么？——影像表象与深层欲望》（作品社，2012年）的遗著，这部书围绕女性主义电影批评展开了

---

[1] 巴特勒是当代最著名的后现代主义思想家之一，在女性主义批评、性别研究、当代政治哲学和伦理学等学术领域成就卓著。其所提出的关于性别的"角色扮演"概念是酷儿理论中十分重要的观点，她也因此被视为酷儿运动的理论先驱。

[2] 雅克·德里达（Jacques Derrida），法国哲学家。是20世纪下半期最重要的法国思想家之一，西方解构主义的代表人物，法国著名的哲学家。

[3] 和子的日语罗马拼音为kazuko。

论述。前述的小册子曾由编者作为附录随该书发放，但也未能被很多人看到。所以，我一直希望将自己参与的这次亲身体验记录下来告诉大家。

"竹村和子和K小组"的开头是这样写的：

> 由患者本人或病患家属书写的与病魔抗争的日志很多，确实都是很宝贵的记录。但记录下由像K小组这样的外人来照顾病患的日志，恐怕并无先例。我们留下这份抗癌记录的首要目的，是希望可以对今后的医疗，尤其是对患有不治之症者的照料及为终末期病人的送终，提供一些借鉴。

K小组的召集人，是河野贵代美女士，她是深受竹村和子信赖的年长友人，亦是女权顾问。小组成员都是与竹村女士或河野女士关系密切的友人，最初只有6人，后来队伍不断壮大，发展到30人（其中只有1名男性）。成员分布很广，从关东地区到冲绳地区，这30人形成了一个通过邮件群组（简称ML）进行联络的网络。

患病时，竹村和子是在职的大学教授，是性别研究领域的领军人物。她人缘极好，不仅有关系融洽的同事、学生，还拥有国内外的众多朋友。竹村女士因病离职的消息一经传出，关心问候以及提供医院和治疗信息的邮件如雪片般飞来。但当时因为刚被医院宣布为癌症晚期，她正心绪不宁，所以明知是善意的问询，却无力一一回应。K小组的领导者河野女士成为总指挥，不时地将竹村女士的情况通过邮件群告诉小组成员，由小组成员选择性地向外发布竹村女士的病情和近况。有时，K小组也帮助竹村女士向相关人士发送来自竹村女士本人的信息。

K小组通过邮件群，发布各项指令。为竹村女士的入院、出院提供帮助，协助竹村女士进行饮食疗法及替代疗法等。小组成员中还有专人负责管理网络提供的治疗信息。

在往返医院接受抗癌药治疗的同时，竹村女士还选择了糙米菜食的饮食疗法。住在附近的K小组成员轮流去竹村女士家，帮她做糙米菜食饭，并陪其进餐。还有人寄送来了采自自家菜园的无农药食材。帮她做饭，并和她一起共餐，是一个非常好的主意。竹村女士是个美食家，一向对饮食比较挑剔。不吃配餐而是与人共餐，会令她觉得食物更加美味。竹村女士吃什么都说好吃，令帮她做饭的小组成员觉得，帮助她是件很有成就感的事。我觉得K小组这样的组合很能发挥作用。首先，小组成员人数足够多，即便被排到的人临时有事，也能马上找到其他成员顶替。其次，成员基本为女性，糙米菜食饭并不难，大家都会做。起初，我还从百货商店的地下美食街购买美味熟食带去，后来因为竹村只吃无农药、无添加的糙米菜食饭，我便没了用武之地。而河野女士作为总指挥，会根据竹村女士的意愿，为竹村女士繁杂的日常进行各种安排。

竹村女士直到最后都没有放弃治疗。当时听说关西地区有专家能做复杂部位肿瘤的手术，便坐轮椅乘新干线前往。关西地区的K小组成员，不仅帮助其办理住院手续，还有人做好饭菜带去给她吃。

竹村女士的临终

有一天，竹村女士在邮件群里发了一封信，她是通过iPhone手机发送的。内容如下：

给支持帮助我的K小组成员：

　　大家好！我是竹村。好久不见。非常感谢大家为我费心、费力、费时间。语言已经无法表达我内心的感激之情。（中略）

　　各位朋友！治疗过程中，我得到了一些灵感。有一次正要接受化疗时,脑海中突然闪过一个念头:我可以研究人在得知自己患不治之症、面对死亡时切身体验到的恐怖感。这个想法令我将来有了一个明确的研究方向,即研究包括生与死的力学、生与死的医学、关乎生与死的社会、个人等。我感到以前读过的、想过的东西发生了飞跃,尤其是当我重读德里达、拉康[①]、德勒兹[②]等现代思想家,重读弗洛伊德[③],重读马克思时,我觉得我能讲述超越他们的"现在"。我之所以会这样想,是因为现在是个全球化的时代。

第二次接受化疗时,又一次灵光乍现:只有我才能做这个课题。我徘徊在生死边缘,能彻底思考这个问题。而且,只有我,才能既用日语又用英语书写这个体验。"我一定要活下去,再活个十年,创造一门新学问。"想到这一点,不由得热血沸腾,感觉自己好像因此重生或正在重生。

所以,请相信我,我一定会朝着这个目标,努力活下去。
(中略)

这是我现在的心情。

想读书!想写书!

非常感谢大家。我一定会恢复健康,以感谢报答大家。请拭目以待!

之所以引用这么长的内容,是因为我难以忘怀她给我们带来的期待,以及我们对她壮志未酬的惋惜之情。如果她一直活着,会给我们展现怎样

[①] 雅克·拉康(Jacques Lacan),法国心理学家。第二次世界大战后最具独立见解而又是最有争议的欧洲精神分析学家,被称为"法国的弗洛伊德"。

[②] 吉尔·路易·勒内·德勒兹(Gilles Louis René Deleuze),法国作家、哲学家,后现代主义的主要代表人。

[③] 西格蒙德·弗洛伊德(Sigmund Freud),知名医师、精神分析学家,犹太人,精神分析学的创始人,其开创的学派被称为"维也纳第一精神分析学派"。

的未知风景呢?

发病大约半年后的一天,竹村女士明白自己的病虽然尽了一切努力,却恢复无望,她和K小组成员一起包下东京都内的一家庭院式宾馆的西餐厅一角,办了个招待宴。彼时秋意渐浓,K小组成员几乎都参加了。有只在邮件群里相互熟识而线下初次见面的;有从广岛、大阪、京都赶来东京的;还有从国外归来,从机场直接过来赴会的。K小组帮助远道而来的友人安排住宿、支付交通费。这是一次用心周到的聚会。

大家到齐后,病入膏肓的竹村女士坐着轮椅出来,她脱下帽子给大家展示她的因接受化疗而脱发的脑袋,神情愉悦。最后大家一起唱了她喜欢的歌,与她告别。众人揣测,那一天应该是她最后一次能以比较好的状态出现在大家面前了。现在想来,她或许是感觉到了自己已经到达生死的边缘,想趁自己还活着与大家告别、表达对大家的感谢……因为聚会当天的半夜时分,她便因大出血,紧急住院了。

竹村女士曾说:如果自己的病无法治愈,希望能在自己最喜欢的八岳山下迎接死亡。她在长野县原村有一栋别墅,她特别期待在那里度过生命的最后时光。她是个喜欢什么都自己动手做的DIY达人,自己打理庭院,自己劈柴烧壁炉,甚至会做怀石料理①。另一方面,她又擅长信息、通信技术(ICT②),是个拥有理科思维的超人。她的才干每每令我惊叹不已。

幸而当地有家诹访中央医院,该医院以居家医疗闻名,且医院的安宁疗护病房也广为人知。因我认识该院的名誉院长镰田实医生,便担当了竹村女士转院的联络人。即使是通过电话,也能从诹访中央医院地区医疗合

---

① 怀石料理原为在日本茶道中主人请客人品尝的饭菜。但现已不限于茶道,成为日本常见的高档菜色。

② ICT是信息、通信和技术三个英文单词的词头组合(Information Communication Technology,简称ICT)。

作室的工作人员的应对中，感受到他们非常专业且经验丰富。

住进安宁疗护病房后，竹村女士日渐衰弱。大约一个月后的一天，她说"希望长睡不醒"。给她加大镇静剂的用量后，她便陷入了昏睡状态。此时，陪护竹村的河野女士疲惫不堪，已近极限。一位有空余时间的K小组成员从东京赶来，住进宾馆，与河野女士轮流看护竹村女士。即便去病房，竹村女士也是在昏睡状态中，所以我们反而担心河野女士的身体。竹村女士在昏迷两周后，于12月13日离开了人世。根据竹村女士的遗愿，我们为她举办了一个只有生前挚友参加的私人葬礼。

诹访中央医院的安宁疗护病房非常安静，医护人员连走路都尽量不发出声音。竹村女士在这里得到了医护人员尽心尽力的照顾。虽然有时镰田名誉院长也会来病房探视，但来来往往轮流出现在竹村病房中的，不是竹村的家人，而是一些年长的女性，这一点一定会令周围的人感到惊讶吧。

现在想来，如果竹村女士本人有要求，她也可以在家迎接死亡的。诹访中央医院是施行居家医疗服务的先锋医院之一，医院既设有专门的上门护士站，医院的医生也可上门问诊。不过竹村女士最终选择在安宁疗护病房离世（我认为这是个明智的选择）。从陪伴者河野女士的立场来看，或许也会觉得竹村女士待在医院里更令人放心些。

从镰田医生那儿，我也听到了另一则类似的事例。一位没有家人的单身独居女性，自己组建了照护小组，照料自己直至临终。镰田医生说：即便是孤身一人，也可以根据自己的意愿在家迎接死亡。他的话着实令人振奋。

"K小组"的形成条件

K小组是一个特例，它由完全无血缘关系的人集结而成，帮助照顾单身病患走完最后一程。K小组的成功运作有诸多的原因，那么K小组有什么特征呢？

第一，竹村女士本人人缘极好，性格阳光。其乐观、积极的人生态度影响了周围很多人，故在她患病之际，周围的人都不由得想为她做点什么。而且，她很谦虚，时刻不忘对别人表达感谢和仁爱。

第二，有河野女士当指挥官。河野女士既是女权顾问，也是心理咨询师。她能充分体察病人的情绪，最大限度地尊重病人本人的想法。对竹村女士而言，河野女士起着至关重要的作用。河野女士有着丰富的精神科临床经验和海外经历，遇到困难不退缩，行事沉着冷静。而且，河野女士本人也人缘极好，所以不仅能发动想为竹村女士尽一份心的人，也能动员想为河野女士尽一份心的人。正如我之前所说的那样，要组成孤老临终看护的团队，如"指挥塔"般的核心人物不可或缺。在这个意义上，竹村女士是幸运的，她有河野女士这样的最佳人选。K小组也是两人多年以来的友谊和信任的见证。

第三，小组成员几乎全为女性。有时候我会想：如果组员都是男性的话，会怎样呢？竹村女士是个学者，她的朋友多为在各自领域有一定地位和声望的职业女性。即便是职业女性，因为是女性，所以每个人都能在生活中独当一面，像做糙米菜食饭之类的事情，对她们来说毫无难度。而且，乐于奉献也是女性的优点。想照顾别人、想帮助陷于困境的人，K小组里的每个成员都具有这种女性特有的周到细致和献身精神。

第四，组员足有30名，人数多且地域分布广。因为是30人的群体，所以即便有人轮值时临时有事，也能马上找到人替代。由于组员的地域分布广，竹村女士在关西地区的医院做第二次手术时，意外地得到了关西地区很多组员的帮助。因为有之前的信息共享，无须解释说明，关西地区的组员便能很快行动起来。而其他较远地区的组员，则给竹村女士邮寄来了物品。

第五，在这30人的团队中，有各类专家。竹村女士从父母那里继承了大笔遗产，她希望成立一个扶持基金会以培养后辈研究人才，团队中居然就有设立基金会的专家。因而以她的名字命名的"竹村和子女性主义基金会"很快便得以成立，使她在生前达成了所愿。不仅如此，这30名组员还拥有各自领域里的人脉资源。他们利用各自的人脉，为竹村介绍替代疗法和提供医疗相关信息，并担当与医疗相关专业人士的联络人等。

第六，活用互联网。团队成员都是使用互联网的网络高手，这使得利用邮件群收发、共享、积累信息资料成为可能。指挥官河野女士起着信息交换器的作用，大幅减轻了竹村女士的负担。如果靠竹村女士本人来一一应对关心自己病情的人，她一定会疲惫不堪。最近有人运用社交媒体，在Facebook、博客等发布与病魔斗争的记录，我认为是个明智的做法。因为这种方式可以做到只给有必要知道的人提供信息，而不是一一应对。

做一个"人缘好的人"

竹村女士离世后不久，K小组部分成员进行了一次小聚，这次小聚为大家提供了一个回忆的机会。

"那时候，我们都很努力啊。"回忆当时的情景，大家不由得感慨。

诚然，K小组结成的背后有竹村女士本人的人望，也有起主导作用的河野女士的尽心尽力。而且，大家私心里或许也有这样的想法：如果K小组模式运作顺利，轮到自己的时候也可以照搬。当我说出我们也可以借鉴这种做法时，有个女性友人问我："你知道竹村去世时是多少岁吗？"

"享年57岁。"

"一个50多岁的女性，她的朋友会是多少岁？"

"五六十岁。"

"我们大家现在还很健康。可是，当我们需要K小组这样的支持时，大家已经老了啊。"她说道。

是啊。日本女性的平均寿命为86.83岁（2014年）。也就是说，对于过了65岁的我来说，死亡大约是20年后的事。如果更长寿，同年代的朋友会一个接一个先行离世。那样的话，就需要从自己的人脉中，获取比自己年轻20岁的人做朋友。我的下一个目标便是做这件事。

大家会觉得竹村女士很幸运吧？这种幸运的基础，是她多年培养的友谊和信赖关系，在她需要的时候被动员起来了。建立这样的人际关系网绝非一朝一夕之功。你的死法由你的活法而定。有羡慕竹村女士的时间，我们不如自己也努力成为"人缘好"的人。良好的人际关系是不会从天而降的。

女性朋友的价值

最近，"社会关系资本"这一概念在社会学领域非常流行。资本是创造利益的资源。同样，社会关系资本认为，人与人的关系也能作为资本，产生力量。当然，并不是说我们在构建每一个人际关系时，都去想是否有益于自己。从结果来说，出于非功利性动机建立的人际关系，成为资源的可能性较大。相反，有些人建立人际关系是从追求利益的私心出发的，这种人际关系在自己危难时能否起作用，只有在自己遇到危难时才能知道。能否拥有协议规定之外的人与人的连接，往往与我们一生中是否培育过这种关系有关。

自古以来，家人都是最强有力的社会关系资本。但现今社会的亲情关系变得非常脆弱，"只要有亲人在，就可以放心"的时代已经一去不复返了。尤其是对于没有家人支撑的孤寡人士来说，能够替代家庭来支撑自己的人际网络更是不可或缺。

如果你没有这样的人际网络，就要努力去构建。

《女性朋友》（Femix，2012年）的作者木村荣女士告诉我们：任何良好的人际关系都需要播种、浇灌。木村荣女士是癌症患者，她也是在朋友的帮扶、支持下，度过了漫长的与病魔抗争的岁月，于2014年秋天去世。野村康子女士是木村女士抗癌援助团队的成员之一。在木村女士的遗作《以病为伴》（Femix，2014）的后记中，野村女士写道：她有时很任性，但我从她身上学到很多。助人的一方反倒去感谢受助的一方，这就是友谊的美好。

但是这种既不依赖于协议规定，也不取决于利害得失的人际关系，是最难构建和维护的。在这种关系中，人们不会报怨对方突然中断联系、不会追究自己为什么被疏远。

我提倡"人缘比财富重要"，而深泽真纪女士则在其著作《人际关系维护技巧》[①]（光文社，2009年）中写道：朋友是人际关系的高级阶段。她说，她写的这本书可视为对我的书《一个人的老后》的回应。正如她所言：建立友谊比找到恋人、拥有家人更难。因为朋友的作用并没有像恋人关系、亲情关系那样被定型化。朋友之间不计利害得失，所以才要全盘接受对方的优缺点，并构建对等的人际关系。深泽女士在她的著作中，针对"如何区分朋友还是熟人？"这个问题，给我们提供了有益的建议。她说：在你觉得"这个人最近疏远了我"，"这个人不能信任"时，与其为"我们明明是朋友"而不爽，还不如默默地把他从你的"朋友"降格为"熟人"。这样，你就会想，他只是个熟人又不是朋友，就不会生气了。

现在的影视作品中也开始出现认真讲述女性之间友谊的作品。如2014

[①] 后改名为《恰当的活法》（中经文库，2012年）

138

年热映的迪士尼电影《冰雪奇缘》表现了姐妹之爱，同年热映的吉卜力新作《回忆中的玛妮》讲述了少女之间的友谊。还有NHK晨间剧《花子与安妮》中的"密友"之情。友情被男性垄断的时代已经结束了。相反，我有些怀疑：当男性真的遇到困难时，是否会有真心相助的友人。

我觉得非常不可思议的是：作为社会人长期在社会中求生存的男性，老后居然多半不擅长建立人际关系。想来男性在职场中熟悉的，是属于指挥、命令系统的上下级关系，故而才会对无利害得失的平等关系不知所措吧。

青年学者平山亮先生在其著述《"儿子照护"时代的迫近——基于28件实例》（上野千鹤子解说，光文社，2014年）中，有十分有趣的论述。顺便说一句，"儿子照护"这个词组的主语是儿子。但是，令人惊讶的是，很多人看到书名的第一反应是：（父母）要照护儿子吗？由此可见，在大家的心目中，儿子成为照护人是多么不合适。

虽说由儿子来照护父母，但照护父亲与照护母亲又大不相同。照护人与被照护人之间的关系、被照护人的性别都会大大影响家庭照护的质量。对负责照护母亲的儿子来说，可以动员母亲的人脉关系，对母亲进行多方照顾。但要是认为他们是来帮助自己的，就大错特错了。因为母亲去世后，虽然儿子健在，但母亲的人脉会如潮水般退去。他们想帮助的是母亲，而非儿子。据说如果被照护的是父亲，儿子并不能指望得到同样的帮助。

母亲的朋友只能是母亲的，既不是父亲的，也不是其他家庭成员的。只能说，最终每个人的生活方式和个性，都会在其生命终末期，或者说尤其会在其生命终末期呈现出来。

12 认知症患者也有可能居家临终

临终照护的难题

一般认为，居家临终照护和认知症病患的照护，是所有照护工作中最难的两类。其中，居家临终疗护已经积累了很多经验，取得了很多成果。居家临终疗护中门槛较高的，是独居老人的居家临终。本书的课题，是能否实现"一个人"居家临终。从之前的论述可以预见：只要满足一定的条件，独居老人的居家临终是可以实现的。

那么，我们最后留下的照护的"难题"是什么呢？是独居认知症老人的终末期照护问题。

在《上野千鹤子问：小笠原医生，独居老人可以一个人在家离世吗？》一书中，我小心翼翼地提出了这样的问题：罹患认知症后，老人可以一直在家生活到什么时候呢？"到什么时候"一词表明了我的想法，即当时我觉得认知症老人是无法在家临终的。

前几天我与一位多年以来一直在老年照护现场采访的记者交流，他的口气让人觉得似乎认知症患者别无选择，只能在医院或养老机构临终。

认知症病患的照护问题是我研究的短板，故而我尽量回避。通过与前

12 认知症患者也有可能居家临终

文提到的居家临终疗护的实践者们的接触,我认识到,人们在自己的家中度过生命的最后阶段已经成为可能。患癌症的人几乎百分之百可以居家临终,即便是一人独居也不成问题。但是,照护失智的认知症老人,比照护终末期病患的难度要大。

中西正司先生是日本残障人士独立自主生活运动的领袖,我与中西先生共同撰写了《当事人主权》(岩波书店,2003年)一书。本书最先受到的批判是:"当事人主权只限于自己有决定能力的人或阶段。老年认知症患者、智障人群、精神病人应当如何行使当事人主权?"中西先生是一名因后天原因而残障的轮椅生活者。他能言善辩、多才多艺。作为残疾人中的精英,他所主张的不依赖外援的自我生活管理,并不是人人都能做到的。有关当事人主权的争论,均以本人有自主决定能力为先决条件。一旦条件不成立,当事人主权便无从谈起。当事人是否具备行使当事人主权的基本条件,这一点令人担忧。

上门服务护士的先行者——宫崎和加子女士,因其在"阿福之家"的护理实践而闻名。"阿福之家"是一家集中收住认知症患者的机构。宫崎女士也坦言认知症患者不好护理:"在各类对象的居家护理中,认知症患者相关的照护特别困难。"她还说:"我们在努力帮助更多的人实现有尊严地居家临终的过程中,发现还是难以协助失智老人实现这个目标。"(宫崎和加子/日沼文江:《得到新生的痴呆老人——在集体之家"阿福之家"的生活和实践》,筑摩书房,2003年)

顺便说一下,尽管国家在2005年已经将病名由"痴呆"改为"认知症",但不知出于何种原因,我所尊敬的一线医务人员依然习惯性地沿用"痴呆"或"糊涂"的称谓而非"认知症"。长尾和宏医生与丸尾多重子女士共同执笔的《奶奶!进错照护机构会让你变得更糊涂!》(Bookman社,2014年)一书便是确凿的例子,他们在书中使用了"糊涂"一词。

他们认为,"糊涂"是随着年老而发生的自然现象,不用另外命名,也无须加以诊断。当然,我这里所说的认知症,不包括病因明确的路易体痴呆(DLB)[①]和皮克病(PiD)[②]。

认知症照护连专家都觉得棘手,我自然也想回避这个问题。何况我的身边并无认知症老人,我也没有照顾认知症老人的经历。虽然阅读了相关的纪实报道、护理实录后,非常理解照护认知症老人的家人是如何的身心疲惫,但那些也并非我自己的体验。

认知症患者的活动控制

当认知症患者如果因生病、卧床不起而行动受限时,其照护与非认知症病患并无二致。问题是,如何应对ADL(activities of daily living;日常生活活动)的能力强且身体健康的患者。他们不仅会有作为中核症状的记忆障碍,还有可能对身边人施以语言暴力、肢体暴力,且会出现幻觉、谵妄、徘徊等周边症状。

在《上野千鹤子问:小笠原医生,独居老人可以一个人在家离世吗?》一书中,小笠原医生介绍了一个认知症独居老人在家临终的例子。这位名叫宏济(化名)的老人希望可以在家迎接死亡,邻居及各种职业的人们结成援助小组协助他达成心愿。老人93岁时曾一度"被迫"住进集体之家,后因拒绝大量服药,且"大吵大闹,狂暴不受控制",又被赶回了家。

众所周知,环境的改变对认知症患者不利。所以,如果可能的话,最好让认知症患者住在家里安稳地生活。如果不同住的家人担心认知症老

---

① 路易体痴呆多于老年期发病。临床主要表现为进行性痴呆、锥体外系运动障碍及精神障碍等。

② 皮克病为一种渐进性痴呆。其反应为缓慢渐进的性格改变与社交能力衰退等。

人的独居会"引发火灾",可以采取将住所内所有设施"电气化"的方式来应对。此外还有很多能够通过完善基础设施来应对的方法。有家人说:"担心他们会跌倒",但其实老人只要有活动,在哪儿都有可能跌倒。更何况还有医生说:不知道为什么,比起在养老机构和医院,在家里跌倒不容易骨折。

宏济老人与其妻子在"认认照护"①的状态下度过了一段平静的岁月。后来妻子去了医疗机构的照护病房,他才开始独居。再后来,他开始出现"徘徊游走"的症状。据说当时小笠原医生的照护团队与老人的家人及护理员联合采取了措施——在门外上锁,以防老人随意出门被车撞倒。

不管在家里还是在养老机构,对老人的"关锁"本属于"虐待老人"的一种行为,是一种剥夺老年人行动自由的广义上的拘禁行为。然而,日本《虐待老人防止法》虽然规定只允许在"迫不得已"的情况下才能对老人进行关锁,但还是使得"关锁"一词的定义变得宽松了。

那么,认知症患者的"徘徊游走"是什么意思呢?如果腿脚健康,谁都会想出门。认知症老人也是如此,何况走路是最基本的健康锻炼法。比起24小时待在开空调的恒温的室内,到有温差的室外去更有利于健康。而且,出门感受四季的更替也会对认知症患者产生良性刺激。我去石垣岛时,当地的护工跟我说:"这里没有人'徘徊游走',他们只是在散步。"所以,只要周围人能善意守护老人散步就好了。

对于行动能力强、活动频繁的认知症老人,目前采取的对策几乎都是限制其行动自由。限制方法有捆绑、关闭之类的物理性控制法或喂服精神病类药剂的生理性控制法。即使在以优质护理闻名的照护机构,也会特别隔离出一块专门区域,集中安置认知症患者。进出这个区域需通过设有密码的门。在这个区域里,尽管拘禁控制的范围从身体扩大到空间,但从剥

---

① "认认照护"指认知症患者照护认知症患者。

夺行动自由这一点上来说两者并无区别。

东田勉先生在其畅销书《认知症的"真相"》（讲谈社，2014年）中指出：过度用药会导致认知症。我读到这样的见解，不由得胆寒。居然是精神科医生、制药厂商、国家药品准入部门三方联合，制造出了认知症这样的医疗市场。如此一来，以减少病床数和病人入院天数为目标的精神科医疗改革，又从认知症老人身上找到了新的、不断扩大的市场。事实上，前面提到的宏济老人的情况也是一减少用药，病情反而会平稳下来。

最近，我的一个朋友突然跑来向我倾诉对住在养老机构的母亲的担心。她的母亲入住养老机构后，一天比一天迟钝，表情、动作越来越少。朋友希望院方告知母亲的服药信息，院方却置之不理，甚至还说朋友无理取闹，要求她离开。她担心这样下去对母亲的病情不利，很想设法将母亲从养老机构解救出来……所以，让认知症患者去精神科接受治疗要慎重，尤其要小心对病人大量用药的精神科。建议大家在去精神科诊疗前，至少先读一下东田勉先生的这本书。

认知症患者的集体生活

在"阿福之家"，认知症者的行动自由不受限制。不仅如此，不论寒暑，工作人员都会积极将入住者带到户外活动。冬天防寒，夏天防暑，出门时根据季节做好相应的防护即可。活动量大了不仅会令人食欲大增，还有助于酣眠。"阿福之家"让入住者像正常人一样外出购物及活动，工作人员则根据每个人的状况在他们出门时给予陪伴、守护。

"阿福之家"是一家全天候托管机构，而后藤荣子女士的"青鳉鱼的学校"则是一家认知症患者的日间托管所，该托管所后来升级为"集体之家"。后藤女士的著作《认知症托管所"青鳉鱼的学校"的故事》（书籍工房早山，2011年）的副标题是"认知症患者的居家照护可行吗？"全天候托管与日间托管的区别在于患者家人的参与度。利用日间托管服务，认知症患者的家人可以从日间看护中解放出来，甚至可以去上班。而且因为白天得到了休整，晚上照护病人便会更有耐心。

另一方面，从从业者的角度来看，全天候托管与日间托管在应对患者家属的方式上有所不同，这点恰是两者的区别所在。后藤女士的书中有位"青鳉鱼妈妈"，在后藤女士与受照护者的家属进行沟通时，"青鳉鱼妈妈"常常出来给后藤女士提供建议，是后藤女士身后的高人。有位儿媳照料自己公公时敷衍马虎，当后藤女士要对这种不懂如何护理且心不甘情不愿的照护人发火时，"青鳉鱼妈妈"提醒后藤女士说："不可以对她发火。……即便她不擅长照护，这个老人现在也唯有依靠她。要体谅照护者的辛劳！"

这种与家属的关系问题，同样也是宫崎女士在认知症患者照护上碰到的难题。她指出，在对认知症患者的居家生活援助过程中，经常"无法做到以认知症患者本人为中心"，"我们的工作往往会以协助认知症者家属为主"。因为如果家人身心俱疲、积劳成疾，就会决定送老人去养老机构或医院，那样，老人便不能继续留在家里生活了。

所以，宫崎女士提议让认知症患者在"集体之家"这样的场所生活。后藤女士除了提供日间托管服务外，也建设了集体之家。可见，优质的集体之家益处多多。正如宫崎女士所描绘的：共同生活会让认知症患者产生群体活力，让他们到生命的最后时刻都能保有社会性和交际能力。

不愿意离开家

后藤女士在书中写道："我担心的是：大部分认知症患者并不愿意

离开自己的家，尤其是男性，可以说百分之百的男性都会想方设法留在家中，不愿离开。他们的样子既悲惨又可怜。"相反，女性中则有人认为"不想给儿女及儿媳添麻烦，去全天候托管机构也没什么"。但这并不能说明女性不想住在家里，她们只不过是在压抑自己。

如果家中并无可以照料自己的妻子或儿女，男性为何还是不愿离家呢？男性之所以"赖在家里"，大概是因为家对男性来说是体现其"一生价值"的标志，而未必是因为有家人同住。

那么，索性更进一步，假设是无依无靠的独居老人，那是否就能实现认知症患者的居家照护呢？

后藤女士认为，对认知症患者应该进行居家照护。理由之一是患者本人有强烈的愿望。正如后藤女士所说："家"是令认知症患者心安的地方。虽然"集体之家"这样的设施逐渐也会成为令人安心的住所，但为此，患者必须离开比"集体之家"舒适得多的自己的家。这不难理解为何入住"集体之家"的老人一到傍晚便会坐立不安，嚷着"我要回家！"了。而日间托管所的老人因为明白一到时间就能回家，故而白天会老老实实待着。有人认为老人住久了，习惯以后，就会把托管机构当成自己的家，而且如果得了认知症头脑糊涂了，也会弄不清哪里是家。但这都是克服了住所变动所引起的害怕、紧张的情绪之后的事了。理由之二是高龄老人大多拥有自有住宅，且住房有富余。理由之三则是政策方面的合理性。

后藤女士说："目前认知症问题或许是个大问题，但三四十年后，认知症患者的数量很可能会减少。如果认知症患者的居家照护效果更好，那么应该朝着这个方向努力。"可以说从结果来看"相较建设新的集体之家，居家照护是一种成本更为低廉的照护方案"。由此，后藤女士提出了"认知症的居家结对照护"方案，但因为结对的另一方是同住的家人，所以该方案是以家庭照护为前提的。故而，她的方案并不能解决本章提出的独居认知症老人的居家照护问题。

罹患认知症虽然麻烦但并非不幸

佐藤雅彦先生是一位独居的认知症患者，他写了《认知症的当事人想告诉大家》（大月书店，2014年）一书。佐藤先生出生于1954年，出版此书时正好整60岁。他51岁时便被诊断为青年型认知症，在感觉到自己有异常以来的15年间，他一直坚持独居生活。确诊之初，有人对他说："你一个人生活是不行的，还是去照护机构吧"，并给他介绍了集体之家。但他还是希望自己能一如既往地一个人生活。虽然要忍受一些不自由、不方便，但一个人生活还是比较舒适轻松的。佐藤先生在书中列出了以下日常生活中的"麻烦事项"。

不知道什么时候应该吃饭。

不看手机的日历便不知道今天是几号。

不记得昨天曾收到文件。

不记得明天的安排。

一出门，就不知道钥匙放哪儿了。

弄丢了银行存折。

不会管理钱。

房间钥匙找不到了，只好请弟弟帮忙配了一把。

打开电脑后，却忘了打开电脑要做什么。

把要发给A的邮件错发给了B。

说话时想不出词。

不记得手机放哪儿了。

去常去的店（饮食店）会迷路。

烧了热水，却忘了去洗澡。

买回来的新鲜食品忘了放冰箱。

找不到看病的预约单。

存折上有自己毫无印象的取款记录。

不会管理自己的印章。

不会做饭了。

经常错字漏字。

不会写字了。

（原文未改动，部分省略）

对照一下，我们自己是否也经历过其中几项？我个人就有好几项符合。可以说，认知障碍只不过是老化过程中的大大小小的经历的累积。公益财团法人"清朗福利财团"的堀田力会长在佐藤先生的这本书的腰封上写下了如下精彩的文字："我亲身感受到认知症患者的想法跟我们大家一样，他们也会有害怕担心，也会满怀希望，也会祈愿活下去。了解了这些，我们面对他们时便不会手足无措。"

当事人的讲述给了我们一颗定心丸，让我们觉得患了认知症也没关系。

佐藤先生就是后藤女士们说的"坚持自己独立生活的男性独居认知症患者"。佐藤先生拒绝入住集体之家，他在书中写道：希望能够最大限度地坚持一个人生活。

一个人生活并非与世隔绝。佐藤先生参加了认知症患者的交流团体——"彩星会"，不仅跟病友们在网上交流，还积极外出线下交流，甚至结伴旅行。他追求的是"活着的真实感"。从每天克服生活的不方便、挑战生活的不自由中,从与病友的交流中,他获得了这种感受。佐藤先生的周围有像永田久美子女士这样的认知症照护专家,所以他的社会生活得到了一定的保障。

佐藤先生说:"患了认知症是一件令人遗憾的事,但绝非不幸。"

那么,佐藤说的"最大限度"是指到什么程度呢?不光是认知症患者,很多老人即便到了需要照护的阶段,也都回答说,要"尽最大可能待在家里"。

如果这个"最大限度"意味着陷入无知觉的昏睡状态,那么显然此时也无须将老人搬去医院了。不搬动,让他(她)在家里平静离世就好。这样的话,"最大限度"是否可以解释为"到生命的最后一刻"呢?对认知症者而言,这样的解释是否也能通用呢?甚至对于独居的认知症患者来说,是不是也如此呢?

独居认知症患者的居家生活援助

有一个耐人寻味的实例可以回答上述这些问题。

住在出云市的日野爱子奶奶(86岁)是一位独居的认知症患者。她一直单身,无儿无女,患认知症已有7年。患病以来,在照护专业人员及志愿者的守护下,她得以在家平静度日。

爱子奶奶原来是个凭精湛裁剪技艺安身立命的女实业家,靠一己之力建了一栋带工作室的住宅。她曾经雇用过三名缝纫工,当地名流的夫人们都来找她定制或修改洋装。她是位非常优雅的老奶奶,皮肤白皙,身材矮小,但给人感觉并不显得多么"干练"。

出云市成年人监管中心的井上明夫先生受托做爱子奶奶的监护人,井上先生曾在出云市政机构从事过社会福利工作。为了援助爱子奶奶的独自居家生活，他打造了一个爱子奶奶专属的守护网络。爱子奶奶长年独自生活，所以井上先生希望她能够在自己住惯的家中继续原来的生活，并把实现这个目标当作自己的使命。

多名监护人的亲历证实：监护人不仅要为被监护人办理法律手续、管理资金，还要监管被监护人生活的方方面面。所以，即使有可以利用的医疗、照护资源，也需要监护人逐一为被监护人做出抉择与决定。做决定也是一项劳动，它并非参与照护的直接劳动，而是伴随着重大责任和沉重心理负担的间接劳动。在有多种选择的情况下，监护人必须观察、研究、调配资源，并做出决定、发出指令。原本这样的决策工作是由家人承担的，但对没有家人的独身人士来说，必须有代行人（前章称为"指挥塔"）负责承担。

患有认知症的爱子奶奶腿脚康健，常常拎着包出门，在外面回不来的情况时有发生。井上先生并未因此把她关在家里，而是用自己的方法为她打造了一个守护网络。经常上门的照护援助专员及专业护理人员自不必说，邻居、商店、警察、出租车公司等也在该网的覆盖范围之内。井上先生告知大家说"如看到这位奶奶，请通知警察""这位奶奶未付的购物费、出租车费，可来找我申领"等。爱子奶奶出门的最远记录，是离家20公里外的日御碕灯塔。当时一位巡警联系了井上先生，说爱子奶奶是搭出租车过去的。该巡警曾在爱子奶奶家附近的派出所工作过，所以知道爱子奶奶的事情。

井上先生不仅在爱子奶奶的包里安装了GPS追踪器，还与当地的警备保安公司签订合约，在爱子奶奶家门口装上了传感器，以便监控和搜寻。这样，爱子奶奶如果晚上出门，传感器就会报警，安保人员会立即出动搜寻。每月平均会出现两次这样的情况。在她夜间外出频繁时，安保公司曾叫苦不迭，但现在高峰时期已经过去了。据说，最近爱子奶奶腰腿愈发不灵便，不再有高峰时期般的频繁外出了。

也许是担心老无所依，爱子奶奶过去一直拼命地工作，积累了数千万日元的存款。原本爱子奶奶作为个体经营者有公共年金①，加上自己购买的个人年金②，她的年金足够支付日常生活的开销。但在患病的这7年中，生活之外的支出高达1300万日元，即平均每年有近200万日元的开销，这笔费用需从存款中支取。不过这笔花费，使她可以不去医院或护理机构，继续在家中安稳度日。当然，如果她入住付费的集体之家或提供服务的老年人住宅，大概也要这么多花费。

爱子奶奶没有子女，也许正是因为担心老后无依，她年轻时生活节俭，一点点存下钱防老。监护人井上先生认为，罹患了认知症就是她该动用存款的时候了。尽管如此，单身老人拥有如此巨额存款还是很罕见的。如果这次为爱子奶奶私人定制的守护系统顺利运作的话，将来一定可以打造出依托于社区的、成本低廉的共同协作系统。也就是说，作为市公职人员的井上先生认为，该系统运行顺利的话，一定可以推广。

护工和照护援助专员经常出入爱子奶奶家。我去拜访她时，正好碰到美发师上门来给她修剪头发。爱子奶奶爱美，看着镜子中自己发型的变化，很是开心。这一天，热热闹闹围着爱子奶奶的四个人（其中一位有过一次婚史）皆是单身女性，我也是其中之一。考虑到自己的老后问题，我很关心爱子奶奶的生活状态。看来即便是到了不能动弹、卧床不起时，爱子奶奶也一定可以继续安安心心待在家里。因为卧床不起反而更容易护理，这是护理界的常识。

爱子奶奶的主治医生，是出云希望诊所（Espoir Izumo Clinic）的院

---

① 日本的"公共年金"制度是包括自营业者和无工作者在内所有国民都加入国民年金制度，享受基础年金的"国民皆年金"的框架。

② 个人年金主要是指个人购买保险、储蓄等。

长高桥幸男。高桥医生也是"小松之家"的法人,"小松之家"是一家著名的重度认知症患者的日间托管所。高桥医生是精神科医生,他是位尽量控制对患者用药的良心医者。现在,精神科医生的队伍良莠不齐,给患者用药时,有人按规范进行,有人却胡乱投药。所以,求医者必须有分辨的能力。在《认知症不可怕——基于正确知识和正确理解的护理》(NHK出版,2014年)一书中,高桥医生坦言:他曾给一名有"徘徊游走"症状的患者大剂量用药,患者服药后腿脚逐渐虚弱、活动受限,便不会再有"徘徊游走"。然后,他请家人将其领回家。高桥医生反省说:"当时认为那是治疗患者的最佳方案。可现在回想起来感到很内疚。"

高桥医生还说了一件很有意思的事——认知症患者的周边症状的发生一定有其相应的原因。当他们的自尊心受伤害,或被否定、被忽视时,就会出现愤怒、逆反,甚至恶言、暴力、妄想等症状。从这一点上看,对认知症者来说,家人是会对他们的所作所为进行指责、谩骂的存在,因而待在家里反而不能令他们放松。还有,医疗专业人员对他们病情的诊断、判定,以及否定病人现状的鼓励(这种"鼓励"与明明白白的否定并无二

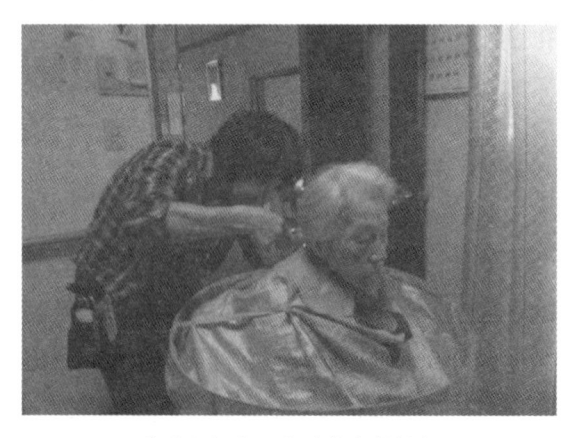

爱子奶奶在理发(作者拍摄)

致）都会令认知症患者有被指责的感觉。

有认知障碍并无情感障碍的认知症患者，对别人的反应会比较敏感。据高桥医生的经验，与家人同住的认知症患者相较，独居的认知症患者的病情往往较为稳定。就"预计今后独居生活的认知症患者会不断增加"这一话题，高桥医生写道："独居老人和与家人同住的老人不同，从'机制'（高桥医生的独创用语，指引发相关症状的因果循环。引用者注）上来说，他们极少有天天挨骂的压力。相比与家人同住的认知症患者，独居的认知症患者很少发生被称为BPSD[①]的精神行为障碍，而且即使有，程度也会比较轻。实际上，我平时的临床印象也印证了这一点：独居认知症患者的BPSD一般都是轻症。亢奋、暴力现象明显少见，拒绝看护'要回家'的妄想、人物误认妄想、被盗妄想、嫉妒妄想等症状也不多见。"

这是临床经验丰富的高桥医生的经验之谈。由于目前独居的认知症老人比较少，所以依据有家人和无家人陪住的情况，对认知症老人出现BPSD症状的差异进行比较还很困难。将来或许会有人通过进行流行病学调查，为我们提供有说服力的比较数据。了解这种差异，将会让我们这些单身人士安心。因为我们以往一直认为，与家人同住是认知症照护的必要条件，但今后可能会说，无家人同住的认知症病患反而更容易护理。

高桥医生总结说：独居的认知症患者可以通过各种人际交流，减少发生BPSD症状的可能性。有广泛人际交往的患者，即使出现BPSD症状，程度也会比较轻。得到多方协助支持的认知症患者，生活一定可以过得比想象的丰富多彩。

我的朋友中塚圭子女士告诉我：她也有与高桥医生相类似的发现。中

[①] BPSD是痴呆伴发精神行为障碍。包括幻觉、妄想、偏执、猜疑、无故尖叫、无目的徘徊、情绪焦虑或抑郁、安静不下来、淡漠、易发脾气、冲动伤人、行为有失检点等一系列症状。

中塚女士是"脑高级功能障碍"①病友互助团体（Peer Support）的听力言语治疗师。据她说：家人及专业康复训练师都无法帮助病人恢复交际能力，而病友的互助则有可能做得到。她告诉我一个令人感动的实例：一名重度高级脑功能障碍的男性患者，原来只会刻板重复动作，无法语言表达，但在一次次参加病友互助团体的集体活动中，逐渐恢复了与人交流和自我表达的能力。中塚女士说，那是因为家人和专业人员会对病人的状态做评判，而同为病友互助团体的成员却不会。家人知道病人患病前的样子，故而会焦躁、悲叹："为什么这么简单的事你都做不了呢？"专业康复训练师会设定康复目标，指导鼓励病人实现目标。虽说是出于爱意和善意，但对病人来说，这些行为都是在直接否定自己有障碍的现状。如果自己的现状每天都被否定，病人当然就会消沉甚至发怒。

也许照护是一份"不适合由家人承担的工作"。而家人以外的人，或许正因为是他人，所以才能接纳并宽待面前的病态老人。

后藤女士也表示："面对因认知症而变得截然不同的父亲或母亲，子女也会很受伤。生病的人是外人的话，虽无奈，但会去顺着病人。然而若是家人就做不到了。面对生病的亲人，往往会陷入发火、焦躁、叱责病人这样的恶性循环。对于病人家属而言，接受家人生病这样一个现实，并改变原来彼此相处的模式并非易事。病人需要鼓励、推动，所以家属有时候需要演戏、需要编织善意的谎言。但正因为生病的是自己的家人，家属会抗拒迎合病人。"

我照护过患癌症晚期的父亲，患病的父亲任性而暴躁。在照料他时，想到他健康时的样子，我就会忍不住发火。我常常想：如果一开始出现在我面前的就是一个康复无望的患病老人的话，想必我自然而然地就会有恻隐之心吧。

---
① 指大脑的言语、记忆、注意等重要功能出现障碍。

当然，认知症患者的情况多种多样。既有无法继续居家生活的人，也有适合住养老机构或适合过集体生活的人。

尽管如此，独居的认知症患者也可以选择居家终老，这一点令人很受鼓舞。

13　决定权交托给谁？

死前准备

我们的身边有照护资源，有上门护士，又有上门问诊的医生。

虽然照护资源在绝对数量上仍然不足，且多寡存在地区差别，但只要有心，我们就能够调配到医疗、看护、照护资源，这些资源已经有地域性的稳步积累。要是不放心，可以搬到资源富足的地区去，然后再准备点资金就行了。据我了解，这并不需要特别庞大的资金。

有了资源、资金，便算是做好了死亡准备。

不过，我们无法仅凭一己之力迎接死亡。当我们体力衰减、精神萎靡时，行动受限不能动弹时，陷入昏迷状态时，还有死后的善后，等等，都必须依赖别人。我逐渐认识到，仅有社会资源还不够，还需有一个做资源联结、调配的决策，即拥有一个我称之为"指挥塔"的关键人物非常重要。一直以来，起"指挥塔"作用的都是家属。甚至可以说，家属代替病人做决定是个普遍现象。

那么没有家人的独居老人该怎么办呢？

在调查中我发现，家人是利害关系的当事人，因而是对抗、阻碍病人意愿的主要势力。家属所谓的"为病人着想"是否真的是为病人着想，令人生疑。因为不想离开家的老人与希望老人离开家的家属，在利害关系上存在对立；想变卖房产来支付照护费用的父母与希望继承家产的子女也存在利害关系上的对立。一线的照护援助专员虽说是为病人服务的，但常常苦恼究竟应该优先满足哪一方的需求。

如果这样，岂不是没有家人更好？当我咨询一位专业护理师，单身独居的人怎样才能实现居家临终时，她爽快地回答："身边无人干涉的病人比较容易实现。"

因为如果家属亲戚多，利害关系错综复杂，那么人多嘴杂会难以形成统一意见。这种情况下，垂死之人的微弱声音就被忽略不计了。

决策代行人

试想一下，在需要有人代替自己做决定时，你又可以将决定权交托给谁？

高口光子女士是一位在养老机构工作的照护顾问。她认为老人一般不愿自己做决定。在向他们征求意见时，甚至有老人会很不高兴地说："决定怎么做，应该是你们考虑的事！"他们往往会把"最佳方案"的决定权交给养老机构，这是一件很可怕的事。高口女士所工作的养老机构收住的老人，基本都是连入住都由家人决定而自己不拿主意的一代人，且大多是女性。他们的下一代，也就是我们这一代，应该不再会由孩子说了算，但在身心衰弱时，或许也会希望不要每件事都问自己，甚至一旦被要求做决定就会厌烦郁闷吧。这个时候，有没有能够为自己做"最佳决定"的代行人呢？家人一般会主动成为决定代行人；没有家人的人自然也就没有这个选项。

我在第11章介绍的竹村和子女士，她有K小组这样强大的人才团队，有凝聚团队成员起"指挥塔"作用的挚友。可以说K小组替代家人发挥了家人的作用,但"指挥塔"式的人物并非只是家人的替代,而是一个超越了家人的存在。毕竟家人是无法选择的,而值得信赖的、起"指挥塔"作用的朋友,却是可以选择的。

那么,朋友不多、人脉不广的人应该怎么做呢?

诚然,需要照护时可以求助照护援助专员。不过,小笠原医生说,临终关怀光有照护援助专员还不够,要培养善终管理师这样有管理能力的上门看护人员。善终管理师可以统合医疗和照护资源,对老年病人进行健康管理。小笠原医生是日本居家安宁疗护协会会长,该协会负责对善终管理师(THP)进行资格认证,现已有33人拿到资格证书。照护援助专员会收取制定照护计划的费用和管理费,但目前善终管理师(THP)对这一块工作不收取任何费用。资格证书意味着责任和负担,而有资质的善终管理师的上门服务是否能获得等价的回报是由聘用他们的人决定的。尽管如此,小笠原医生之所以认为最好有善终管理师这样的人才,是因为医疗人员觉得,照护援助专员不能发挥统合医、护资源的作用。虽然有的照护援助专员有医疗或护理的从业经验,但医疗专业人员不大信任后者。事实上,照护援助专员的素质也是参差不齐的。而且医护间无法回避的序列关系也影响了照护援助专员发挥统合作用。在此,我希望照护援助专员努力提高水平。

照护援助专员也好,善终管理师也罢,他们的职责都是守护老年人的生命和健康。原则上,他们不能替老人管钱。培训指导要求专业照护人员要坚决拒绝被照护人提出的存折管理、现金管理的要求。因为,陪伴在身边的照护人员很可能被有"被盗妄想"的认知症患者认定为盗窃犯。虽然接受什么层次的护理跟个人的经济能力有关,但当事人也不可将重要的金钱管理托付给医疗、护理、照护的专业人员。

临终关怀师柴田久美子女士明确表示：临终关怀师的作用是成为临终关怀的"指挥塔"，应该坚决不介入被看护人的财务。也有医生、护士会介入病人的经济问题，但这从职业道德上来说是一种越权行为，虽然有时是不得已而为之的奉献性行为。不管是受人之委托还是出于同情，这种介入行为都得不到任何第三方的监管。

其次，当事人需要事先对可能发生的医疗行为做决定。比如：在身体逐渐衰弱的过程中，要不要上呼吸机？要不要插胃管？……当事人要预想可能发生的情况，事前写下指示，或提前告诉医生及照护人员自己的决定。不仅如此，还要预先想好住院及接受手术时需要的担保人、联络人。

或许有人会担心：孤身一人是不是就无法住院、不能接受手术？这点不用担心。因为法律规定，医疗机构不得拒绝对病人进行必要的治疗，所以即使没有担保人，也一样可以住院、接受手术。曾有这样一个事例。一位独居老人因需紧急手术而入院，医生要他喊家属来，他断然拒绝，说："我没有家属！就算有，我也不会喊。"而这个老人实际上是有家人的。倘若老人坚持不肯联络家人，医院也只能妥协。

把自己交托给别人的能力

我们无法抗拒衰老和死亡。每个人迟早都会有或长或短的时间，不得不将自己的身体交给别人。与其期待可遇不可求的"寿终猝然离世"，不如在自己的身体状况不可控之前做好预案。

武藏野市的"蒲公英护士站"是一家援助独居老人在家临终的照护机构。丹内真由美女士是该中心的上门护士，她说居家临终的必要条件是"当事人的强烈意愿"，加上当事人的"自我解放"。有人可能对"自我解放"一词不解，换句话说，"自我解放"就是把自己交托给别人的一种能力。对照护人员来说,护理对象有无这个能力,照料的难度会大相径庭。丹内女士的实践观察令人心悦诚服。与其固执地追求自理,一切都想按照自己的意愿来,不想给别人添麻烦,还不如承认并接受自己的衰弱,把自己交托给别人。丹内女士称之为"解放",是指从以前生活方式中的各种纠结拘泥中解放出来。人在临终前会极度虚弱,承认并接受这种虚弱,是一种智慧。

当事人的"自我解放"跟"当事人的意愿"并不对立。在把自己行动不便的身体交托给别人这点上,长期接受这样训练的残疾人士具有丰富的经验。如何将自己交托给别人,由当事人自己决定,而交托给别人后希望别人怎么做,则是个需要商榷的过程。因为照护是一种相互行为。与残疾人相比,老人在需要护理之前并无相关经验。所以高龄老人需要预先考虑好将自己交托给别人的时间、场所,以及交托对象、方法等,这些非常重要。如果有家人,家人自然会主动代替老人去考虑。而单身独居老人,则需要决定好替代自己行使决定权的人选,并做好交托自己的准备。

成年人监护制度

成年人监护是指依法为失去判断能力的成年人代为做出决定的监护方式。成年人监护包括人身监护和财产管理。

成年人监护制度主要有意定监护和法定监护两种方式。意定监护是在本人具有完全意思能力时,依本人的意愿选任监护人。法定监护则是在医生诊断该人无意思能力后,由法院指定监护人。担任成年人监护人的,通常是当事人的亲朋好友。此外,由律师、司法书士[①]等专业人士担当的也

---

① 司法书士就是司法代书人。司法书士主要办理与财产、商业相关的民事事务,类似于中国专门做非诉事务的律师。

很常见,这是因为律师、司法书士等有很高的社会信誉。事实上,成为监护人并不需要资质,但监护人数量却远远不够,所以有的地方会培训普通市民成为监护人。但市民做监护人的情形并不多见,或许是因为一般人不会愿意将包括金钱在内的重要决定,交托给完全陌生的第三方。

说心里话,我不太认同成年人监护制度。第一,我认为只指名一位监护人,风险太高;第二,我觉得最好避免指定家人及亲戚做监护人,因为他们与被监护人之间存在利害关系。第三,起初是善意的第三方,中途变为恶意第三方的事例比比皆是。事实上,监护人贪墨被监护人财物的案件屡见报端。尽管可以指定监管人来监督监护人,但这也说明监护人自身有很多问题,说明监护人是一份需要被监管的工作。

在法院判定被监护人无判断能力后,意定监护才会生效。在此之前,当事人可以趁自己有判断能力时,就财产管理等特定内容与监护人签订委托管理合同。这种情况的监督责任由当事人本人承担。

成年人监护包括财产管理和人身监护,也就是说,当事人要将自己的金钱和生命全权交托给监护人。所以,监护人的信用是最重要的。如此说来,法人单位要比个人更合适。最近,指定社会福祉协议会及福祉公社成为成年人监护人的情况越来越多。据武藏野市福祉公社网站的首页介绍:指定家人、亲戚做监护人的比例低于50%。指定政府关联法人充当监护人的优点是由第三方机构进行财产管理、人身监护,其运营受到公开的监管、检查,能够公平、透明、公正地履行监护职责。网页上指出,法人可以"长期持续执行监护事宜",并补充了理由——"因为自然人可能会生病或遭遇事故,而法人不会"。事实确实如此。但我认为其中最重要的,是法人有公共机构做后盾,且随时会受到外部的监督。

然而,成年人监护只在当事人生前有效。一旦当事人死亡,监护契约关系便告终止。而被监护人死后还有很多事要处理,从安葬、整理遗物,到执行遗嘱等等。虽有各种机制或机构提供各种服务，但每种机制都是不完备、无法有效解决所有问题的。那么，究竟应该如何做才好？

生命综合管理

尽管有人潇洒地说："因为生的时候是一个人，所以死的时候也可以是一个人。"但事实上，生的时候不是一个人，死的时候也不可能是一个人。出生时除了母亲，还有帮助生产的助产士、医生；死的时候，仅仅是处理遗体也要借助别人的力量。既然有助产士，那么应该也可以有"助亡士"吧。在人的一生中，生命、健康、安全、生活、财产、家人、葬礼、遗嘱，甚至坟墓等相关事项都需要有人处理，我想是否可以建立一个能够根据当事人意愿代为处理上述事项的组织机制？不是找单个自然人或法人，而是为自己量身打造一个包含亲戚、朋友、专业护理人员在内的团队。若制成模型的话，或许可以用下图表示。

这个团队中有家属、亲戚、挚友；有照护援助专员、社会福祉工作者；有护理专业人员、主治医生和上门服务的护士；还需要牙医及牙科卫生员，因为口腔护理也很重要；以及不可或缺的药剂师。此外，还有监护人、律师及司法书士、税务师、会计及财务规划师；再有地方民生委员加上志愿者。如想要灵魂救赎，还可以请牧师及僧侣之类的宗教人士加入。也有必要纳入丧葬人员。这是一个最大限度为当事人考虑，为当事人的临终前后提供各种服务支持的团队。要是团队中再有一个起"指挥塔"作用的关键人物，就更能令人放心了。

团队照护有两个要点：第一是团队成员共享与当事人有关的信息；第二是成员之间互相监督。与将监护责任全权交托给个人不同，这种团队机制能使信息的公开化、决策的透明性得到保障。我建议让监护人成为团队

```
            照护援助专员
    宗教人士              亲戚·朋友
       护工
                          律师·司法书士
  社会福祉工作者
                          税务师·会计师
   丧葬从业人员              医生
                当事人
                          上门护士

     民生委员
                          牙医·牙科卫生员

       监护人              药剂师
            财务规划师  志愿者
```

生命综合管理（Total Life Manegement）

的一员。当然，医生、护理员最好也能成为团队中的一员。我在上一章介绍的爱子奶奶的事例，就是以其监护人井上明夫先生为"指挥塔"形成了一个帮助她的团队。爱子奶奶照护团队的形成，既因为井上先生担当了她的生活监护，也得益于爱子奶奶本人的开放性人格。并非所有的成年人监护人都会像井上先生一样，尤其是当律师、司法书士这样的专业人士做监护人时，他们虽然会做财产管理及处理法律相关事务，但大多不会来插手当事人的生活。

我提议将这个量身定制式的团队护理命名为"生命综合管理"（Total Life Manegement）。起初，我想称之为"死亡管理"（Total Death Manegement），但感觉过于灰暗，便将"死亡"（death）改为了"生命"（life）。也有其他人有同样的考虑，称这样的团队护理为"临终管理"（Endding Manegement）。

我希望处于这个团队护理中心的，是当事人。残疾人自立生活运动的国际标语是"请不要绕开我们来决定我们的事"（Nothing about us, without us.）。每个高龄老人从某种意义上来说，都是后天性的残疾人。他们不仅有身体功能的障碍，还会有精神性障碍、智力障碍。如果残疾人可以这么呼吁，那么高龄老人也可以这样宣言。假设我是当事人，即便头脑变得糊涂，即便我有认知障碍，只要没有情感障碍，就一定会知道这个团队中谁是真心为我好的。我希望他们在我的面前集思广益，并将他们考虑的结果征求我的意见："上野女士，大家考虑后认为这是最佳方案，你觉得怎么样？"即使我不能判断好坏，也希望由我以我的方式来认可，比如我可以说："好，好，拜托大家去实施了。"我和中西正司先生共同撰写了《当事人主权》一书，作为作者之一，我强烈主张当事人的决定权。

逐渐丧失自我决定能力时，如有人能帮自己做决定，不如依靠他。如果没有，就需要建立一个组织系统。系统的优点，在于没有特殊能力、没有资源的人也能运作。在这个系统内，医生及上门护士不需要是能力超群的专家，照护援助专员、护工无须背负职责以外的负担。也就是说，这是一个普通人发挥平均水平就能满足组织运转的系统。而且，花几十年的时间建设的这个系统，即便当初的领袖不在了，负责人也换掉了，但系统依然能起作用。只不过，建立这样的系统非一朝一夕之功，且花费不菲。那么，我们如何才能获得这样的系统呢？

"死亡启程"帮助

如果无法一个人临终，那么势必需要有帮助他们走完"死亡"程序的第三方。有人希望第三方不是个人而是组织。为了满足这样的需求，有些非营利组织已经开始提供此类服务。如总部设在长野的"生命设计中心"（life design centre），喜欢用"启程"一词来表示生命结束后另一种状态的开启,他们出版发行的《启程的安排》《启程设计笔记》(通称"临终笔记")长期畅销。此外还有总部在东京的非营利法人组织"日本生前协议结算机构及居家援助服务中心",以及位于东京的非营利法人组织"全面生活支持"等等。一般社团法人"老年生活管理协会"则以努力培养临终管理的人才为目标,并对相关人才进行资格认定。

上述团体由原本的丧葬业、墓地业、寺院等死亡相关服务机构发起成立。当事人生前与上述团体签订的死后相关事务合约,被称为"生前协议",是当事人为临终做的准备。使"生前协议"顾及当事人的临终前的生命终末期阶段,也就是延长了"死亡准备"[①]的时间跨度。在日本提到"死亡准备",一般认为是以死后事务为对象的。但是死亡之前还有短暂的终末期生存,所以死亡的整个过程都十分重要。

这个过程中会有各种烦琐的事情,政府部门不会接手这些麻烦事。政府相关部门的职员或民生委员,最多也只会以志愿者的身份帮忙处理那些靠生活补助金生活的孤寡老人的后事。这种现状使得民间团体得以施展拳脚。当事人毕竟要交托生命和财产,所以被委托方是否值得信任是第一位的。目前受理"死亡准备"相关事务的团体组织,都还在发展、积累经验的阶段,所以还不能断言某一家能完全令人放心。而且这是一项填补制度空白、应对民众需求的服务,所以政府部门尚未对此建立有效的监督体系及质量管理体系,且不同团体为之收取的费用也差别巨大。

NPO"生命设计中心"(life design centre)的总部设在长野县松本市和长野市。创始人之一的高桥卓士先生,是松本市郊外的浅间温泉神宫寺的住持。高桥先生是个有独特想法的僧人,他将寺庙的大殿作为活动中心,在当地开设了照护事务所。通过开展与当地民众密切相关的活动,他

[①] 死亡准备是指为死后做准备而进行的各项活动。如参加旅行社推出的"死亡准备活动团",参观火葬场、学写遗嘱、学拍遗照等。

赢得了大家深厚的信任。多年以来积累的信用，为他的组织奠定了基础。按NPO理论的先锋田中尚辉先生的说法：人们深信这种扎根于当地的团体组织是无法连夜逃走的。

生命设计中心成立14年来，共受理委托合约123件。从起初承接独居老人的意定监护开始，生命设计中心已积累了一定的社会信用，因而承接法定监护的件数不断增加，而且还开始受托担任意定监护的监督人。近年来，法定监护人委托合约显著增加，仅2014年的53件合约中，就有36份为法定监护人合约，几乎占到70%。

生命设计中心在委托人生前与委托人签订合同，约定可为委托人办理以下业务：遗嘱、遗产继承、年金、保险、高龄期的居住、照护保险、安宁疗护、尊严死、遗体捐献、葬礼、墓地、死后的事务处理等等。还可以担当委托人的遗嘱执行人，以及入住养老机构的身份保证人。根据当事人的财产状况及合同内容，签约费从5万日元到10万日元不等。预收服务保证金50万日元，月服务费每月为5千日元到3万日元，工作人员每月定期上门1~2次巡诊。另外，当合同约定的服务产生时，需支付每小时1千日元的服务费加上服务人员的交通费（需要专业资格人员上门时则需另计费用）。中心有两名专职员工负责陪同当事人看墓地，协助办理养老院入住手续等事务。除了专任理事，中心还有来自各种职业的援助人员。专职员工的月薪约20万日元，兼职员工的小时工资为850日元，两者的工资都不高，薪资水平近乎义工。目前，2名专职员工和3名兼职员工承接了53件委托业务，相当于每个人要负责7~8个人。我问专职员工久岛和子女士收取的费用是否够用时，她说：不够用，经常超支。但有时会得到客户的遗产馈赠，因而得以勉强维持。

据NHK报道，NPO法人"居家援助服务中心"的生前协议费，一单要100万日元。虽然看起来门槛比较高，但你想想你存着的"防老的钱"

此时不花，更待何时呢？

殡仪协调员三国浩晃先生是NPO"生命综合管理"的创始人。该法人机构与委托人签订"生命综合管理"合约，为委托人的人生最后阶段提供打包服务。一份合约的签约金为50万日元。另外，"死后事务委托执行费用"也是50万日元，但这笔费用，一般在NPO做遗嘱执行人时从遗产中收取，或从逝者的保险赔付金中收取。协议规定：每月定期巡视一次，收取管理费用每月1万日元；在需要成年人监护人后，则每月收取管理费用3万日元。另有一些单项服务定价如下：除每月一次定期巡视之外，如需增加上门服务次数，则追加次数的管理费用为每次3500日元；需要到医院陪护时，在医院陪护费用为每半天1万日元。我阅读了客户的详细活动记录，由此亦可窥见工作人员非常忙碌，他们的工作细致而琐碎。现在正是他们累积客户、获取信任的关键时期。

殡仪协调员并非丧葬业从业人员，而是在遗属和丧葬业者之间协调安排丧葬事务的专业人员。一般人对丧葬事务都是门外汉。很多人有这样的经历：在失去亲人茫然若失的时候，丧葬业者已决定了葬礼安排，给出了报价。遗属根本无暇确认价格是否合适，只有被动接受。如果殡仪协调员介入，就可以起到居中协调的中介作用。三国先生说：来自独身老人的咨询有所增加，老人们希望殡仪协调员在自己临终前就介入协调。大家的想法都一样，既然在老龄化社会，死亡是可以预期的，那么自然希望葬礼也可以预定，希望自己死前可以介入葬礼相关的决定。在现在的超老龄化社会中，市场已存在这样的需求。

死亡管理的费用

大家可能会想：要是有"死亡管理"这样的服务就好了……那么，

费用多少才合适呢？我算了一下：请成年人监护人每月需支付的费用为2万～3万日元，那么"生命综合管理"或"死亡管理"的每月负担费用在3万日元左右的话可能比较合理。

如果机构有规模优势，收取客户每人每月3万日元的费用，每名工作人员承接20件业务的话，则每名工作人员的每月收益就有60万日元。照护援助专员的月承接量上限为40件（规定超过40件则报酬相应递减）。而每名殡仪协调员承接20件左右业务较为合适，其服务内容包含提供临终关怀援助的相关服务。协调员每月工作20天的话，每天可拜访1名客户。另外，他还会收到每笔合同的签约费用和每发生一项额外服务时的追加费用。这样的话，扣除成本费用，殡仪协调员比照护援助专员获取的报酬要多一些。其实也可以由照护援助专员来提供上述协调服务，但必须提高照护援助专员的服务报酬。

独身老人要放心离世，需准备一笔"死亡费用"。死亡虽然不能免费，但也不会是天价。现在，我们必须要考虑的是，这笔死亡费用该由谁支付，以及如何支付的问题。

14 不同住的家人应该怎么做？

由家人决定的死亡方式

每每想到一个人能否在家临终的问题，便深深感到，人的死亡方式取决于家庭关系。当我问到"独自在家死亡的条件是什么？"时，得到的答案是"家人不反对"和"局外人不干涉"。如此说来，在家独自临终倒不难。不久之前在家临终的条件还是家人在侧，而现在没有家人陪伴反而可能成为在家临终的条件。世事变化太快，令人不免感慨。

与家人住在一起的老人可能会无法一直住在家里；不与家人同住的老人也不能保证自己能一直独自住在家里。将老人送去医院或养老机构，往往都是其家人的决定。有位照护援助专员在处理一例棘手的照护保险案例时，感慨地说：老人索性与家人脱离关系吧，这样反而更方便我们介入护理。如此看来，我觉得从一开始就没有家人的羁绊也许更好。

我这样说，可以想象马上就会有人指责我就是个家庭的破坏者，因为我一直单身，没有家庭。只是，这样的谴责显然毫无道理，独居老人的增加不是我的过错；假设家庭崩坏失能，也是因为这些家庭早就被破坏了，并非因我而起。说我有如此大的影响，简直是一派胡言。不想听不利于自己的言辞，不想面对现实的人，总会将责任推卸给把事实公之于众的人。

在做照护研究的这一段时间，我常常思考：家人究竟是个什么样的存在？在日本，人们一直理所当然地认为"老后靠家人"，可现在的家庭形态已经发生了急剧变化。但日本社会不仅刻意无视这种家庭变化的事实，而且制度和观念也都跟不上时代的变化。在现实中，既有因"家人要求"不情不愿住进养老机构的老人；有不让父母使用照护保险，买盒饭时只想到自己的啃老儿子；也有为照顾认知症父母不惜辞去工作与父母同住的子女，甚至有独自去丈夫老家照顾公婆的长嫂，等等。耳闻目睹种种实例，我常常思索，父母为子女或子女为父母究竟必须牺牲到什么程度才合适？我也时常惊讶，所谓父母子女之爱在自私自利面前竟是如此脆弱不堪。

照护保险是"子女不孝保险"吗？

"还是过去好，因为那时候老人可以依赖家人照料。"然而，专家们普遍认为，这只不过是个被称作"家庭照料"的神话。所谓神话，是指无根据的信念集合。过去老年人没有现在多，老人需要护理的时间也短，护理要求相对较低。而且因为家庭成员众多，照料风险能够被分担。但是护理的人多未必就轻松。既有家庭因为兄弟姐妹多，容易分担照料父母的负担；也有家庭因为兄弟姐妹多，反而为照顾老人而争吵推诿的。

对于独居的一个人是否能够在家度过生命的最后阶段，一线照护人员一致认为外界介入的因素越少，就越容易实施。也就是局外人越是不介入，当事人自身的意见才越容易得到贯彻。我不止一次地庆幸自己是单身一个人。

照护保险主要用于保障需要照料的老人入住养老机构。该保险刚推出的时候，有人称之为"子女不孝险"。照护保险得以设立的主要推力，来自需要护理老人的年轻一代,他们的要求是"希望能多少减轻些家庭护理的负担",因而,从某种意义上可以说,他们有"弃老"[①]的动机。日本的照护保险并不是应老人要求而设的,不是为了让老人晚年安心的保障。回顾社会保障先进国家的老人福利历史,就会发现,老人福利的推广往往是响应护理一代的要求,而非被护理一代的愿望。"弃老"很容易获得护理一代的支持,他们是社会中拥有话语权的多数派。

照护保险的目的,是减轻家庭照料的负担。因此,有了照护保险,老人也可以不依赖家人生活。同时,即便对家庭养老有所期待,家庭作为养老载体的功能也正在不断弱化。代际分居逐渐常态化,老人们也会逐渐认识到,与子女分居更轻松。现在老人之间不再有人问"你们明明有孩子,为什么不和孩子住一起?"之类的问题。虽然偶尔还会有人问丧偶的独居老人"为什么不和孩子同住?"但这样的问题很快就会没有人再问了。时代变化之快,令人惊讶。

推荐非全职式家庭照护

如果需要照护的老人也能安心独自居家生活的话,这非但不是在破坏家庭,而是在保护家庭。父母的安心就是子女的放心。父母能够安心独居,也是儿女的一种孝顺。

"父(母)亲病倒了,我很想接到家里来,自己照顾……""我是不是必须回去照顾老弱的父母?"每当年轻人来向我咨询这类问题时,我一概建议他们不要这样做。有必要为父母做决策,但没有必要自己完全介入护理。即便觉得有必要住父母身边,我也建议分居,可以选择近邻而居。因为如果自己家里有了需要护理的老人,家显然就会成为照护的战场。在

---

① 在古代日本,为减轻家庭负担,上了年纪的老人会被子女遗弃到深山等死。

这个战场上，照料的人无法有喘息的机会，必须365天全天候地工作，虽然为防止家人的护理疲惫，可以让老人短暂入住养老机构或短期住院。事实上，"希望老人离开家，哪怕只有片刻"，疲惫的家人这样想也无可厚非。有人认为与其让不易适应环境的老人离开，不如让负责照护的年轻人外出。但这样似乎也不行，出门旅游是个非日常的活动，虽可以改善心情，却并不能令人放松。因为家才是这个世间能让人身心放松的唯一场所，对任何人来说，确保有"家"这样的放松场所都是非常重要的。所以我建议年轻人不要和老人住在一起。

人是会通过逃避现实来保护自己的生物，所谓眼不见心不烦。家庭照护的工作是没有止境的。跟老人同住的话，就算出门也无法有片刻的放下。如果分居，至少在回到自己家里后，因为没有老人在眼前，所以可以暂时忘却。因此，分居有益于参与护理的家人的心理健康，而且与老人保持一定距离，也使照料人能对老人温柔以待。

无须认为不跟老人住一起就是"弃老"，你经常去照顾他们就好。最近家庭照护不再限于同住照护，越来越多的家庭选择分居照护，像上班一样来回照料老人的情况屡见不鲜。24小时跟老人在一起的人，叫"全职家人"，一天中用部分时间来照顾老人的叫"非全职家人"。分居并不意味着不再是家人，用部分时间做好家人即可。事实上，目前家庭的现状是，一天之中家庭主妇每天能跟丈夫及孩子见面的时间也只有几个小时而已。

背离时代的"三世同堂"政策

据《朝日新闻》日前的报道，内阁会议在2015年3月20日通过了政府提议的少子化对策五年计划——《少子化社会对策纲要》，《纲要》提出了"三世同堂"的鼓励政策。负责该政策的内阁大臣是有村治子女士。

要推进"三世同堂",应该从自己做起,但现内阁成员中有多少是"三世同堂"的家庭呢?从政策的角度来看,我建议父母与成年子女分居,我这样的人会被看成是政府异见者。但于我而言,政府的方针才是不符合时代发展的错误决策。有资料显示,若经济状况允许,老人一般会自己选择与子女分居。正如樋口惠子女士所言:不跟子女同住反而更轻松。分居令父母、子女都轻松,而同住不管是对老人,还是对子女来说,都是一个"不情不愿""无可奈何"的选择。

假如高龄老人与子女同住的结果是老人被赶到养老机构去,那就没有理由一定要同住。

在社会学上,"照护的社会化"又叫"照护的去家庭化"。"照护的去家庭化"好不容易在逐渐推广,而政府的"三世同堂"鼓励政策可谓是照护的"去家庭化"的倒退,是照护的"再家庭化"。不难发现,政策背后政府的用意是,想最大限度压缩育儿、照护相关的社会福利支出。家庭社会学家落合惠美子女士警告说:"家庭照护负担过重反而会使家庭采取一些回避风险的行动。"诸如,因为有强烈的家庭责任心而刻意不结婚生子,或者回避与父母的接触联络,等等。这项看上去是尊重家庭的政策,反而起了加速家庭分崩离析的作用。

远程照护实践

有一些人每天通过远程监控照顾父母。太田差惠子女士创立的团体组织"照顾分居家人的分享会",是一个远程照护老人的互助团体。之前远方的父母需要照护时,子女只有两种选择——接父母来同住或回乡照顾父母。这两种选择都有缺陷。被子女接去同住的父母,要离开熟悉的家,在陌生的地方,听着不习惯的语言,接受不一样的生活习惯。而且儿孙们忙于工作和学习，并不像预想的那样有很多时间陪伴自己。既然如此，还不如不离开家，直接接受远程照顾的好。

若父母不来与自己同住，子女又会有各种各样的担心。不过，现代社会提供了多种利用高科技守护老人的系统。包括确认老人每日安全的电话、网络定期的商品配送、水电用量报告的检查确认等等。守护的别名是"监视"。在老人家中安装摄像头，24小时不间断地向子女的手机传递监控数据，这在技术上已经没有难度。

太田女士给我讲了这样一件事。有个女儿给独居的父亲装了一个监护热水壶，老人每次使用，水壶都会给她的手机发送用水量报告。其机制是，如果老人一整天都没喝水，子女就会通过报告发现异常。

有一天，女儿发现老人关掉了监护水壶的电源，便问父亲原因。父亲答说："若是开着，你就知道我喝了多少茶了吧？"实际上，似乎是父亲有了女朋友而不想被女儿知道。这件事说明，父母也有不想被子女知道的隐私。

尽管如此，也有子女为了照护父母做出了巨大牺牲，如辞掉工作、离家去父母身边等等。2012年因照护家人而离职的人员达10万人，不只是女性，照护离职者中男性也越来越多。樋口惠子女士是NPO"改善老龄社会妇女协会"的理事长，协会提出了"为零照护离职而战"的口号，开展宣传活动。在协会主编提交给日本厚生劳动省的《消除照护离职现象意见书》中，他们指出：因照护而无奈离职的人群中，40岁左右的人居多。他们此时离职就很难安排自己的老后生活。不仅企业会因此失去多年培养的人才，国家、地方及保险公司也会失去纳税及交保险费的主力军。为护理老人而不得已离开职场、离开社会，却未必会给需要照护的老人带来幸福。

对于那些为是否离职而犹豫不决的子女，我总是干脆地建议：绝不要辞职。很多人会屈从于外部的压力而离职，尤其是女性。比如女性本人及其身边人都可能会认为照护老人比继续工作要重要，或者因为她自己在职场是个可有可无的存在，被别人说"你的工作简单，任何人都可取代"而离职。但是，你要知道，那些给你压力的外人并不能保障你老后的生活。

一旦辞职就会断了收入，养老金也会因此变少，而且也不利于参加健康保险。即便你的辞职让父母开心，但父母离世后，谁又能为你的老后负责呢？

你最好要有这样的认知：需要照护的父母，往往只关心他们自己的状况。他们只在他们还有体力和精力的时候才会说："你有工作不用常来""来回的交通费很贵吧"，而且依赖子女的老人总是会责备子女做得不够。如果你每月去探望一次，他（她）会怨怼你为什么不能每周来；每周探望一次吧，他（她）又会要求间隔时间不超过三天；当你每三天去一次时，他又恨不得你每天都去。如果你因此有了负疚感，那正如他们所愿。父母会以自己的"虚弱"为资源来操纵子女。但是你为顺应父母牺牲了自己，而他们又能为你的老后做什么呢？

我一直认为，真正担心你的老后生活的是你自己，不是你的父母，也不是你的兄弟姐妹。子女对父母最好的孝顺就是告诉父母："爸爸、妈妈，即使你们不在了，我也会好好地活下去。请你们放心离去吧。"父母先于子女离世是自然规律。

紧急呼叫电话的作用

我实在无法理解有些老人只要在家中跌倒或感觉不适时，即使是半夜三更，也会打电话给远在几百公里之外的子女，要求子女立即过来，或马上设法给自己解决问题。据说有些孩子真的会驱车三小时从自己家赶去父母身边。没有车只能使用公共交通的子女，也许可以回应"要等到早上才能过去"。但好歹有辆车的话，就不得不24小时待命了。索性在国外，父母也就不能指望子女了，但如果不是远在海外，父母还是会依赖子女。

我有个朴素的疑问：那些老来只能依赖家人的曾经的社会人，为什么通过几十年的社会经历都没有在身边经营出一份可依赖的人际关系？我很担心那些有家庭的人如果失去家人便会无所依靠。父母无法阻止子女离开去寻求自己的生活。但是如果子女与父母共同生活，反而是更大的问题。所以，父母有必要为自己将来的生活不依附于子女做好准备。在这一点上，可以向单身独居老人学习。

为此，我建议独居的高龄老人应为自己的紧急情况联系人做个排序。发生紧急情况时，首先打电话给附近的照护援助专员，如果是夜间，就打给上门护士站，根据情况也可打给自己的主治医师。因而平时就必须与照护援助专员、照护事务所、上门护士站、居家医疗医务所等保有一定的接触。在超老龄化社会的"慢死"过程中，每个人或早或晚都会迎来需要照护的时期，需要照护时自然要跟周围发生联系。

有的地区由政府设置了紧急呼叫系统，据说紧急呼叫电话是与119联结的。如果119的救护车一路鸣笛而来，求助者会被吓到吧。因而老人们可能会抗拒拨打紧急呼叫电话。有一家收费养老机构的紧急呼叫的应答方，是与该养老机构签约的保安公司。总觉得向保安公司求助也是需要勇气的事。那么，能否创建一个让老人没有心理负担的求助机制呢？

丹麦的紧急呼叫是联结到当地的上门护士站的。我去探访时，护工告诉我：有的老人深夜拨打紧急呼叫电话的理由只是"因为很寂寞，想找人说说话"。护工就会上门陪老人聊天，并安慰老人说"没关系的，任何时候都可以呼叫我们"，然后离开。

在日本，有的照护援助专员会将自己的手机号码告诉服务对象，即便深夜也会接电话宽慰对方。在广岛，我就遇到了一个这样的照护援助专员，我很感动，觉得他很了不起。但他说："这种情况是暂时的，老人一旦情绪稳定下来，习惯了独处，就不会如此频繁地打电话给我了。"

我们在社会上生存了几十年，那么除了社会服务系统，为什么不在朋友、熟人、一起活动的伙伴、志愿者等之中有选择地建立一些人际关系呢？

生存就应该是互相帮助，就应该是彼此麻烦对方。父母与子女有共生共存的关系，可以不停地麻烦对方，但我希望也能跟外人建立一种能够求助彼此的灵活互助机制。

不愿给子女添麻烦

相反，顽固地坚持不接受子女照顾的人也很令人头疼。

现在正在照护父母的这一代人，往往倾向于不动员自己的子女（被照顾者的孙辈）参与照护。因为自己所承受的不得不照顾父母的痛苦，他们不想让子女再体验。

最近报纸登载了一篇50多岁儿子写的投稿。他反省自己没有帮助70多岁的父母照顾90多岁的祖父母。后来才知道，是父母不想把照顾祖父母的负担加给儿子，所以一直在咬牙坚持着。这样说来，有吉佐和子女士的小说《恍惚的人》写的也是妻子照顾公公，不要求丈夫帮忙，也不寻求儿子协助的故事。同样，佐江众一先生在《黄落》一书中，也描写了类似的场景：儿子夫妇照顾老人而不动员自己的儿子（老人的孙子）来帮忙。在一个家庭中，要照顾的老人是儿女的父母，是孙辈的祖父母。我还是不太能理解：为了照护老人，为什么不去寻求有照护能力的其他家庭成员的协助呢？

我能理解单身老人购买有永世祭祀服务的墓地，但有子女的老人也购买有永世祭祀服务的墓地就令人费解了。不过，民俗学家高取正男先生把现代日本人这种做法称为"子孙崇拜"而非"祖先崇拜"。据说，日本人这样做的动机是不想让子女有扫墓的负担，而这种动机与一直以来的"祖先崇拜"正好相反。

不想给孩子添麻烦，越是有艰苦卓绝护理经历的人越会有这样的想法。因为自己背负过那样难以承受的负担，便不希望让孩子体验同样的痛苦。我能够理解他们的想法，但我认为，没有理由犹豫让孩子稍微分担些能力范围内的照护工作。减轻照料人的负担，让其他家人适当承担力所能及的照护工作也是照护保险的理念之一。这样不仅不会破坏家庭，反而是保护家庭的唯一良方。

所以，一方面我称来自子女的"一起住吧"的邀约为"魔鬼的呢喃"，另一方面，我建议父母辈即便拒绝与子女同住，也不要说"不要你照顾"之类令人厌烦的话。这时，最好是说："万一有事，还是需要你照顾。"因为老后的生活充满变数。你一把屎一把尿，辛辛苦苦培养大的孩子，在你陷入困境时，伸出援手是理所应当的（虐待子女的父母理当别论）。不过子女对父母的照护应以不牺牲子女的正常生活为前提。

我觉得，"不想给孩子添麻烦"看起来是尊重孩子，似乎与"自己的孩子自然什么都可以依赖"是一种截然不同的态度，但事实上，却恰恰证明了父母与子女还未能相互独立的事实。

子女的安心就是父母的安心

子女对于老人来说究竟是资源还是风险？这真是个恼人的问题。尤其是家有尚未独立或不能自立的子女的时候，老人会因不放心而不能安然瞑目。我的一个朋友在一座小城市经营一家智障者日托所。智障儿童即便长大成人，父母也不能指望他们养老送终。不只是智障子女，有身体残疾的子女或有精神疾病的子女也是一样。有这样子女的父母，甚至会因为担心自己死后孩子无人照顾，而觉得无法丢下孩子安心离世。

当这些曾经的智障儿童步入中年时，其父母也日渐衰老。有子女却不能指望子女养老送终，这些父母的老后其实与单身独居老人的情况相似。不仅要担心孩子的老后，还要担心自己的老无所依，所以他们希望有照护机构来解决自己的养老问题。我建议，在同一幢楼里同时设立高龄老人的照护机构和智障人士的托养机构，并且两个机构的人群可以相互交流。我的朋友调侃称，这是一种亲子配套设施。从父母的角度来看，一来，直到生命的最后一刻都可以陪着孩子；二来，看到即便自己不在了孩子也能继续生存下去，便能够安心离去。但是进行模拟推演时发现，真正实施这种做法有很多限制。比如两种设施行政上分属不同的福利系统，按规定不可以在同一栋楼里建设；两种设施必须各自配备专属厨房及专业从业人员；等等。那么，建在不同的楼，楼间用连廊联结，楼里的人可以经由连廊自由出入，这样是否可行呢？大家提出了很多替代方案。虽然该计划尚未能付诸实施，但这个问题对智障者的父母来说是个非常实际的问题。

子女的安心就是父母的安心，父母的安心同样也是子女的安心。父母即便独居也能安稳度日才能让子女放心，而子女即便在父母离世后也能自己生存才能让父母放心。我一直说，父母通常先于子女离世。我想，社会福利的存在就是为了能让子女说："爸爸、妈妈，你们放心走吧。即便你们不在身边，我（们）也能好好活着。"

15　自己能够决定临终方式吗？

自我决定权

我认为，独自居家临终的先决条件，一是当事人具有这方面的强烈意愿，二是有能力安排自己的死亡。可每当我这样说的时候，立即便会有人提出质疑："死亡也能自己决定吗？"。

最近，以自我决定死亡方式与死亡地点、自己选择晚年生活等为主题的书籍与日俱增。《自我选择晚年居住方式、生活方式》（近山惠子、米泽菜子著，社区网络协会监修，彩流社，2015年）便是其中的一本。"改善老龄社会妇女协会"的理事长樋口惠子女士常常创造出新词新语，引发热议并流行开来。在其著作（樋口惠子编，《自我决定临终方式——临终医疗制度的有效运用》，智慧书房，2014年）中，有句话她说得特别好，"我们要从依赖别人做决定转为自己做决定"。

我和中西正司先生一起撰写过《当事人主权》一书。有人对我说：既然我们有权决定自己的活法，也应该有权决定自己如何死吧。确实，以往的老人都是听由家人安排自己的晚年生活与临终，不会提出自身的意愿及要求。我认为，今后的老年人必须要有自我主张的权利意识。那些战前出生的高龄女性没想到自己会活那么久，觉得自己无法面对如此漫长的老年生活，只得依靠家人来照顾或遵循家人的安排入住养老机构。看到她们的现状，我不由得庆幸。我们属于战后出生的团块世代，不用因为老了就老老实实地听任家人的摆布。

樋口惠子女士是接受战后男女共学民主主义教育的第一代。从日本战败后篡改教科书之时起，这一代人便意识到，不能指望权威及权力部门，自己想要的东西必须自己去争取。她们从认识到自我决定如何老去、如何生活、如何接受照护等事情很重要，自然而然地联想到死亡的自我决定也很重要。

可是，我内心还是希望大家不要急着做抉择，再等等。

走进日本尊严死协会

2014年10月，我参加了在奈良举办的日本尊严死协会关西分会的演讲大会。一千多名听众济济一堂。我有点紧张，作为一名受邀演讲者，我要告诉听众们"我不能同意你们的看法"。尊严死协会的主办方之所以会邀请我这样的人做演讲，也许是因为他们认为平日经常呼吁"自己的事情自己定"的我，应该是和他们有同样想法的人吧。

日本尊严死协会的前身是1976年设立的日本安乐死协会。早在2014年，就已经是一个会员多达12余万人的大型组织。该组织在各地都设有分支机构。协会创立者是太田典礼医生，他也是制定优生保护法的主导者。太田医生因其优生思想而闻名遐迩，他主张在孩子未出生前，要就对其"是不是一个值得活着的生命"作出优生选择判断。所以，他将同样的想法运用于死亡并不奇怪。

但是，如今的尊严死协会刻意与安乐死保持距离。协会成立之初并没有"尊严死"这个词语,故而就叫作"安乐死"了。他们起初推行的就不是"积极性的安乐死",而是"消极性的安乐死",即不是积极介入死亡,而是选择放弃维持生命的医疗介入的自然死亡。日本尊严死协会将尊严死定义为:"在生命终末期,自主决定死亡方式、自主决定放弃或中止延命治疗的自然死亡。"(一般社团法人日本尊严死协会编制,《新版·自我决定的尊严死"不治之症终末期"的具体方案》,中日新闻社,2013年)延命治疗包含插管营养输液和附设胃袋、呼吸机、人工心肺等等,想必很多人都知道。为此,协会一直在大力宣传推广,根据自己的意愿生前预立"尊严死声明"(生前预嘱)。

身心疲惫的家人

或许有人会觉得不可思议,提倡当事人主权的我,居然会在"死亡的自我决定权"上产生犹豫不决的情绪。

其实,这种情绪是来自我多年照顾父亲的体验。

开有诊所的父亲成了一个癌症转移的终末期患者。身为医生,他理解针对自己的所有医疗方案,也深知自己的病已经无药可救,并且深陷绝望之中。很多医护人员都认为,如果可以选择死亡方式的话患癌死亡最好,因为癌症病人的死亡时间是可以预测的。周围的亲朋安慰我们时也会说:"还好你父亲是癌症病人,给了你们接受其死亡的时间。"我回答说:"是啊,我们家人是接受了父亲将死这样一个事实,可是他本人好像并不愿接受。"

明知自己将要死去,父亲却不愿谈葬礼、谈墓地选择这样的话题。有一天,他因为过于绝望而竭力恳求我们让他快点死去,但是隔天,他又提出要转去康复医院,以便使他因中风而瘫痪的双腿重新站立起来,哪怕希望渺茫。当兄长们为此四处奔波，总算找到能接收的医院时，父亲却又变卦了，说"不用了，不用了"。家人被支使着辗转奔走，一个个筋疲力尽。我也由此了解到，病人的情绪会如同过山车一样忽上忽下，变化不定。所以病患家属需要做好被病人呼来唤去的心理准备。同时，这一经历还让我认识到，一个人在某个特定时期做出的决定日后未必不会改变，人的心情总在时刻变化之中。之后，我不再认为贯彻自己某一天的决定是一件了不起的事。

在陪护父亲的过程中，我会向周围有过护理经历的友人发牢骚，并向他们请教陪护病人的经验，但那些了不起的人们安详临终的事例，对我而言并没有任何参考价值。我那胆小的父亲是在反反复复磨人磨己的痛苦挣扎中死去的。

我没有亵渎亡者的意思，只是想说，胆小的父亲那算不上大气的死亡方式令我们子女学到了很多。想来死亡是父辈们留给子女的最后一堂教育课。无论是怎样的临终，我们都能有所收获。

世间有些人很了不起，面对死亡淡定而安详。他们处理好身边诸事，从不怨天尤人，自主决定自己的死法并付诸行动。佐江众一先生在小说《黄落》中描述，某天年迈的母亲拒绝进食，选择饿死自己。跟羸弱老残的父亲相比，母亲这种近乎自绝的离世，令佐江先生感佩不已。然而并非人人都能够这样毅然决然地赴死。

人类终究是内心软弱的生物。更何况将死之人身体衰弱、心理脆弱，自然会有迷茫、苦恼、不知所措的情绪。比起那些淡定勇敢的人，人世间像我父亲一样胆小软弱的人更多。有医生说"不管是什么样的死亡方式都是值得敬重的"，我们也可以反过来说，死亡并无高下之分，死亡就是死亡。

"尊严死"还是"尊严生"？

那么，有尊严的死和无尊严的死两者的区别是什么呢？一般会说"有尊严的死"是指在无法"尊严生"的情况下中止延命治疗。

日本尊严死协会的设立是缘于美国的卡伦·安·昆兰（Karen Ann Quinlan）判决。1976年，美国法院最终认定陷于植物人状态无法恢复的卡伦"称不上有尊严的生命"，同意了卡伦家人提出的中止续命治疗的要求。

日本尊严死协会认可的"罹患不治之症且属于生命终末期"的情况如下：康复无望的迁延性意识障碍（持续植物人状态）、伴有疼痛的晚期癌症、阿尔兹海默病、老年衰弱、需要人工透析的肾衰患者，以及肌萎缩侧索硬化症（ALS）等神经方面的疑难杂症。"尊严死"是一种消极应对的方法，即对被认定为"不治之症且属于终末期"的患者，不采取积极的医疗介入。但是由谁来判断某个人是否处于"不治且终末期"的状态呢？更何况，长期昏睡的老人苏醒过来的例子不胜枚举。而且，很多医生都知道，判定一个人的死期是一件非常困难的事情。

现在世界上还有很多患不治之症的非终末期重症病患以及重度身心障碍者。那些对亲人的呼唤不会做出任何反应的重度残障儿童，依靠延命治疗装置，也会一天天长大。他们的父母一定希望自己的孩子哪怕多活一天也好。目前，呼吸困难的ALS患者，只要装上呼吸机就可以维持20年以上的生命。所谓的"不治之症"，不过是现有的医疗水平下的无法医治。随着医学的进步，曾经的不治之症，如结核病、艾滋病，现在已经不再是必死之症。相信不久的将来，即便是癌症、ALS，也会找到对症之策。

每每写到这些，我就会想起一段令人不快的记忆。在我参加的一次企业家联谊会上，一位上了年纪的先生悄悄跟我说，他曾经因脑梗死病倒过。家人及时发现并送他住进了医院，虽然命悬一线，好在恢复了意识。之后通过拼命努力的康复训练，他终于能活到了现在。然而，他却一边诅咒着仍然不灵便的身体，一边一遍遍地埋怨："要是家人不叫救护车救我就好了……"

明明是在设法救他，可他本人却不这样想，这让家人情何以堪！康复训练起了作用，他得以重返工作岗位，而且也感激家人使自己死里逃生。但是"死了更好""非得这样活着吗？"，这样的想法又是从何而来的呢？"早知道会有后遗症莫不如当时就死去。"到底是什么样的社会现实触发这位先生产生这种想法的呢？

生活中，有人四肢瘫痪，有人眼盲，有人耳聋，还有人是重度痴呆。某位前任东京都知事，在造访一个收住重度障碍者的福利场所时说："病患所需费用不菲（部分内容省略），但同样的情况如果是在西方，恐怕早就放任不管了吧。"即便如此，这里的每个人都在拼尽全力延续每一天的生命。

养老机构的照护专家高口光子女士这样说道：拘泥于一生只有一次的尊严死，还不如重视每一天的"尊严生"。（上野千鹤子，《护理精英：支撑临终疗护的专家们》，亚纪书店，2015年）

女性ALS患者不愿上呼吸机的理由

日本尊严死协会的12万会员中女性占70%。此比例之高绝非仅仅因为越到高龄，女性占比越高。社会学家立岩真也先生的研究表明，ALS病患中佩戴呼吸机的比例也有男女差异（《ALS——不动的躯体与呼吸的机器》，医学书院，2004年）。女性不愿佩戴呼吸机是因为佩戴呼吸机后，在切开气管后无法讲话的状态下，必须24小时依赖别人照护才能生存。男性可以选择家人照顾，而女性却没有这样的选项。尤其是以照顾他人为己任的女性，更是不能忍受给别人添加麻烦，受别人照顾。因此，她们会任由病程发展，任由身体不断麻痹，以类似于慢性自杀的方式等待生命的终结。虽说进程缓慢，但陷入呼吸困难的濒死状态会相当痛苦。明明有不死的办法，却有人就是不愿去选择。

立岩先生说，眼睛不好可以戴眼镜，耳朵不好可以戴助听器，同理呼吸困难的人，明明有呼吸机可以配置，也应该没有道理犹豫。ALS病人及其援助者之所以对尊严死宣传活动抱有戒心，是因为他们担心这种宣传会造成ALS患者不愿佩戴呼吸机的风气。对于日本尊严死协会的会员们来说，他们讨厌临终时在ICU里，浑身插满各种面条状的管子，被各种仪器包围，不能安乐地去迎接死亡。但是，2008年立岩先生和读卖新闻社携手，对临终医疗进行了调查。(《全国医院临终医疗调查：福利和疗护与延命治疗的矛盾》，《读卖新闻》，2008年7月27日)调查数据显示，临终治疗的现状并不是像媒体鼓吹的那样有很多过度治疗，不如说大部分病人都是由家人选择了保守性治疗。事实上，即便你希望，家人也未必会拼命为你延续生命。高龄老人们应该可以"放心"。

神经性顽症中，ALS（肌萎缩性脊髓侧索硬化症）之所以最为棘手，是因为病人最终会出现称为TLS（全身锁死症状）的全身麻痹症状。出现这个症状就意味着患者看不见，动不了，说不了话，却听得见，而且意识非常清醒。川口有美子女士像精心养护兰花一样，照护其全身麻痹佩戴呼吸机的母亲12年，直至母亲离世。在照护母亲的过程中，她创立了一所名为"樱花会"的事务所，以支持ALS病患的居家生活，并亲自担任副社长。"樱花会"的社长是ALS症患者桥本操女士。后来事务所发展为被称作"樱花会模式""社长模式"的照料独居患者的居家援助系统。之所以称桥本为社长，是因为桥本自己不只是患者，也是拥有多名员工的照护事业经营者。描写二人的照护经历的著作《不灭的肉身——ALS症病患的日常生活》（医学书院，2009年）获得了大宅壮一纪实文学奖[①]。在第二本书《超越终末期：写给身患ALS症及其他顽症的所有重症病患》（青上社，2014年）中，作者提到了戴了30年呼吸机的ALS症患者——长冈纮司先生。

"致后来人，（中间省略）致未来的终末期患者！请听听长冈先生的遗言。"作者引用的下面这段话是根据长冈先生的口型，认认真真一字一句记录下来的。

"活下去，并且纠正周围人的看法。活下去，无论多么辛苦都要坚信可以治愈！请活下去，活下去！"。

此外，书中不断介绍一些颠覆常识的信息，如"全身不能动弹（戴着呼吸机的缘故。——引用者注）依旧能活着的ALS患者只有日本才有"，在日本"有令世界羡慕的最勇敢的ALS患者""日本重病患者可以享受低税费的高福利"等等。据说发达国家中只有在日本，有30%的ALS患者会选择佩戴呼吸机（这里不是说少，是非常多！），并且日本的ALS患者可以依靠他人的全天候看护"独自"生活，在这一点上日本是世界的典范，等等。读这本书时，我很吃惊：都是真的吗？我们真的生活在这么好的社会中吗？但是这一切并不是平白无故就能得到的，这是ALS患者们"坚信人间的正义""带着约定未来的打算，勇敢赌一赌"而开拓出来的路，而起桥梁作用的，是ALS患者身后支撑他们的人们。

[①] 大宅壮一纪实文学奖是为纪念大宅壮一先生的伟绩而设立的文学奖，表彰每年优秀的纪实文学作品。该奖项由财团法人日本文学振兴会主办，由文艺春秋股份有限公司运作。

无价值的生命

《超越终末期：写给身患ALS症及其他顽症的所有重症病患》中还介绍了川口女士与中岛孝医师关于尊严死话题的对谈。中岛医生是神经性疑难杂症方面的专家。中岛医生说：

"纳粹为了将他们的屠杀行为正当化，便将迅速结束所谓'没有生存价值的生命'称为让其'安乐死'。'尊严死'很容易会滑向'安乐死'。"川口女士则指出："日本尊严死协会发行的2007年版《我决定尊严死》（中日新闻社）的结语中有'尊严死和安乐死就隔着一层纸'这样的表述。"（不过大概是为了慎重起见，中日新闻社2013年版的《新·我决定尊严死》就没有这样的一段文字了）所以，中岛补充道："实际上安乐死和尊严死，在可以提前结束生命这一点上是相同的。"

"优先救治"的概念因灾害医学而广为人知。来源于战争医学的"优先救治"理论，原本是一个如何合理使用有限的资源、理性选择优先救治对象的理论。中岛医师认为："如何减少对'没有生存价值的生命'支付的过多的医疗、福利费用这一课题，变成了停止无谓的医疗、福利，减少浪费，提高效率的问题。而这一转换，是'尊严死'引发的。"中岛医师还指出，"终末期"是一种建构概念，这种概念是社会各方面看法的组合。所谓的"终末期"，绝不是单一客观地由专家定义的概念，而是在多方参与协商讨论的过程中决定的。他同时表示，所谓的"自我决定"，也很难想象是不受任何人的影响，而由自己一个人深思熟虑做出的决定。相反，让"难以治愈的患者"感到灰心、绝望，从而做出放弃治疗早日赴死的决定也不难。不论是让患者保有求生欲，还是令其产生厌世求死的念头，社会及周围人的态度都会造成很大的影响。"最近加入尊严死协会的人以高龄独居女性居多"，这个现象或许意味着高龄单身老人已经被社会认为是没有生存价值的人。所以，川口女士认为"不到最后一刻绝不放弃活着，才是病患真正的权利"。尊严死的概念之所以可怕，是因为它会令人产生这样的想法：死总是要比"没有尊严地活着"好。

日本尊严死协会的长尾和宏医师在其《长尾和宏的死亡课程》（Bookman社，2015年）一书中主张：积极介入死亡的安乐死与消极延命的尊严死是不一样的。安乐死的英文是euthanasia，而认可这种安乐死的法案叫"Death With Dignity Act"。该法案被翻译成日语则为"尊严死法案"。可见，尊严死在英文和日文上的意思是不同的，为避免产生误解，不如把协会名称改为"日本安稳死协会"。生死观包含地域文化特质，无须迎合世界标准。

"仍然会选择插管续命"

在2014年9月里秋高气爽的一天，关丕（旧姓北岛）女士主办了Logos语言研究所成立20周年的纪念活动。关丕女士曾经是我的母校——石川县金泽二水高中的老师。Logos语言研究所是身为英语教师的关丕女士为从事儿童英语教育而创设的。研究所经常有留学生、外国人以及有国外经历的日本女性等来来往往，他们建立起以关丕女士为中心的人际网络。其中，也有人因工作调动远赴他乡，但为祝贺研究所成立20周年及关丕女士83岁生日，65名来自全国各地的男女老少聚集到令他们倍感思念的金泽。

来参加活动的，还有30年前帮忙照顾关丕女士母亲的照护小组的成员。当时，关丕女士的母亲因患脑梗死卧床不起，接受照护长达3年零2个月，卧病期间靠鼻饲营养插管续命。与母亲相依为命的关丕女士是高中老师，倘若为了照护母亲而辞掉工作，不但自己的生活难以为继，也无法负担母亲的护理费用。母亲住院后，为方便照顾，她吃住都在病房，同时还要坚持去学校上班。每天既要陪伴照护母亲，又要坚持工作，这样的辛苦令她疲惫不堪。无奈之下，她向自己的伙伴们发起求助，希望有人能够代替自己陪伴在卧床不起、口不能言的母亲身边。关丕女士曾经做过心理咨询顾问，因而有很多工作伙伴，比如一起参与"生命线"电话咨询的伙伴等等。有30名各行各业的女性应她的求助而来，其中有家庭主妇、公司职员、学生、临时工等。后来，关丕女士与她们一起将这段经历写成了一本书，书名为《安惠奶奶和30位伙伴——病榻旁的看护日记》（北岛丕编著，光云社，1985年）。"安惠奶奶"就是关丕女士的母亲。

当年朝日新闻金泽分局局长向平癸先生和两位记者，因在《朝日新闻》石川地方版对"安惠奶奶"的故事进行了连载报道，被授予了医疗界优秀报道奖（辉瑞医学报道奖）。后来这些报道集结成一本名为《奶奶，请眨眨眼！——一份家庭照护记录》（朝日新闻金泽支局编著，朝日小册，1986年）的小册子。6年后，同名动画电影（十伸一导演，朝日新闻社制作，1992年）上映，同名绘本（十月社，1992年）出版，感动了很多人。

患有脑梗死后遗症的安惠奶奶，肢体麻木且不能讲话，眨眼便成了她跟大家交流的唯一手段，这就是书名中"请眨眨眼"一词的由来。眼睛眨一下表示同意，眼睛闭上不睁开则代表不同意。身边照护的人就是这样通过她的眨眼、闭眼来跟她进行交流的。有时候，在听到有趣的话题时，安惠奶奶甚至还会"噗嗤"笑出声来。有一次，从重病发作中苏醒过来的奶奶，失去了任何的反应，被医生宣告进入植物人状态。为了让她有所回应，作为女儿的关丕女士就和护工们一起不间断地和奶奶讲话，在她们的努力下，奶奶终于有了反应。要是碰到不满意的医生，奶奶就会不给任何反应。"奶奶现在是假装的吧""奶奶，眨眨眼！""笑一笑！"这样的交流使病房里充满了欢声笑语。

我和关丕女士的相识，源于我父亲是安惠奶奶的主治医生。关丕女士的心脏不太好，安惠奶奶去世以后，我父亲继续守护关丕女士及其家人的健康，发挥了家庭医生的作用。对了，说到关丕女士的家人，一直单身的关丕女士在照顾母亲的过程中也得到了很多男性同胞的帮助，因此得以结识一位丧偶的男性，与之迈入了婚姻的殿堂。她竟然在50多岁时遇见了自己的伴侣及婚姻，友人们听到这个消息都为她高兴，直呼"简直是壮举"。

30多年前，当时还没有"照护保险"的影子，也没有什么有偿义工的说法。关丕女士凭借一己之力，组建起了这个互助网络。但是，她并不愿意大家无偿帮助她，总是将自己的薪水全部换成现金装在纸袋中，将纸袋放在病房里，请大家自由取用。有人取用，也有人根本不拿。

在Logos语言研究所20周年纪念活动中，当年的30位成员有一大半来到了现场。曾是十几岁的女孩的她们，现在也都变成了不起的孩子妈妈。我问了关丕女士及当年的义工组成员一个问题：这个时代已经不再提倡配置人工胃袋或插管给予营养来为老人延续生命了。安惠奶奶通过插管得以多活了3年有余。假如现在你们碰到这种情况，还会选择插管续命吗？

我觉得这样一个不太礼貌的问题可能得不到答案，但是关丕女士和她的伙伴们都对战战兢兢提问的我异口同声地回答说"会的"。她们还说，那3年对她们而言是非常有意义的一段时光。

她们至今仍保留着当时联络用的记事簿。这本起初用来联络交接的本子，后来不只是写护理记录，更是成为伙伴们吐露心声的交换日记本了。其中有一段内容，记录了一位在家中自闭多时的女孩参与陪护时的感受。她写道：奶奶呼吸很费劲，解大便也是大工程。尽管如此，她却拼命努力活着。看到奶奶的样子，想想自己竟这么糊里糊涂地活着，真是感到羞愧。

在照护过程中，奶奶吃了一口饭，解下了一点大便等等这样的日常，都会牵动着大家的喜忧。大家真切地感受到，如果将辅助别人努力活到生命最后一刻称为"有尊严地活着"的话，比起"尊严死"来说，更重要的是每天都坚持这样的"尊严生"。

迷惘地活着

秋季，在奈良的日本尊严死协会，我做了一次演讲。演讲的内容是：不要相信你处于健康状态时某一天你的想法。不必急着做决定，你可以一直犹豫到生命的最后一刻。

对于在生命终末期，应不应该造个胃瘘输送营养，应不应该上呼吸机支持呼吸等问题，我不想发表意见。我认为，这种难于决定的烦恼由家人来承担就好，家人的作用就是被病人呼来唤去，就是替病人做艰难的决定。若没有家人，就由周围的人陪着病人一起犹豫不决，一起烦恼就好。因为关乎死生的抉择并没有一个正确的答案。就如同出生时我们无法选择出生的方式那样，面对死亡时我们也一样无法选择离去的方式。如果有人非要强加选择，那才是对生命的不敬。

16　将死之人孤独吗？

人生终途的孤寂

在陪同一位女医生出诊时，她告诉我这么一件事。

一位多年以来靠从事翻译工作安身立命的高龄单身女性病重卧床不起后，选择在家中度过生命的最后岁月。平时老人身边一直有弟子及护工照护。一天在女医生准备离开时，老人突然冒出了这么一句：好孤独啊……

女医生没想到那么骄傲的一个人竟然会说出这样的话，然而虽然惊讶莫名，心里很想再陪她一会儿，但因当日另有安排，只得告辞而去。可是第二天却听到了老人去世的消息。

女医生感慨地说："上野女士，临死之人想必是知道自己将要死去的吧？因而才会感到孤寂吧……"

听了女医生讲的故事，我不由得心中黯然。

自食其力，无儿无女，孤独临终的她，不就是明天的我吗？我还没有经历死亡，想象不出临终之时的心境，不知道有一天自己离开人世时是不是也会说"好孤独啊"。

心灵的痛苦

据说临终前有四大痛苦：身体上的痛苦、精神上的痛苦、社会性的痛苦，以及心灵上的痛苦。身体的痛苦是指癌性疼痛、呼吸困难等肉体上的痛苦。现今医学缓解身体痛苦的技术已有长足的进步。尽管医生的处理方法有别，但疼痛控制已经可以在家实现。而且，对病人来说，比起在医院不得不一次次通过护士按照医嘱进行投药止痛，还不如在家中自己控制更方便。

精神上的痛苦大多是指基于家庭关系的烦恼和担忧。幸亏现在是老龄化社会，人的死亡是一个可以预知的缓慢过程，所以一些陈年旧账极有可能在死前得到清理。该和解的和解，该感谢的感谢，如果临死时能了无牵挂地对这个世界说再见，也就会平静地赴死了。

社会性的痛苦是指对金钱的担忧和对工作的惦念。社会性问题会得到社会性解决，无须自己再去劳心费神。没有人能到那个世界去追还借款，未做完的工作上如果有必要也会有人替代你去做，这个世界缺了谁都会继续转。已是人生尽头，要这样想：生前未了之事留给别人解决也未尝不可。

心灵上的痛苦，也有人译为"灵魂的痛苦"。这种痛苦源于无法接受即将降临在自己身上的死亡。为什么死的是自己？为什么是现在？为什么非要是这样的死法？……似乎除了宗教以外，无人能解答这样的问题。相较前面说到的身体上的痛苦、精神上的痛苦、社会性的痛苦而言，尽管这点比较难以解决，但毕竟还是能找到解决办法的。

如果进行分类的话，女医生故事中的临终之人发出的"好孤独啊"，这样的声音大概应该划入心灵上的痛苦之列。

将死之人的孤独感

自从那位女医生给我讲了高龄老妇的临终絮语后，每当碰到一线医护人员，我都会问他们："将死之人临命终时会感到孤独吗？"

回答是各式各样的。

有人回答说：将死之人的意识混沌模糊，哪会有什么凄凉孤独之想啊。还有人说：那些在家去世的人每一个都面貌安详，离世之时应该没有孤独感吧。但也有人说：经常听说将死之人临命终时，会流下一滴眼泪。这大概能表明他们是感到孤独凄凉的吧。可又有人反对说：临命终时的眼泪，只是他们向这个世界告别并表达感谢的表现。

活着的人揣度将死之人的心情，很容易根据自己的想法随意做出各种不同的解释。

话说回来，孤独之感到底是什么呢？

不想一个人待着，希望有人陪伴，希望有人握着自己的手，希望有人抱抱自己……是不是上述这样的情感呢？还有，只要有人在身边，孤独就会被治愈吗？那么，这个人是谁？陪伴的人是上门服务的护工、护士就行，还是必须是亲近的友人及亲密的家人？抑或是这种孤独感是任何人的陪伴都排解不了的根本性的孤寂？这些也是我在为父亲送终之后的感怀。

陪伴于躺在病榻上的父亲身旁时，我切身感受到了跟父亲之间那种天各一方的隔绝。我心想："可怜的父亲啊，离开人世的是你不是我，我们之间从此有了无法逾越的鸿沟……"临终的父亲恐怕比继续活着的我更强烈感觉到了那种隔绝。我感受到了父亲临命终时的那种绝对的孤独。

有位女士不无骄傲地对我说：她父亲离开人世时，她和她母亲一人一边握着父亲的手看着他离世。可我并不认为那样就可以排解临终者的孤独感。这种做法只是活着的人的自我满足，未必是将死之人临终时想要的。

非常体贴地陪伴在临死者的身边片刻不离也好，来自护士的流于形式的死前拥抱也罢，说不定对于将死之人来说都是个麻烦、负累。甚至有可能，临终者希望在他生命最后陪伴在他身边的人并不是你。

山崎章郎先生是从事居家安宁疗护的医师，我问了他同样的问题，山崎医师的回答颇具现实意义。

山崎医师说："最好在病人精神状态尚好的时候，就事先问好他临终时希望联系谁。在他临终时，就联系他最希望陪在身边的人。他的人选名单如果能有5个人的话，到时候总会有人来的。我想如果预先做好了这样的准备就没有问题了。"（上野千鹤子，《护理精英：支撑临终疗护的专家们》）

人会自己选择死亡时间吗？

小笠原文雄医生坚信，人会自己选择死亡时间。确切地说，应该是他曾经坚信。

小笠原医生说在他至今为止看护的单身病人中，没有一个人是临终时无人在场的。有个人似乎是在一直等着自己可爱的孙子，孙子来了才咽的气；还有个人似乎是估算了自己最喜欢的护工的上门时间，趁着护工在的时候闭眼；等等。

但最近小笠原医生的想法发生了变化。因为随着照护临终病人的经历的不断增加，他觉得独自离世的现象越来越多。有的人虽有家人同住，却在睡梦中离世；有的人明明亲戚家人都聚在身边，他却让家人毫无察觉地无声无息地断了气。曾经有家人被告知病人即将离世，便围坐在病榻前等待病人咽气的最后一刻。家人问小笠原医生："病人还要熬多久啊？"，小笠原医生说："你们不肯去休息的话，他是无法安心地离开的。"家人听了医生的劝告离开去休息时，病人就在这个时间离开了人世。齐聚身边却没有觉察到亲人离世，当家人为此互相埋怨时，小笠原医生会说："病人的离世平和安详，所以才会没人发觉。"

这样的安慰，可以让活着的家人们减少很多心理负担，小笠原医师的话语技巧令我感佩不已。小笠原医师的副业是僧侣（说实话我并不知道僧侣和医生究竟哪个是他的本职，哪个是副业），也许正是有作为僧侣的那种超然物外的生死观，才使他有如此令人安心的应对之道吧，因而别人是无法模仿的。德语的"Munt Therapie"，即"话语治疗"，也是医生的重要职责之一。既有人因医生的一句不经意的话而受伤，也有人因医生的一句安慰而得救。

小笠原医师说：病患们离世的情形各种各样，有人是在亲朋陪伴下离去的，也有人是无人在场时悄然离世的。关于临终者的心境的各种说法，都是活着的人擅自赋予的解释而已。即便是独自离世，当事人也未必就会觉得"孤独"或是"寂寞"。

"死后会去哪里？"的疑问

大多在送终一线工作的专业医生，都认为缓解临终者的心灵痛苦是他们的使命。这一点令我非常意外。

"日本临床死亡研究会"中有上千名医生和护士。2012年我参加了他们的年度大会。在一个分会场上，有这样一个主题讨论：人死后会去哪里？——如何回应患者这样的提问。没想到医生护士们居然就这个问题进行了认真的讨论。我很不解，为什么专业的医务人员必须要去解答这样无解的问题？为什么他们要承担这样的责任？

安宁疗护病房大多起源于宗教性团体，设在宗教机构内。如果信奉基督教，临终者会有牧师、神父等陪伴，若是佛教，则会有僧侣陪伴。后来，欧美的安宁疗护医院也是由宗教人士主导的，所以医务人员无须去苦思如何回答这样的问题。

如果被患者问起，医护人员可以试试这样回答："我也不清楚啊。要不把牧师叫来问一下？"

有些日本人很讨厌把治疗肉体和精神进行专门的分工。但是在基督教文化圈中，这却是理所当然的事。只不过日本一直没有这种习惯，所以专门从事临终安宁疗护的医务人员才会认为自己必须承担这样额外的责任。

当然，认真面对这类问题的医生大多是有担当且善良的一群人。研究患者的这类提问的回答方式，也是他们对如何照护临终病患的一种反思。

一般来说，患者一旦被告知存活时间、停止接受治疗，主治医师便逐渐不再踏足他们的病房。毕竟医生的工作是治病救人，用尽手段也无法救治病人的医生，就像是病魔的手下败将。死亡预示着医疗的失败，医生不愿意目睹自己战败的战场，也不知道对临死的患者应该说些什么，所以自然而然就会慢慢疏远病人了。而另一方面，医生不再来过问，病人会感觉自己被遗弃，因而深受打击、陷入绝望。所以，临终疗护的医生和临床救治医生所发挥的作用是不同的。患者一旦转入安宁疗护病房，就会更换主治医生。

比较起来，居家医疗的上门医生的作用又不一样。作为主治医师，他们的疗护工作贯穿了病患的起病至终末期的整个过程。到了终末期，医生的工作只是减少医疗、控制药物使用，以及陪伴在病人身边。其实，如果只是需要照护的话，护士护工也可以做到，但或许是因为医生的权威性和病人对医生的信任感，终末期病人更期待医生的到来。医生在百忙之中还特意上门问诊，病人会觉得十分感动。哪怕没有采取什么具体的治疗措施，只是量量血压、测测脉搏，都会给患者以及家属们一种"贴心关爱"

的感觉。

一位安宁疗护医生的感怀

小泽竹俊先生是横滨市"慈惠居家医疗诊所"的医生,他曾经是横滨复生医院安宁疗护病房的医师。我在一个居家医疗Mailing List论坛[①]上看到他的发帖,被深深打动。帖子写道:

> 那是17年以前的事情了。在横滨复生医院安宁疗护病房任职的第三年,我遭遇到一次碰壁,遇到了一位棘手的病人。即便已是治疗无效,生存时间只能以日计算,这位病人依然渴望恢复健康。这种求生的愿望与身体不断衰弱的现实有着巨大的差距。过度的身心痛苦,令病人开始烦躁发怒,而医生就成了他发泄愤怒的对象。比如,病人会对我说:"书上明明说了这种病是可以治好的,可是现在我的病却不断恶化。医生!这就是你的错。""讨厌疼痛,但就不想用止痛药!"等等。为了能够给这位患者哪怕一点点的帮助,我学习了舒缓疗法、心理学、哲学、宗教等方面的相关知识。尽管学了很多,期望能帮到他,但面对他时,却依然败下阵来。于是我就想逃离,不去见他。即使到病区巡诊,怎么也不愿走进那个患者的病房。我想着:等到傍晚鼓起勇气去看看吧……但是,傍晚去了以后,不出所料,依然是被一通呵斥,只得垂头丧气而返。
>
> 就想尽点力,就想帮上忙……我终于意识到这样想的自己,才是最最需要帮助的人。
>
> 2000年起我开设了"生命之课"的课程,一个听过该课程的高一

[①] 邮件列表(Mailing List)的起源可以追溯到1975年,是互联网上最早的社区形式之一,也是互联网上的一种重要工具,用于各种群体之间的信息交流和信息发布。

学生写下了如下的感想：听完这门课程，我认为那个一直想要帮助别人的医生才是最需要帮助的人。

我不由得想给他点两个赞……从此我把下面这句话作为自己的座右铭："想要帮助别人的人，才最需要帮助。"

以上内容为征得小泽医生同意后的引述。想要帮助别人的人，肯定很辛苦吧。

无须赘述，小泽医生是一个真诚热心的医生，毋庸置疑，很多医生也都是基于"希望帮助别人"的高尚动机而立志从事医护工作的。最近，小泽医生设立了一个一般社团法人机构"安宁疗护协会"，该协会以培养终末期病人的疗护人才为宗旨。他提出了帮助痛苦病患的下述5大课题：

（1）学会支持性沟通。

（2）理解患者的痛苦。

（3）知晓患者的信念。

（4）了解怎样的自己才能更好地帮助患者，并进行实践。

（5）明了自己想要给予别人的支撑。

都是些基本知识，我觉得这样的课题能融入医学教育中就好了。

只是，帮助是有限度的，有的是你能做到的，有的是你做不到的。精神科医生川村敏明先生，是精神病患者的生活设施"浦河伯特利之家"的援助医生。他指出，专业医生的重要心理素质之一，就是明了自己力所能及的界限。

"抱歉，我已经尽了最大努力。"医生如实坦白地告诉病人。病人也会说："医生，是我（们）为难你了，对不起。"这样才会形成成熟正常的医患交流。

医生不是万能的，无法起到一个哲学家或宗教人士的作用，试图成为哲学家或宗教人士，那就是超出行医者的职责了。医生必须知晓自己的职业界限。病人也要明了，不可以期待医生发挥哲学家或宗教人士的作用。若是有人说我之所以有上述想法是因为没有被逼到绝境，那我也无话可说。

你希望谁来陪伴？

"3·11大地震"后，我与尼僧濑户内寂听女士进行过一次面对面的交流。我很羡慕佛教人士慰问灾区避难所时可以对幸存者说："你深爱的人先走了，但他们会在来世等着你。"当我见到濑户内女士时，忍不住说了这件事。令我惊讶的是，濑户内大师回答说："我也是直到最近这几年才能说出这样的话语的。"我问她："那您出家之初，也不信有来世吗？""是的，当时是不信的。"她如是回答。连濑户内女士尚且如此，非宗教徒的我，对于"人死后会去哪里？"这样的问题，自然是无法作答了。

有次提及该话题时，某位医生明确指出："患者能对你提这样的问题，本身就代表他对你的信任。"确实，这样的问题并不是随便对谁都能问的，这里面不仅仅有病人对医生的信任，也有患者对医生气量态度的试探——"想知道你对我有多真诚"。

病人或许期待医生能看着自己的眼睛，毫不犹豫地回答："是啊，去哪呢？我也不清楚啊"，或者说"我是基督徒，相信人死会去天国，不知您是否也会这样想"，等等。他们也许只是在期待医生与自己一起面对孤独。从这个意义上来说，这并不是一个寻求答案的问题，而是一个渴望共情的呼唤。之前提到那句"好孤寂啊……"应该也是如此吧。

但是，我还是想在这个问题上纠缠一下：病人要求共情的对象应该是专业医护人员吗？如果是我的话，我会想与有共同经历、彼此理解、三观一致的朋友们一起讨论生死。活了几十年，即便没有了家人，也总会有一两个这样的朋友吧。竟然向医疗、照护的专业人员提出这样在现实中无解的问题，是不是搞错对象了？医护人员被问到这样的问题，可能会感到很吃惊，他们的职责范围并不包含回答此类问题的责任。如果患者的交流对象只有照护人员，那么当事人的这种孤僻状态本身才是问题所在。

鹫田清一先生在其著作《倾听的力量——临床哲学试论》（筑摩学艺文库，2015年）中写道：陪伴、倾听就是疗愈。

医生和护士由于没有足够的时间，是无法与护理员一样一直陪伴在患者身边的。而从临终者的角度来看，他们并不认为有护工或志愿者陪伴在身边，与自己"在一起"就可以了。即便是宗教人士，但如果是素昧平生的牧师或僧侣提出要与我"在一起"，来陪伴我的临终，我也会拒绝的。

倾听也不需要义工。我想要说的是，与同自己有共同经历的人谈论往事，才会同悲共喜，珍藏的回忆怎么可能说给一个毫不相干的陌生人听呢？如果能听自己回忆往事的，只有倾听的义工，那么说明你缺乏交流对象，这才更是问题。

虽说长寿的不幸是与自己共有记忆的人越来越少，但你会有忘年交吧。"理解自己"的知己才是倾听者，才是你关于生死话题的交流对象。

当今时代，既可以打电话，也可以用网络手段进行人际交流。即便是卧床不起，运用现代通信手段，也能随时与外界联络。即使到了生命的最后阶段，重要的事情我还是只想跟好朋友说。专业人员只要做好自己的本职工作就好，不需要再担负额外的责任。当然，我这样想，或许是因为我还没有真正经历死亡。

库伯勒·罗斯女士的临终前后

库伯勒·罗斯的《临终一刻——关于死亡及死亡过程》（中公文库，2001年）一书，深入研究了临终者的心灵痛苦。

罗斯女士在见证了很多人的死亡后，认为人们接受的死亡过程可以公式化为：否认—愤怒—挣扎—消沉抑郁—接受现实。

当一个人被告知即将死亡时，起初会否认，不相信死亡即将发生在自己身上。继而会感觉到愤怒，不理解为什么只有自己要死。也有人把这种情绪发泄到亲人和医生身上。然后想方设法寻找摆脱死亡或延迟死亡的方法，这个过程可称为"挣扎"。当得知一切挣扎都无济于事时，便陷入极度的消沉抑郁。最后万念俱灰，意识到只能接受现实时，心态便会平和下来。

那么，做了大量死亡研究的罗斯女士自己的死亡过程又是怎样的呢？美国的一档纪实节目记录了罗斯女士的死亡情形。在临终的病床上，她一直沉浸在愤怒和哀叹之中，她的死亡过程好像与她的研究结论并不一致。

我并不是要嘲讽罗斯女士。看了这档节目，我反而觉得放心了。做了那么多死亡研究的罗斯女士面对死亡时都不能心平气和，何况常人。

一切皆有可能

在做这项研究过程中，有时会有比我年轻的读者对我说："将来想看看上野女士如何离世。"

听到这句话，我不由得紧张，觉得靠评论、写作为生是一件可怕的事。但这只是一瞬间的感觉。

实际上，我的感受是，人总是要死的，但我们无法决定死亡的时间与方式。或许拼命挣扎，或许悄无声息；或许猝然离世，或许久病不愈而逝。我没有死的经验，所以无从知晓自己会如何死。

相对而言，通过研究学习那么多人的死亡案例，我明白了一件事：死亡方式很多，一切皆有可能。

这也是我做临终者研究获得的最大成果。

生和死已然超越了个人意志，人想要掌控生死，就是不敬畏天地神明。但在你有生之年，如果努力，有些事情会有所改变。不辜负上天给予的生命，努力活到生命的最后一刻，才能创造出一个让很多人（不管有无家人），包括我们自己安心的社会。

我是个社会学者而非宗教人士，我心中所想不是求死后的救赎，而是现世的事现世解决的实践意义。

后　记

　　我在8年前出版了《一个人的老后》（法研社，2007年），其后不久出版了《一个人的老后——男人之道》（法研社，2009年），当时便预告要写《一个人最后的旅程》，以便构成"一个人系列"三部曲。现在终于实现承诺了。

　　我曾经想，即便写人生的暮年，也要避开临终这一节。因为我认为老人既非"将死之人"，亦非"等死之人"，而是"继续活着的人"。每当有人问我"如何死"，我都回答说：我研究的是一个人的"活法"，不准备探讨一个人的"死"及"死后"。但如今，我自己一年年老去，而且越来越多地听到身边的同年龄层甚至年轻友人去世的消息，应该说，"死"及"死法"再也不是与自己无关的事了。所以我终于决定来研究研究人生的终末期。

　　自进行终末期研究以来，与从事临终疗护的医护人员有了越来越深的联系。我始终是站在当事人的立场，追问"独自居家死亡可行吗？"在走访现场的过程中，我完成了两本著作。一本是《上野千鹤子问：小笠原医生，独居老人可以一个人在家离世吗？》（朝日新闻社，2013年），另一本为《护理精英：支撑临终疗护的专家们》（亚洲书房，2015年）。而本书是在那两本书的基础上撰写的，可以说倾注了现场调查时我几乎所有的所感所获，是我研究"独居老人在家死亡"课题的报告。我希望可以将我得到的收获毫无保留地与大家分享。

在调查过程中，我还得到的另外一个收获——我的"医生"过敏症不治而愈了。以前我一直对医生很排斥，认为医生不近人情，是"缺乏社会性的强硬人物"。但是，在这次调查中遇到的专业医护人员，可以说都是居家疗护的排头兵。他们具有的强烈的使命感、崇高的献身精神，以及他们对待工作、对待病人时的灵活姿态，改变了我对医生的刻板印象。

正如《护理精英》中提及的英裕雄先生所言，居家医疗的先行者们都具备这样三个特质，即医护从业资质、经营者资质、社会活动家资质。实际上这样的人才非常罕见，所以他们才会被称为"精英"。在调查现场我所见到的"精英"中，很多人极富魅力。而且，比起医二代、医三代来说，他们中的自主创业的创业一代更多。

走访居家疗护一线，我发现，日本已具备终末期老人的疗护所需的基础设施及人才（虽然地区性差异比较大），而且技术水平及服务质量绝不逊于国外。确实，跟高福利国家相比，在日本，所有的服务都是有偿服务，这点有所不足，但得益于照护保险以及医疗保险的补贴，自费部分也不算非常昂贵。因而，日本的老龄福利、老龄医疗并不那么令人悲观。只是这种现状能否维持，民众是否抗衡得了不断下降的服务水平，倒是大问题。

日本人可以在家迎接死亡，即使是最难实现的一个人居家临终，只要你想，也能实现。这一点，是我的一个重大发现。医护先锋们为我们的死法创造了一个新的选项。

《护理精英》出版后不久，一家护理杂志来采访我。在提问环节中，有这样一个问题："为了培育下一代医护精英，应该怎么做？"我很干脆地回答说："今后不再需要精英。下一代的使命是构建一个无须精英也能运转的系统。在这个系统内，各类专业人员能够发挥各自的专业特长。"

追求精英的时代，原本就是一个不正常的时代。社会有缺陷、有纷争的时候，才会期望超级英雄的出现。尤其是，政治精英出现的时代都不是什么和平的年代。无须精英运转的社会才更健康。也就是说，我们需要构建一个多职种协作体系，在这个体系中，没有超常能力的人能够按一般方法充分发挥自己的专长，而多个普通人协同合作就能达成个人力量无法完成的任务。

最近我开始参与地区性活动。作为演讲人，我参加了我所在的地方政府举办的以"在某某市能够独自居家临终吗？"为题的研讨会。甚至，我所在公寓也举办了以"在某某公寓能够独自居家临终吗？"为题的研讨会。这个研讨会的主办方是公寓管理工会，我担当了组织协调工作。幸运的是，我发现我周围居家临终所需要的人才、设施齐备。从我的住所出发，徒步所及的范围之内有值得信赖的上门看诊医生、上门护士站、上门照护事务所。我的"居家临终"计划，正在一步一个脚印地踏踏实实地筹备中（笑）。

但是，从头至尾，最无法规划的，便是人的生死。我对有计划的生和有计划的死都持怀疑态度。生命不是我们自主选择的，而是被给予的。遇到任何事情都要努力去接受，能够这样去想，是这项研究带给我自己的最大收获。

出版社编辑矢板美纪子女士一直耐心等待本书的完成，如果没有她的坚持不懈的督促，本书便不可能面世。作为一名作家，我一直感到深受编辑的恩惠。考虑到"一个人"系列作品的统一性，装帧设计再次拜托了曾是法研社编辑的近藤勉先生，他为《一个人的老后》和《一个人的老后——男人之道》这两本书提供了轻快雅致的设计方案。起用近藤先生的，是使《一个人的老后》成为畅销书的弘由美子女士。将近藤先生介绍给我的，是参与《一个人的老后》发行的自由人编辑武井真弓先生。感谢弘由美子女士和武井真弓先生！"一个人"系列的三本书中，我最喜欢这本书的装帧设计。

最后我要感谢所有出现在我书中的人，感谢所有接受我的采访、为我提供方便的人。其中有些人已经不在人世了，我祈愿他们在天国安好！还要衷心感谢愿意与我分享经验和智慧的各位读者。

于2015年初秋
上野千鹤子

图书在版编目（CIP）数据

一个人最后的旅程 /（日）上野千鹤子著；任佳韫，魏金美译；陆薇薇译校. -- 杭州：浙江大学出版社，2021.10（2022.4重印）
ISBN 978-7-308-21269-4

Ⅰ.①一… Ⅱ.①上… ②任… ③魏… ④陆… Ⅲ.①养老—研究 Ⅳ.①C913.6

中国版本图书馆CIP数据核字（2021）第065787号

OHITORISAMA NO SAIGO
by CHIZUKO UENO
Copyright © 2015 CHIZUKO UENO
All rights reserved.
Original Japanese edition published by Asahi Shimbun Publications Inc., Japan

Chinese translation rights in simple characters arranged with Asahi Shimbun Publications Inc., Japan through Bardon-Chinese Media Agency, Taipei.

浙江省版权局著作权合同登记图字：11-2021-082号

一个人最后的旅程

〔日〕上野千鹤子 著　　任佳韫 魏金美 译　　陆薇薇 译校

责任编辑	谢　焕
责任校对	陈　欣
封面设计	云水文化
出版发行	浙江大学出版社
	（杭州天目山路148号　邮政编码：310007）
	（网址：http://www.zjupress.com）
排　版	浙江时代出版服务有限公司
印　刷	杭州钱江彩色印务有限公司
开　本	880mm×1230mm　1/32
印　张	6.875
字　数	176千
版 印 次	2021年10月第1版　2022年4月第5次印刷
书　号	ISBN 978-7-308-21269-4
定　价	58.00元

版权所有　翻印必究　印装差错　负责调换
浙江大学出版社市场运营中心联系方式：（0571）88925591；http://zjdxcbs.tmall.com

晚年指南

《一个人最后的旅程》特编手册

上野千鹤子　独家授权

目录

一个人居家临终合理吗？ 1

关于死亡的常识 5

关于养老机构 12

老人与家 17

如何居家临终？ 21

体谅子女 27

居家疗护实践 31

社会对老年人居家临终的配套 47

在家里幸福走完最后旅程 59

终语 67

一个人居家临终合理吗？

为什么考虑这个问题？

为何现在必须考虑"一个人居家临终"的问题呢？理由很简单。

第一，不管愿意与否，今后独居的人口都会增加。

第二，"无处临终的难民"今后也会增加，他们无法在医院或养老机构里走完最后的人生旅程。综合这两个因素考虑的话，就只剩下一个人在家里临终的选择了。也就是说，这并非我们的愿望，而是我们必须面对的现实。

单身老人的社会孤立

只因我是一名独自生活的高龄女性，所以逢人便会被问到："你一定很孤独吧？"这已经成为他们同我打招呼的一种方式。正是针对这种情况，我才写下了《一个人的老后》，为的是告诉他们"不劳您费心"。如果是一位高龄男性一个人生活的话，问候语除了"你一定很孤独吧？"之外，恐怕还会再加上一句"你的生活一定很不方便吧？"幸运的是，都筑响一先生的《独居老人风格》一书，让我了解到不受家人拘束的老年人们如何自由地过着独居生活。所以，我们是时候抛弃"一个人＝孤独"这种武断的想法了。

话说回来，独居老人真的孤独吗？

换作是我，可能会这样回答：过了一段时间，就会习惯独居生活的。任何生活习惯都是时间久了自然而然形成的。不久，你会觉得一个人轻松自在，与别人一起住反而会觉得厌烦。"想这想那，脑子都要不听使唤了"是大脑僵化的信号。那些想了也无济于事的事，就不要再多想了。万一的事等万一发生了的时候再说。70岁得脑血栓，也很正常。随着年龄的增长，身体好比各种疾病的巢穴，只能根据情况与疾病和平共处。如果还是担心的话，不妨找个可以随时联系的主治医生和上门护士。另外，"精神上很紧张"的话，还可以防止老年痴呆呢……

单从数据来看，独居女性受贫困所困，独居男性为社会孤立所扰。如果遭到贫困和孤立的双重打击，那就更糟了。老后生活尚且如此，面对人生最后的旅程就愈发不安了。因为一直以来，老年人的老后生活只有依靠家人这一选择。正因为如此，很多老年人一旦失去了家人，就失去了一切。然而，俗话说得好——有备无患，我们只要凝望老年人的背影，学习如何面对老后生活就好了。

一个人临终并非"孤独死"

有些人光是听到"一个人居家临终"这个词,就觉得不吉利。有些人把"一个人最后的旅程"理解成了"一个人的穷途末路"。在家里一个人静静地离世,会被称作"孤独死"。

独居老人最终在家里一个人走完人生的旅程是理所当然的事。虽然也有在路边猝死的情况,但是身体渐渐虚弱、无法出门的人,自然是在家中离世的。所谓孤独死,是指那些生前就一直过着孤独生活的人。就算是独居,如果不孤独,也不算孤独死。因此我称其为"一个人居家临终"。

独居老人只是没有与家人住在一起,并非没有家人和朋友。一说到"独居老人"这个词,就想要将其当作瘟疫一样消灭,难道与家人一起住就那么美好吗?事实上,因为跟家人同住却被周围孤立的案例很多,还有的老两口虽住在一起,却深陷"面对面的孤独"这种难熬的境遇。在长年观察独居老人的我看来,有家人的老人封闭在只有家人的环境里,而不与外界建立联系,是存在很大风险的,这着实令人担心。相反地,那些没有安全感的独居老人,平时就会有意地努力建立与他人之间的联系,以备不时之需。

此外,远在他处的家人和亲戚,在独居老人离世前一刻才齐聚一堂也有些奇怪。这种送终情结(我想这样称呼)也应该抛弃了。过去家人和亲戚齐聚一堂是因为都在同一个区域生活,如果住得远,是做不到的。平时很少见面的亲戚,之所以火速奔往现场见老人最后一面,是因为想在今生好好告别。如果老人已经陷入昏迷了的话,就为时已晚了。有这份心意,还不如早点去看望,表达告别和感谢之情。超老龄社会中的死亡,是缓慢进行的。既然可以预计得到,觉得差不多了,就应该提前告别。这样的话,即使收到讣报,也已经做好了心理准备,因为完成了告别,也不至于感到遗憾。

家人也是如此。与其事到临头彷徨失措,不如定期地去看望父母。在多次看望的过程中,一旦发现有衰弱的迹象,就能预料到死期将近。就算没能见到最后一面,如果在老人在世时曾多次地抚摸他的面颊和双手,并且对他说出"谢谢""很幸运做你的孩子""这也许是最后一次见面"等感谢和告别之词,那么他就能从送终情结中摆脱出来。

这种情结,越是亲近的人越是强烈。他(她)们会觉得,明明每天都去看望,怎么竟然会没赶上见最后一面?我有一个朋友与母亲住在一起,后来在她外出的时候母亲去世了,为此她一直非常自责。毕竟每个人都有可能有事必须外出,老人也有可能在睡梦中离世。如果接受不了的话,就要24小时一直陪在其身边。并不是临死前赶上见面才是送终。在那之前的所有时间,都是送终的过程,而充分经历了这个过程的人,就可以坦然地说:"就算老人在我外出时离开了人世,我也做好了思想准备。"

关于死亡的常识

死亡临床常识的改变

在急救期间,家属是远离重症监护室的。当无论怎么按压,心脏都不再跳动,心电图上的心跳完全停止时,一直等在手术室外的家人才可以进来,并由医生宣布"我们已经尽力了"的消息。接着,家属抱着遗体放声痛哭。这是当时在医院临终的真实写照。临终的现场就如施工现场一般乱成一团,家人无法目睹老人断气。本来理应安详的死,却变成了战死一样的状态,这样真的好吗?能不能创造一个让当事人和家人都能平静地接受死亡的场所呢?

超老龄社会中的死是缓慢的、可以预期的。人慢慢地变得虚弱,无法站立、卧床不起。之后因不能进食而处于饥饿状态,连水也不能喝的时候就进入了脱水状态,不久,因为呼吸困难而不得不用下颌呼吸,最后咽了气。到了晚期,大脑会分泌一种麻醉物质——内啡肽,跟吗啡有同样功效。所以据说当事人并不痛苦，死亡不过是因衰老而寿终正寝的过程而已。濒死时不能进食是理所当然的，这个时候没有必要强行插管。不能饮水也是很自然的过程，就算出现脱水的症状也不必强行打点滴。开始下颌呼吸后，旁人看着好像很痛苦，但其实有时当事人连下颌呼吸都没有，就不知不觉安详地离世了。

衰老的老年人中，有些是癌症患者。癌症是老化现象的一种。超老龄社会中，癌症病情的发展是极为缓慢的，没有必要进行像外科手术那样的治疗，以致造成身体的负担。在高龄的癌症患者中，有些人的离世到底是因为癌症还是衰老，有时也无法判断。

很多有送终经历的医生都说："如果可以选择，我宁愿患癌症而死。"目前，日本人的死因排名依次是癌症、心脏疾病、肺炎、脑血管疾病，最后是衰老。其中癌症有下述四个特征：（1）可以预期死亡时间；（2）身体的活动水平一直可以维持到生命晚期；（3）直到最后，意识都是清醒的；（4）从昏迷状态到离世的时间比较短。即便如此，还是有人觉得癌症的疼痛让人受不了，但近年，缓和医疗有了显著的发展。过去，使用吗啡时有技术好坏之分，但近来，缓解疼痛的药物有了长足的进步，不管医生的技术水平如何，都能对疼痛进行有效控制。当然，并不是说我们可以选择如何死，只是说，如今已经不再是畏惧癌症疼痛的时代了。据中村医生所说，高龄的癌症患者中很少有喊疼的。

老年人衰弱死亡的过程

因此,应该让家人一起了解一下死亡的过程。

本书第 2 章中提到,与猝死不同,老年人的死亡是有个缓慢过程的。首先身体慢慢地变得虚弱,继而无法站立,卧床不起。之后因不能进食而处于饥饿状态,到了水也不能喝的时候就进入了脱水状态,不久因呼吸困难而不得不开始用下颌呼吸,看上去连吸气都很痛苦。虽然一旁看着的人忐忑不安,但其实这个时候老人已经处于昏睡状态,大脑会分泌一种麻醉物质——内啡肽,因此并没有什么痛苦。据说,五感之中最后只剩下听觉,所以家人可以不断对老人说话。也有些老人不会出现下颌呼吸,以致周围人都不知道老人什么时候咽的气,就像熟睡般安详地走了。

当老人不能进食和饮水后,很多家人都会被迫决定是否需要人工补给营养和水分,也就是插管,再加上点滴。的确,这些做法可以防止老人被呛到,但是摄取过多的营养和水分会使其身体浮肿,痰量增加,所以不得不增加吸痰的次数。不能进食是自然规律,人都是在饥饿状态中慢慢死去的。

明明可以做些什么却什么都不做,要做出这样的选择,对家人来说是很痛苦的吧。因此,事前必须与当事人以及家属商量好。

小笠原医生在这种双方的沟通上不惜花费大量时间。甚至会把平常没什么来往的亲戚也叫来,然后向他们说明上文提到的情况,取得他们的理解。为此会花费 1 个小时,甚至有时长达2个小时,而这些时间是不收诊疗报酬的。但由于双方能否达成一致直接影响到事后是否留有遗憾,所以小笠原医生并不计较报酬的问题。

有一点非常重要,那就是病情骤变时不要因慌乱而拨打119。如果被救护车送到医院,不管当事人愿意与否,医院都会实施延长生命的治疗,因为医院就是救治生命的地方。所以,医疗人员应该对病人家属做出下述指示。

先要给上门护士站打电话听取护士的安排。上门护士必要时会与主治医师联系。因为24小时待命就是为了应对这种情况。接着要联系照护援助专员。拨打电话的顺序依次是上门护士、主治医师、照护援助专员,119是最后才需要拨打的。把写有这些号码的纸条按照优先顺序醒目地贴在床头,这样就不会惊慌失措了。

事实上,老年人的缓慢死亡,大多数情况是不需要医疗介入的。家人该做的,就是守在老人身边。有些老人死的时候非常安详,只有家人送终,甚至没有联系医生和护士。请医生前来是在人死之后,是为了确认死亡并出具死亡证明。

也许有人担心,在无人的地方一个人死去,会不会被当成"非自然死亡"而接受司法解剖。其实如果不是猝死,而且之前有医生介入的话,就算医生当时不在场,也可以出具死亡证明。按规定,离世后24小时以内医生前来就有出具死亡证明的资格,并且据说这个规定以后还会放宽一些。

为死亡做好准备

俗话常说:"生时一个人,死时也是一个人。"

但事实上,出生的时候和死亡的时候都不是一个人。出生的时候,身边不但有生我们的父母,还会有助产士和帮忙的亲戚。死的时候,在逐渐走向死亡的路上,也有陪伴我们的照护人员、护士以及医生。

我反复说过,超老龄社会的死亡,是缓慢的。昨天还好好的,第二天早上就走了,像这样的猝死十分罕见。有些人会担心"一个人在家里走了,会不会有警察上门啊?"请放心,这种情况鲜有发生。

缓慢死的好处是可以预测死期。就像缓缓地下坡一样,可以想象出照护、看护及医疗即将介入的整个过程。正因如此,也可以为死亡做好准备。

这样想来,患癌症后被医生告知还能活多久,就可以预测自己所剩下的时间,这一点弥足珍贵。偶尔听到有人抱怨,癌症患者卧床不起后想使用照护保险,但因为需要照护程度的认定从申请到结果出来需要一个月,所以来不及使用。这是因不懂得运用制度而产生的误解。现在,病情突然恶化的患者,只要照护援助专员判断其可以使用,那么患者不经过认定就可以提前使用照护保险。

若死亡可以预期,我认为在这期间就可以跟亲友诉诉衷肠,可以不断地向亲友道谢、告别。"或许这是最后一次见面了""感谢这段时间你陪我一起度过""有你这样的家人真好""我以有你这个儿子为傲"……家人之间说这样的话，可能有些不好意思，但之后也许再也没有机会说了，想说的话，还是趁活着的时候告诉对方吧。医生就是为此才告知患者还能活多久的。

再好的感谢和赞美，死者都是听不到的。我们为死去的知心朋友朗诵悼词、撰写追悼文的机会越来越多，但我现在觉得，倒不如在当事人活着的时候，对活着的人表达："很高兴认识了你""很感谢你当时那么做"。与朋友分手时，我也会想："不知道下次何时才能见面""只要大家都活着"。所以最近被我称赞的朋友要小心哦（笑）。

这么想来，就会觉得，"医生犹豫是否告诉患者还能活多久，或者家人直到最后都帮着医生隐瞒"的时代实在野蛮。告知病情就是为了使等待死亡的人与家人一起度过无可取代的美好时光。因此，必须让当事人了解事实，并与身边的人共享离别的痛苦和对时光流逝的不舍。

今晚闭上眼睛，也许第二天早上就不会醒来。但如果还能迎来新的一天，那就心怀感激地度过。如果是晴天就享受晨光，如果是雨天就品味雨意。感叹上天又眷顾了自己一天，就这样安静地度过便好——这是我的主观愿望。

在跟我一起写书的小笠原文雄医生的诊所，癌症患者在家临终的比例为95%。即使在众多的居家援助诊所中，这么高的比例都非同寻常，不过这只限于癌症患者。由此我们可以看出，目前癌症患者的居家临终并没有太大的障碍。即使是独居生活，癌症患者还是能轻松跨越居家临终的障碍的。

若患者到了卧床不起的状态，照护反而变得容易了。一旦患者无法进食或进入昏迷状态，不再需要饮食协助，照护者的工作也就更少了。

关于养老机构

养老机构非临终之所

那么可以在养老机构里临终吗？

养老机构本不是送终的地方。一直以来，人们认为老人照护保健设施（简称"老健"）里有医生，但"特养"里没有医疗体制，到了晚期还是会被送到医院去。多数经营特别养护老人院（简称"特养"）的社会福利法人，要么是从同一地区的医疗法人派生出来的，要么与其有合作关系，所以难免让人猜测是不是为了增加合作医院的创收，才将晚期患者送过去的。

"老健"原本并非送终的地方，而是从患者出院到回家休养之间的过渡场所。所以与"特养"不同，"老健"原则上只允许入住3个月，多数人会停留大约3～6个月的时间。但是，制度总是赶不上实际变化。本来只允许入住一段时间的"老健"，愈发趋向于"特养化"，无处可去的老年人开始长期入住，"老健"和"特养"的送终服务都在增加。比如某一处有良心的"老健"，收住的需重要照护的人越来越多，结果，那里每年要为几十位入住者送终（也就是平均每月一名以上）。可这件事在当地居然被消极看待，人们风传说"去了那里会没命的"。

"老健"也好，"特养"也好，并不是自愿为入住者送终的。不仅值夜班的员工会紧张，而且需要更多的人手。如果每月为数名入住者送终的话，员工的负担会相应地增加。虽然明知道这一点，但是为了让老人能安稳地离去，员工们依然选择不让其移动，就在老人的房间里为其送终。2009年开始，照护保险终于给在一线做的这种实践附加了名为"送终照护加算"的额外报酬。据说在养老机构里为入住者送终，员工是很有成就感的。在过去，到了最后要把老人送去医院，无法为其送终，所以员工们难免遗憾。如今，他们积极表示，想陪伴老人走到生命的尽头，毕竟是自己一直照顾过来的。

在医院，死亡意味着失败，但在养老机构里，死亡则是终点和目标的达成。据说，最初，对那些见证死亡的员工，需要进行心理疏导，但如果我们不将死亡看成负面的、消极的事物的话，不断累积了工作经验的员工会逐渐变得自信。本书第9章将详细介绍名为"妈妈之家"的安宁疗护之家（其营业活动在照护保险范围之外，是一个为老年人提供群体生活外加送终服务的团体），其经营者表示，开始时觉得"送终不需要医生，有上门护士就够了"，最近却感到"有护工就够了"。

话虽如此，这种有良心的机构还是凤毛麟角。多数养老机构仍然担心家属会埋怨他们让入住者在机构里临终。最近，养老机构终于开始与家属在事前就进行商议，以求在入住者是在自己的屋内临终还是送去医院一事上达成一致。但事实上，家属同意入住者在自己的屋内临终的动机两极分化严重，有的是出于对老人的孝心，想尽可能让老人安稳地离去；有的则是因为不想支付额外的费用,想把所有事情都交给养老机构,自己完全不管老人。但就算是动机不纯,只要结果对当事人有利,我们也就不必计较了吧。

比较麻烦的是"自立型"老年人住宅(指收住有生活自理能力的老人的老年人住宅。)和收费养老院。两者都提供条件不错的单人房,可当我问道"将来需要照护的时候怎么办呢?"时,他们的回答竟是"没问题,我们准备了照护房",简直让我惊讶得说不出话来。所谓的照护房,就是在狭小的房间里放了张床而已。虽然有常驻护士在,但是老人们必须要从自己住惯的房间离开。既然如此,那么入住者为何要支付高昂的费用以确保舒适的房间呢?

住进这样的机构之前,最好先确认一下是否可以在自己的房间里临终。如果需要追加服务费,也就意味着如何走黄泉路取决于你的手里有多少钱。那么,就需要有个思想准备——离世也是要花钱的。这也告诉我们,必须趁自己身体还算健康的时候,亲自挑选养老机构才行。

在提供服务的老年人住宅(在日本,依据老年人住宅法的基准注册的与照护、医疗携手为老年人提供服务的无障碍设计的住宅。)里临终,可以算作在家临终。在家临终的比例一直持平不见增长,但是在养老机构里临终的情况却在逐步增加。这是现场灵活应对的结果。入住者的老龄化和病情重症化,使得其入住时间拉长,所以养老机构采取了相应的应对措施。养老机构已经不能再说"我们这里没有送终服务"了。

最近,除了养老机构,还出现了能够提供服务的老年人住宅。老年人住宅的历史并不长。老年人的集合住宅(senior

cooperative house）是在20世纪80年代进入日本的，而公共住宅中出现独立型老年人住宅则是90年代的事情。在那之前，世界各地也有集居（collective living）和居住共同体等几代同堂型住宅，但并不是针对老年人的住宅。除了以上这些，很多住宅区随着户主年龄的增长，曾经的新城过了30年也变成了旧城，自然而然地成了老年人住宅。

话说回来，为什么老年人必须聚在一起居住呢？因为他们是"弱者"，需要被照护。倘若可以自立的话，就似乎没有理由聚在一起住了。

养老机构是为了照护者的方便而建的。把老年人集中在一起照料，既方便又高效。对所有人一视同仁地对待，不但容易操作而且成本低。医院也一样。但医院病床的高度也是为了方便医疗者而设计的，没有考虑病人上下床是否方便。患者之所以能够忍受医院里毫无隐私的多人房，是因为考虑到只住一段时间就会离开。但是随着入住时间的拉长，养老机构已经成了生活的场所。自由作家小笠原和彦先生说，"特养"就是"没有出口的家"。除非咽气成为尸体，否则无法离开。

最后该去哪里临终？

如果说住在家里是老年人恳切的愿望，那么在家里离世也一定是他们殷切希望的。如果"死要死在医院里"这一"常识"被逐渐打破的话，那么，又有哪位老人还愿意到了将死的时候去医院和养老机构呢？

怎样才能实现一个人居家临终？这是接下来要讨论的话题。

老人与家

老年人的居住福利

　　老年人一直以来都被称作"住宅市场中的弱者"。他们一直租房住，随着年龄的增长，失去了经济能力，房租的负担也会相应加重。不仅如此，在续约和更换住所时，大多数房东不愿意将房子出租给老年人。因为他们担心老年人拖延房租，而且如果老人死在自己名下的房子里，或者死后几个月才被发现，不仅事后的处理很麻烦，房子还会因为变成凶宅而价格暴跌。许多住宅市场中的弱者，在年老前就已经是弱势群体，而年老后则愈加弱势了。

　　日本人的平均持房率在60%左右，户主的年龄越大这个比例越高，65岁以上的人达到了80%以上。这是战后日本的持房政策的可歌可泣的产物，即上班族以自己的一生做担保来购置房屋，并因此给公司做牛做马。然而从数据来看，多数老年人绝非"住宅市场中的弱者"。

多数老年人名下都有房子，高龄女性也有自己的房子。这点我是从"改善老龄社会妇女协会"的调查数据中得知的。该协会有时会以会员为对象，进行独家调查。针对2002年的调查中"自己名下是否有房产"这一问题，大约70%的会员（女性）回答说"有"。

让老人离开家的理由

既然如此，人们不禁要问：拥有自己的房产，为什么不能一直住下去呢？

第一个理由是与家人住在一起。或许有人想："什么？不是应该相反吗？"事实上，正因为与家人同住，才会被送到养老机构或医院，哪怕老人有自己名下的房产。因为决定权在子女手中。就算不是这样，老人也会为家人着想，自己选择住进养老机构。我曾经问过一位老人："你为什么住到这里？"对方回答说："因为儿子拜托我这样做。"听到这句话，我心里非常难受。日本的老年人，尤其是女性，都太为儿子着想了。她们已经习惯于一辈子都扮演一个好母亲的角色，凡事不是先想到自己，而是优先考虑儿子。

那么，如果不与家人同住，情况又会是怎样呢？

居住福利的最基本的一点，就是确保有地方住，而且住在那里无须得到任何人的许可，更不会有人要求你搬出去。这样说来，独居老人就可以一直住在自己的房子里，可为何还是难以实现呢？

第二个理由也跟家人有关，那就是因为这是家人做出的决定。大多数独居老人都有住在别处的家人，他们会因为觉得"不能放你一个人不管"，而决定让老人住养老机构。现在的老年人基本都是在结婚率很高的时代迎来适婚年龄的，所以有结婚生子的经历。而且自己有兄弟姐妹的人也不少，所以真正无依无靠的老人并不多（以后会越来越多吧）。在这样的情况下，如果老人独自生活，周围的人就会指责老人的家人说"竟然让老人一个人住"。邻居们要求家人尽到监护的责任，理由是老人"万一引起了火灾"，或者"在街上徘徊"会给大家添麻烦。如果一个原来在社区里住的独居老人，不知从什么时候开始不见了踪影，人们会认为他/她应该是"被远处的女儿接走了"，或者是"孩子找了一家养老机构把老人送去那里了"。以往的社会从未想过让老人独自居住，所以一直将这一行为视为"社会的恶"，有除之而后快的架势。

　　第三个理由是缺乏居家的照护能力。老后的独居生活之所以不能支撑下去，是因为居家生活无法维持。生活是指进食、排泄、保持清洁。也就是说，只要有饮食照护、排泄照护、洗澡照护这三大照护，即使是需要照护的独居老人，也可以一直住在自己的家里。如果家人不说"你还是搬出去吧""不能让你一个人住"之类进行干预的话，就更容易实现。但是，就是因为没有照护能力，老年人才不得不离开家里。

家对老人意味着什么？

　　我不认为住宅只是一个单纯的"箱子"，而是装满了记忆和体验的生活场所。它就像我们身体延伸出去的一部分，即使摸黑也能找到开关。正所谓"金窝银窝，不如自己的草窝"。我非常明白老年人的这种心情。

不过,"想住在自己的家里"跟"想与家人同住"是一回事吗?

以前的居家照护就是家人照护。而我思考的问题是——如果把家人从居家照护中去除,会怎样呢?

如何居家临终？

打破"死要死在医院里"这一"常识"

"物以类聚，人以群分"，独居的我的周围，也都是独居的朋友。近年送走的两个女性朋友也都是独居女性。她们两人一直是一个人生活的。所幸，两人都有很多朋友，朋友们陪着她们走到了最后（这个经历我之后再详细说明），但是她们最终还是在医院去世的。

目前，日本人大约有80%在医院临终，13%在家临终，5%在养老机构临终，其中在养老机构临终的比例逐年在增加（2010年）。虽说如此，日本人在医院临终的历史其实并不漫长。

日本人长期以来都是在榻榻米上离世的。在家临终与在医院临终的比例的逆转，是从1976年开始。在那之后，在医院离世如怒涛排壑，一发不可收。顺便提一句，在医院生孩子成为主流，是在20世纪60年代。在那之前，都是把接生婆接到家里来接生的。日本人把出生和死亡全权委托给医院的历史，尚不足半个世纪。

居家照护的可能性

接下来谈谈在家临终。

"死亡的医院化"导致日本人的临终之所一下子从家里变成了医院。不过近年却出现了相反的趋势。虽说如此,在家临终的比例仍未大幅增长。想要颠覆"临终应在医院"这一根深蒂固的常识颇为困难。

即便都是在家临终,现代与以往的情形也截然不同。过去,居家照护的医疗水平很低。在那时,一旦卧病在床,出现褥疮是理所当然的事情(谁会想到如今"褥疮"这么难的辞藻日本人都在普遍使用了。如果雇用印度尼西亚藉和菲律宾籍的护工的话,或许使用"皮肤磨破溃烂"的说法更容易懂一些)。当时,卫生水平和营养水平都不高,褥疮不断加剧的话,就会有细菌从溃烂处侵入,受照护者很快会因感染而死,因此以往的居家照护,原本并不会持续很长时间。照护负担变重是由于照护水平的提高、照护期间的增加。换言之,即使需要照护程度很高的人,如果能受到悉心的照料,也可以长期活下去。

不仅如此,居家照护之所以成为可能,是因为需要照护的人与有照护能力的家人同住。所谓的照护资源,其实是指儿媳妇。当住在一起的公婆需要照料时,不管儿媳愿不愿意,这个任务自然就落到了她的肩上。"'不能拒绝的照护'就是强制劳动(forced labor)。"不过即使我一向说话不留情面,这句话也不是我说的,而是研究照护的外国学者玛丽·戴丽在书中所写。看来强制劳动不仅仅存在于集中营中,也存在于家庭内部。

不过，最近几年情形也发生了剧烈的变化。儿媳逐渐不再是照护资源了。樋口惠子女士甚至宣称，作为照护能手的儿媳已经绝种。

各种调查都显示，当自己需要被照料的时候，老人最希望配偶来照料自己，其次是女儿，接下来是儿子。儿子已经超过儿媳位居前几名。儿媳与公婆之间原本就没有血缘关系，一方不想照料，另一方也不想被照料。另外，居家照护之所以能够实现，除了家人的照护以外，还因为有第三方介入，也就是照护保险的存在。现在不仅可以接受专业的照护，必要时还可以享受上门看护和上门医疗。以前的居家与现在的居家，已经截然不同了。

人际关系的价值

自古以来，家人都是最强有力的社会关系资本。但现今社会的亲情关系变得非常脆弱，"只要有亲人在，就可以放心"的时代已经一去不复返了。尤其是对于没有家人支撑的孤寡人士来说，能够替代家庭来支撑自己的人际网络更是不可或缺。

如果你没有这样的人际网络，就要努力去构建。

我提倡"人缘比财富重要"，而深泽真纪女士则在其著作《人际关系维护技巧》（光文社，2009年）中写道：朋友是人际关系的高级阶段。她说，她写的这本书可视为对我的书《一个人的老后》的回应。正如她所言：建立友谊比找到恋人、拥有家人更难。因为朋友的作用并没有像恋人关系、亲情关系那样被定型化。朋友之间不计利害得失，所以才要全盘接受对方的优缺点，并构建对等的人际关系。深泽女士在她的著作中，针对"如何区分朋友还是熟人？"这个问题，给我们提供了有益的建议。她说：在你觉得"这个人最近疏远了我"，"这个人不能信任"时，与其为"我们明明是朋友"而不爽，还不如默默地把他从你的"朋友"降格为"熟人"。这样，你就会想，他只是个熟人又不是朋友，就不会生气了。

现在的影视作品中也开始出现认真讲述女性之间友谊的作品。如2014年热映的迪士尼电影《冰雪奇缘》表现了姐妹之爱，同年热映的吉卜力新作《回忆中的玛妮》讲述了少女之间的友谊。还有NHK晨间剧《花子与安妮》中的"密友"之情。友情被男性垄断的时代已经结束了。相反，我有些怀疑：当男性真的遇到困难时，是否会有真心相助的友人。

我觉得非常不可思议的是：作为社会人长期在社会中求生存的男性，老后居然多半不擅长建立人际关系。想来男性在职场中熟悉的，是属于指挥、命令系统的上下级关系，故而才会对无利害得失的平等关系不知所措吧。

青年学者平山亮先生在其著述《"儿子照护"时代的迫近——基于28件实例》（上野千鹤子解说，光文社，2014年）中，有十分有趣的论述。顺便说一句，"儿子照护"这个词组的主语是儿子。但是，令人惊讶的是，很多人看到书名的第一反应是：（父母）要照护儿子吗？由此可见，在大家的心目中，儿子成为照护人是多么不合适。

虽说由儿子来照护父母，但照护父亲与照护母亲又大不相同。照护人与被照护人之间的关系、被照护人的性别都会大大影响家庭照护的质量。对负责照护母亲的儿子来说，可以动员母亲的人脉关系,对母亲进行多方照顾。但要是认为他们是来帮助自己的,就大错特错了。因为母亲去世后,虽然儿子健在,但母亲的人脉会如潮水般退去。他们想帮助的是母亲,而非儿子。据说如果被照护的是父亲,儿子并不能指望得到同样的帮助。

母亲的朋友只能是母亲的,既不是父亲的,也不是其他家庭成员的。只能说,最终每个人的生活方式和个性,都会在其生命终末期,或者说尤其会在其生命终末期呈现出来。

不与家人同住的居家生活

推广居家临终最让人出乎意料的结果是,"在家"不再等同于"与家人同住"。

对家里有贡献的老人是受欢迎的,有养老金拿的老人更是如此。孙子还小的时候,老人也是非常受欢迎的。但如今夫妻双方都很长寿,女性的丧偶率到了75岁以后才会高于配偶拥有率。这时候孙子也长大了,而在二老互相照料的过程中照顾丈夫直至生命尽头的妻子,或多或少也会患有身心疾病,从而需要他人的照顾了。家里住着无事可做的健康老人已经很麻烦,如果是需要照料的老人就更麻烦了。结果,家人往往最终不堪照护的重负,对老人说:"对不起,你还是走吧。"等待老人的只有养老机构。

明明有家和家人,却还是被送到养老机构,怎么会有如此不合天理的事呢?在走访养老机构时,我了解到了一个情况,那就是,正是因为与家人同住,才会按照家人的意思被送去养老机构。在过去,行政机关负责接济贫困无依的老年人,并为他们做所有决定；而如今的养老机构则不同，它们收住的，不再是没有依靠的老人。大部分入住者都有家人，并且是在家人的决定下入住的。既然住在一起的结果是必须离开自己的家，那还不如从一开始就不要一起住。因此，我在《一个人的老后》中，将子女提出来的"妈妈，我们一起住吧"称为"魔鬼的呢喃"。

另外，我曾经怀疑很多住养老机构的老年人说"想回家"，并不一定是"想回到家人身边"，而是"想回到自己的家（就算那里空无一人）"。8年前我还只是怀疑，现在则深信不疑。

体谅子女

远程照护实践

有一些人每天通过远程监控照顾父母。太田差惠子女士创立的团体组织"照顾分居家人的分享会",是一个远程照护老人的互助团体。之前远方的父母需要照护时,子女只有两种选择——接父母来同住或回乡照顾父母。这两种选择都有缺陷。被子女接去同住的父母,要离开熟悉的家,在陌生的地方,听着不习惯的语言,接受不一样的生活习惯。而且儿孙们忙于工作和学习,并不像预想的那样有很多时间陪伴自己。既然如此,还不如不离开家,直接接受远程照顾的好。

若父母不来与自己同住,子女又会有各种各样的担心。不过,现代社会提供了多种利用高科技守护老人的系统。包括确认老人每日安全的电话、网络定期的商品配送、水电用量报告的检查确认等等。守护的别名是"监视"。在老人家中安装摄像头,24小时不间断地向子女的手机传递监控数据,这在技术上已经没有难度。

尽管如此，也有子女为了照护父母做出了巨大牺牲，如辞掉工作、离家去父母身边等等。2012年因照护家人而离职的人员达10万人，不只是女性，照护离职者中男性也越来越多。

对于那些为是否离职而犹豫不决的子女，我总是干脆地建议：绝不要辞职。很多人会屈从于外部的压力而离职，尤其是女性。比如女性本人及其身边人都可能会认为照护老人比继续工作要重要，或者因为她自己在职场是个可有可无的存在，被别人说"你的工作简单，任何人都可取代"而离职。但是，你要知道，那些给你压力的外人并不能保障你老后的生活。

一旦辞职就会断了收入，养老金也会因此变少，而且也不利于参加健康保险。即便你的辞职让父母开心，但父母离世后，谁又能为你的老后负责呢？

你最好要有这样的认知：需要照护的父母，往往只关心他们自己的状况。他们只在他们还有体力和精力的时候才会说："你有工作不用常来""来回的交通费很贵吧"，而且依赖子女的老人总是会责备子女做得不够。如果你每月去探望一次，他（她）会怨怼你为什么不能每周来；每周探望一次吧，他（她）又会要求间隔时间不超过三天；当你每三天去一次时，他又恨不得你每天都去。如果你因此有了负疚感，那正如他们所愿。父母会以自己的"虚弱"为资源来操纵子女。但是你为顺应父母牺牲了自己，而他们又能为你的老后做什么呢？

我一直认为，真正担心你的老后生活的是你自己，不是你的父母，也不是你的兄弟姐妹。子女对父母最好的孝顺就是告诉父母："爸爸、妈妈，即使你们不在了，我也会好好地活下去。请你们放心离去吧。"父母先于子女离世是自然规律。

子女的安心就是父母的安心

　　子女对于老人来说究竟是资源还是风险？这真是个恼人的问题。尤其是家有尚未独立或不能自立的子女的时候，老人会因不放心而不能安然瞑目。我的一个朋友在一座小城市经营一家智障者日托所。智障儿童即便长大成人，父母也不能指望他们养老送终。不只是智障子女，有身体残疾的子女或有精神疾病的子女也是一样。有这样子女的父母，甚至会因为担心自己死后孩子无人照顾，而觉得无法丢下孩子安心离世。

　　当这些曾经的智障儿童步入中年时，其父母也日渐衰老。有子女却不能指望子女养老送终，这些父母的老后其实与单身独居老人的情况相似。不仅要担心孩子的老后，还要担心自己的老无所依，所以他们希望有照护机构来解决自己的养老问题。我建议，在同一幢楼里同时设立高龄老人的照护机构和智障人士的托养机构，并且两个机构的人群可以相互交流。我的朋友调侃称，这是一种亲子配套设施。从父母的角度来看，一来，直到生命的最后一刻都可以陪着孩子；二来，看到即便自己不在了孩子也能继续生存下去，便能够安心离去。但是进行模拟推演时发现，真正实施这种做法有很多限制。比如两种设施行政上分属不同的福利系统，按规定不可以在同一栋楼里建设；两种设施必须各自配备专属厨房及专业从业人员；等等。那么，建在不同的楼，楼间用连廊联结，楼里的人可以经由连廊自由出入，这样是否可行呢？大家提出了很多替代方案。虽然该计划尚未能付诸实施，但这个问题对智障者的父母来说是个非常实际的问题。

　　子女的安心就是父母的安心，父母的安心同样也是子女的安心。父母即便独居也能安稳度日才能让子女放心，而子女即便在父母离世后也能自己生存才能让父母放心。我一直说，父母通常先于子女离世。我想，社会福利的存在就是为了能让子女说："爸爸、妈妈，你们放心走吧。即便你们不在身边，我（们）也能好好活着。"

居家疗护实践

居家医疗的新模式

我一直觉得即使动机不纯，推广居家临终也是好的。因为这是老年人恳切的愿望。但需要让他们能安心待在家里才行。

此时，令人"安心"的机制终于出现了，也就是近年备受关注的居家医疗。任何领域都不乏先驱者。距今20年多前，医师协会开始了把整个城市作为一座医院的尝试。这个想法起源于广岛县的尾道市，因此被称作"尾道模式"。该模式提倡"家为病房，街道是走廊，医院是护士站"，患者不需要住院，改由医生和护士把医疗送到家里。

虽然"死亡的医院化"转了一圈又回到了居家医疗，但是这种医疗跟以前的居家医疗是截然不同的。

首先，人口结构发生了根本改变。老龄化比例上升，老年人增加，需要照护的人越来越多，需要照护的时间也变得越来越长。老年人定期去医院看病的比例约为70%，而医疗保险的一半以上都是他们在使用，因为他们大多无法摆脱疾病。

其次，老龄化导致疾病的结构和死因发生了巨大变化。老年人当中，患慢性病的人比急性病的人要多。病情发展缓慢，基本没有突然恶化的情况出现。80岁以上的老年人的死因，依次为癌症、心脏疾病、肺炎、脑血管疾病，接下来是衰老。癌症也是老化引发的疾病，其特征是不会突然死去，而是可以预期死亡的时间。过去，位列日本人死因第一名的是感染症，但如今类似这样的死亡大幅减少了，因为只要将此类患者送去医院救治，就可以得救。

再者，家庭结构发生了巨大变化。以前的"家"，都是指三代同堂的大家庭。家庭中有"儿媳妇"这一角色。可是如今的"家"，多半是独居或者仅有老两口的家庭。因此就算是在家，也没有同住的家人，即便有，也不能指望他们成为照护资源。所以，我们必须考虑到，推行居家临终，不是把老人"送回家人那里"，而是"送回没有人的家里"。

"死亡的医院化"后的居家医疗，跟之前的居家医疗已截然不同。这种变化用一句话来说，就是"从治疗到照护"的模式转换。引领这一模式转换的，是家住鹿儿岛市的中野一司医生，他表示，医院是"治疗"的地方，而家是"照护"的地方。医院是与死亡战斗的地方，而家是接纳死亡的地方。如果不治疗，医生就没有用武之地。医生在医院里虽然是主角，但是在患者家中，医生只是陪伴患者的家人、照护人员以及护士的配角。在照护现场，医生应该只是照护人员、护士等多种行业的人组成的合作团队中的一员而已。

不过，也许是出于职业使命感，也许是居高临下惯了，医生总是不能适应配角这一角色，也很难接受配角这种状态，所以中野医生提出的建议并未能在医生中普及。由于医生都习惯了延命治疗，所以别说当配角了，或许仅是为了克制自己给患者进行无谓医疗的冲动，都要花费一番工夫。

上文还提到过，在看了居家送终的现场之后，近来有人说："送终不需要医生，有上门的护士就够了。"甚至还有人表示："送终不需要护士，有照护人员就行了。"照护人员如果能不断积累送终经验的话，他们会越来越自信。本来送终都是依靠家人，没有医生和护士在场，现在当然也可以换成照护人员来负责。

为了使医生成为只是照护人员、护士等多种行业的人组成的合作团队中的一员，邀请医生出席照护会议是其中一个重要环节。但前文曾述及，这件事并不简单。在陪松村医生到患者家中问诊后，与其合作的照护援助专员在事务所里，告诉我说，松村医生出席了所有自己负责的患者的照护会议（与当事人的说法相比，我一般更相信周围人的说法）。同时，我还看到照护援助专员对松村医生非常信赖。

以患者为主体的居家医疗

对于专业医疗人员来说，居家医疗是困难重重的现场。医疗记者大熊由纪子女士用足球比赛形象地打了一个比方："医院是主场医疗，居家医疗是客场医疗。"的确，医院不是为了患者而是为了医生的操作方便而设计的。患者若想被救治，只能忍耐和适应（几个人同住一间狭小的病房），因为他们想着只是住一段时间而已。但是居家医疗是在患者的家中进行的，一切事物都是按照患者的生活风格配置的。外来的医疗人员以及照护人员，都要"入乡随俗"，连自来水在哪里都得询问户主，有时不得不在连点滴架都无处放置的空间中克服不利条件作战。

相反，对患者来说，在一直生活的自己家中，自己才是主角。无论医生嘴上再怎么说"患者是治疗的主角"，可一旦躺在医院的病床上，他都只是按照器官分类的病人，只能听任医生和护士的摆布。

许多医疗人员惊奇地发现，回到自己家中的患者，会表现出在医院里从未有过的精神焕发。针对这一现象，《一个人死也没问题》（朝日新闻出版，2014年）的作者奥野滋子医生，在书中介绍了患者说的一句话："一旦住院，疾病就成为我生活的全部，而在家里，疾病只是我生活的一部分。"

话说回来，"患者"这个称呼本身也是站在医疗人员的角度给出的。人在成为患者之前，首先是一个生活者。在家里，每个人都会回到生活者的角色。"患者"只是那个人的某一个身份，而非全部。因此，若是在家，自己生活的全部就不会被"疾病"所吞噬。如果说在医院里是全职患者的话，那么在家里就是兼职患者。有一句话说得很好——"癌症患者的兼职化"，从"患者"的身份中摆脱出来，自然就会精神焕发。

很多专业人士证实，居家医疗拥有医院所没有的神奇力量。所有检查数值均显示：来日不多的患者，回到家后多活了好几个月；在医院里不能主动进食的老奶奶，回到家就又能吃能喝了；还有人说连癌症晚期的疼痛感受度，在医院和家里都是不同的。知名上门护士——秋山正子女士曾写过一本名为《居家照护的神奇力量》（医学书院，2010年）的书，这本书的书名直截了当，看来"在家"真的发生了很多超出医疗人员想象的奇迹。

比起"像在家一样的病房"，家本身成为病房也许更好。之后，山崎医生认识到，安宁疗护病房也是病房的一种，于是将在安宁疗护病房送终转变为在家送终。尽管家里缺乏安宁疗护病房的那种团队治疗的安心感，但如果能把这种安心送到家里，那么在人生的最后时刻，似乎没有必要去安宁疗护病房，因为那里在大家看来是"等死的地方"。自己家成为临终的场所，这就是所谓的"居家安宁疗护"。

有照护经历的遗属是一种地方资源

然而，无论何种佳话，都建立在有家人的基础上。有家人的人当然没有问题，但像我这样没有家人的独居者，该怎么办呢？

山崎章郎医生自开创"小平照护城"以来约10年间，经手的临终家庭有660户。这也意味着小平地区有660户有临终陪护经验的遗属。山崎医生说，这些有陪护经验的遗属，是小平的地区资源。他把这些遗属组织起来成立家属会，家属会成员作为志愿者积极地开展活动。每年举行两次遗属的交流会，加深相互之间的联系，并感谢他们做出的贡献。志愿者们作为有临终陪护经验的过来人，开展各种活动，比如聆听刚送走家人不久的遗属的烦恼，为他们做心理疏导；或对需要帮助的人施以援手。有了这样的平台，医生会省力不少吧。对于医生来说，逐一应对那些因失去家人而感到茫然的遗属，安抚他们的不知所措与哀伤，是很沉重的负担。这个时候，如果有一个克服了同样困难的过来人组成的组织，在那里，有人为自己分担痛苦并提供建议，想必遗属会心里有底多了吧。在病人过世后，医生只要告诉其遗属有这样的组织就可以了。

居家临终的必要条件

通过采访进行居家医疗实践的医疗专业人士，我将居家临终的条件归纳为以下几点。

（1）当事人的强烈意愿
（2）有照护能力的同住家人
（3）所居住的地区有可以利用的医疗、看护、照护资源
（4）再准备些资金

下面，我依次对这几点进行说明。

（1）当事人的强烈意愿

居家送终的实践家们异口同声地表示，居家离世的第一个条件，是"当事人的强烈意愿"。"强烈意愿"经常也被叫作"任性"。因此，正如上门护士的先锋宫崎和加子女士所说："在家临终很任性吗？"事实上，能"任性"到底的家庭成员是有限的，也许大部分男性可以坚持"我不去医院""我就是想回家"，而大多数女性则会主动克制自己，不会"任性"到底。女性能够"任性"到底的，只有在熬成婆婆以后吧，而且那也是极为罕见的事例。

由此，我们可以看出，当事人只要没有"强烈的意愿"，周围的人就会代为决定，在临终前将其送往医院，这已经成为理所当然的事情。"死亡的医院化"固定下来已经近40年，在如今的社会，一旦死期临近就不能住在自己家里了。

但即使有"强烈的意愿"，也仅限于在当事人神志清醒的时候。在当事人处于不省人事的昏睡状态，或者得了认知症的话，

情况就大不相同了。因此有人说要趁着意识清醒的时候表明自己的意愿,但是,即便把自己的意思写下来,家人是否会照做谁也说不准。还有人冷淡地表示,如果失去意识的话,住在哪里都一样。

然而,正如很多居家医生证实的那样,在家临终的那种安详是在医院临终无法实现的。好不容易当事人有了"强烈的意愿",想在家坚持到生命的最后一刻,但是否能够实现,完全取决于家人。这是当下第一线的实际情形。话说回来,在这个时代,如果没有"强烈的意愿",就无法选择居家临终了吗?

(2) 有照护能力的同住家人

居家送终的实践者们举出的第二个条件,是要有同住的家人。但如果处于老老照护(老年人照顾老年人)和认认照护(患认知症的人互相照顾)的状态的话,这个条件是无法成立的。家人有照护能力是个先决条件。这就意味着要求要么妻子尚健康且有照护能力,要么有年轻的家人,也就是儿媳妇或女儿、儿子在身边。家人光有照护能力还不够,还必须同意老人在家临终。也就是说,有爱且有照护能力的家人一起住,才是居家临终的条件。换言之,居家临终的主语是送终的"家人",决定的也是家人。这也是为什么很多关于居家临终的书,都是面向家人写的。

(3) 所住地区有可以利用的医疗、看护、照护资源

再怎么有"强烈的意愿"——希望在家临终,如果自己所在的地区没有可以利用的医疗、看护、照护资源的话,这个愿望也是遥不可及的。实现在家临终的条件,是有 24 小时待命的

上门照护、上门看护以及上门医疗。除此以外，再加上上门康复训练、上门药剂管理、上门牙科诊疗以及上门口腔护理等多种医疗服务携手的话，就更好了。在这些资源中，最重要的是援助老人生活的上门照护。送终疗护部分的主角是上门护士，医生是配角。实施居家送终的很多医生都说"死的时候不需要医生"。医生需要做的，是在病人死后写死亡证明。自己居住的地区，如果有出诊的医生和24小时待命的上门护士站，当事人就安心多了。但问题是，有些地方有医疗、看护、照护资源，有些地方却没有，地区之间存在着差距。住的地区不同，决定了是否可以选择在家临终。像我这样没有家庭累赘的人，可以随时搬到积极推进居家医疗的小笠原医生或者山崎医生所在的地区，但有家有口的人，恐怕是无法做到的吧。如此一来，便只能在自己所住的地区建立医疗、看护、照护资源了。

（4）再准备些资金

众所周知，照护保险根据当事人需要受照护程度的不同，设定了不同的使用金额上限。不少相关人士心有不甘地指出，要是再多一点照护保险费足够援助老人生活的话，就不用在最后关头送老人去医院了。既然如此，超出照护保险上限的部分，是否可以自己负担呢？医疗保险虽然不允许混合诊疗，但照护保险从开始就允许混合使用（保险内和保险外的混合）。至于"再准备些资金"到底要准备多少钱，之后我再详细论述。先透露一下，是要花费一些的，但不会很多。毕竟从需要密集的医疗、看护、照护到临终的周期长度是有限的，并不会永远持续下去。如果把入住养老机构或"服务老住"所支付的房费用来购买照护服务的话，也是一个很实际的选择吧。

居家照护可以不依赖家人吗？

以上举出的"居家临终"的四个条件，可以说是从专家那里得到的最大公约数。

但是，这个结果却让我很沮丧，对我这样的独居老人来说，居家临终的障碍还是很大的。即使我"有强烈的意愿"，却缺少最大的资源——有照护能力的同住家人。我不禁心想，原来"居家临终"说到底是有家人的人才有的特权。

一直以来，居家照护和家人照护被认为是相同的。但由于单身家庭的增加，老年人想在自己家里不一定就等于想和家人在一起；而且，由女儿或儿子取代儿媳妇进行照护的情况有所增加。即使是家人照护，也不一定就是住在一起，而是家人定期到老人家中进行照护，这种情况也越来越多。所以事实上，居家照护、家人照护、同住照护三者之间的等号不再成立了。照护的一方未必就是住在一起的家人。既然住在别处的家人可以定期到独居老人家来照护的话，那么外人也是可以的。实际上，住在别处的家人照料不到的部分，也是由上门照护来进行的。

既然如此，那么是否可以把家人从居家照护中排除出去呢？独居老人在自己的住处接受照护，并在同一地方迎来死亡，如果这两点可以办到的话，就可以达成"一个人居家临终"。只要有负责的照护、医疗、看护的专业团队的支持的话，独居老人就绝对不会"孤独死"。

从结论来说，一个人居家临终的条件是：（1）24小时待命的巡视上门照护，（2）24小时待命的上门看护，（3）24小时待命的上门医疗。只要有这三种行业在一起的组合，或许就可以实现一个人居家临终。

在该组合中，按重要性来排序的话，依次是（1）照护、（2）看护、（3）医疗。从事居家医疗实践的医生，往往对上门看护的评价很高，而对上门照护的评价则更高。反过来说，对看护和照护评价很高的医生，可以说都是能够信赖的存在。

家人原本就不能取代医疗，无论老年人是否有家人，都一样要请照护、看护以及医疗团队进入家中。而照护中比较重要的，是支撑老年人生活的照护。所谓的生活，是每天的进食、排泄、保持清洁。由此也产生了"三大照护"的说法，也就是饮食照护、排泄照护、洗澡照护。家人负责的这三种照护，如果可以换成外人来做的话，那么即使是单身一个人，也可以住在家里。反过来说，就是因为缺乏上述的照料，所以老人不得不含泪住进养老机构或者医院。只要有上述照护，就可以实现居家送终，例如在老人去世的前一天为其在自家的浴缸里洗浴等。

到了终末期卧床不起时，老人需要密集的照护。但也并不需要有人24小时一直守在身旁。即使在医院或养老机构，护士和工作人员也只是隔几个小时过来巡视一次而已，而且每次顶多共处5分钟。医院与上门看护的区别在于，同样按下呼叫电话，医院里护士会在5分钟内赶来，而上门看护需要15分钟，仅此而已。

将这种机制商业化的，是定时巡视、随时待命形式的短时间上门照护。每天巡视4到6次，每次停留15到20分钟，再配上紧急求救的话，就可以做到24小时不间断应对了。或许有人感觉停留时间太短了,但如果手脚足够麻利,为被照护者更换尿片和身体姿势、清理现场其实有 15 分钟就足够了。我随护工参观过一些夜间上门照护的现场,专业人士都很麻利,就像把养老机构里的照护服务送到家里一样。或许按下紧急求救按钮之后等

待的时间比养老机构要久一点,但也只要忍耐一下就好了。上门照护的空档,如果再配上上门看护的话,就更让人安心了。

到了终末期,老年人有可能在 4 或 6 小时一次的定期巡视的间隔中停止呼吸。"一直是一个人生活过来的,那么一个人走也没什么关系",如果能够这样想的话,一个人居家临终是可以实现的。

不过,一直进行居家送终实践的小笠原医生说了一件有趣的事。

"上野女士,不可思议的是,独居的人很少会在一个人的时候死去呢。"

据说好像一直在等待那一刻的到来一样,老人往往会在亲朋好友、熟悉的护工或护士赶来时,在他们面前咽气。仿佛将死之人懂得自己该何时逝去。

当然其中也不乏这样的情况:还有几个小时孙子就到了,所以为了多维持几个小时进行勉强的延命治疗;或者为了争夺遗产,家人要求医生控制死亡时间。

夜间上门照护供不应求

即使当事人手头再宽裕，如果自己居住的地区没有医疗、看护、照护资源的话，也无法获得这方面的服务。地区之间的医疗、看护、照护资源是有很大差距的，甚至有些地方完全没有。尽管目前大家对于居家临终的认可度越来越高，居家送终的专业人士也终于成长起来，但是服务的供给还远远跟不上。明明有需求，为什么供给却不见增长呢？

在一个人居家临终的三个条件中，最重要的是照护能力。而且到了最后阶段，有可能需要夜间照护。有人愿意做这种照护工作吗？

24小时应对的定期巡视、随时应对型上门照护的运作听起来很好，但是能够提供这种服务的企业实际上并不多见。因此能否一个人居家临终产生了地区间的差异，有的地方可能实现，有的地方却无法做到。究其原因，主要有以下几点。第一，提供夜间上门照护的机构没有增加；第二，愿意做夜间工作的护工没有增加；第三，地方城市移动成本过高、营利不佳；第四，照护报酬过低无法吸引各类组织机构加入。

在有些地方，愿意开展上门照护事业的，只有当地的社会福祉协议会。协议会只有一些非营利组织类的小规模机构加入，在那里工作的大多是有孩子的已婚女性。她们背负着家务和育儿的双重负担，无法上夜班。而且女性如果不开车，深夜独自出行的话也很危险。连往返于需要受照护者家中的交通费也需自己承担。这是照护保险制度本身的问题，它原本就没有把交通成本计算在内。

为何做上门照护的护工多为女性呢？因为上门照护是照护保险的七种事业中收益最低、最不划算的低薪工作。女性之所以愿意做这份工作，是因为她们背负家务和育儿的重担，在劳动力市场中处于不利地位。

在上门照护中，身体护理的报酬很高，夜间则更高。听说有些男性护工代替不能上夜班的已婚女性，做着夜间身体护理的工作。但如此一来，女性只能负责时薪较低的日间生活援助工作，而男性则集中从事时薪颇高的夜间身体护理工作，结果，男性与女性之间的薪金差距不断拉大。总之，现行的照护报酬给上门照护设定的时薪过低（之所以定价过低，是因为觉得照护工作只要是女性，谁都可以做），导致本就一筹莫展的上门照护机构不愿再扩大规模以适应需求。

我听说在地方城市有这样的例子。立志做居家医疗的医生请求当地的上门照护机构增加夜间上门照护，以援助独居者的生活，却得到了这样的答复："医生，你能凑齐5个人吗？"也就是说，如能凑齐5人，那么就算雇护工也能赢利，倘若凑不齐5人，就会亏损。站在经营者的角度做出这样的判断合情合理，但据说最终没有凑齐5人。一直生活在当地的独居老人，就像梳子上的齿一样，不知不觉少了一根又一根。后来听说家人纷纷把老人送去养老机构了，因此能坚持独居的老人总是不见增多。没有人提供照护服务，老年人的居家生活就无法得到援助，从而形成恶性循环，导致医生虽有志向做居家医疗，却不得不放弃。

做上门照护的护工非常辛苦，无论刮风下雨还是下雪天都要登门，但只要给他们再高一点的报酬，就可以解决上述问题。

而且再辛苦的工作，只要报酬跟付出成正比，就会有人愿意做，可现在的照护报酬根本无法做到这一点。

同时，我在别的地方又听到了一件有趣的事。最近照护用品的品质大幅提升，老年人用的尿片的吸水力惊人地提高了，因此可以减少换尿片的次数。一块尿片也许不能承受三次的排尿量，但两次是完全没问题的。有些老人甚至提出，与其夜里被叫醒换尿片，还不如不换，这样就能一觉睡到天亮了。

夜间上门照护供不应求

那么，要准备多少钱临终呢？综合专家的意见，不难看出，大致需要50万/月×6个月=300万日元（约合人民币174900元）的"去世费"。而在此之上自己再负担一些的话，就可以实现居家临终了，所以并不需要负担很多。

一提到老年人就联想到贫困，这并不合适。独居老人的贫困率的确很高，尤其是那些早早失去丈夫的女性独身老人，她们的贫困率超过50%。然而，在经历夫妻二人生活后成为独居老人的家庭中，为丈夫送完终的妻子，经济状况绝对不差。特别是属于婴儿潮一代的人，结婚率和婚姻的稳定性都很高，丈夫大多有稳定的工作，因此丈夫去世后，妻子可以拥有年金、金融资产以及不动产。

众所周知，日本的老年人储蓄率颇高，储蓄额也不少。两口人以上、户主为60岁以上的高龄无业家庭，平均储蓄额为2372万日元（2014年）。丈夫曾经是工薪族的标准家庭，平均年金额为21万8000日元（2014年），这也绝对不低。年金流动额和金融储蓄充足，且还有房产。年金流动额不够的部分，可以用储蓄加以填补，这也是储蓄原本的目的。什么时候用好呢？就现在啊a。这些钱就是"为了居家临终准备的费用"，如果这么想，会感觉很便宜。辛辛苦苦存的钱，如果不在活着的时候使用，就失去了存钱的意义。

社会对老年人居家临终的配套

案例：小平市的"照护城"

照护城在一片偌大的土地上如愿建成。照护城的2楼有一个大食堂，也可兼作集会室，食堂旁边是21间单人房，1楼有诊所和上门护士站。中庭面向当地居民开放，可以听见孩子们的欢声笑语。在照护城里，NPO法人"东京社区社会福利联结"负责提供咨询并培养义工，同时还进行育儿援助。最近，听说有些居民嫌附近托儿所的孩子们太吵，并称其为"噪声公害"，我倒觉得老年人住在一起，如果连一点孩子们的声音都听不到，并非什么好事。

住宅部分的单人房中住着单身老年人、残疾人和癌症晚期的患者。后来山崎医生将他进行上门诊疗的90多岁的中野广子（化名）女士介绍给我，我便去拜访了她。中野女士的女儿住在小平，得知了这个机构后，就把独居的母亲接来这里。把住在别处的母亲接到自己家附近来，方便经常探望，却不与其同住，这真是十分明智的选择。

如果住在一起，就是全职家人，不住一起则是兼职家人。分了家不等于不再是家人，彼此住得近些经常探望就好了。家应该是在这个世上能够让人彻底放松的地方。若家变成一年365天、每天24小时无休的照护职场的话，家人片刻也不能轻松。被逼得走投无路时，家人就会说："求你了，爸，妈，你们去照护机构吧！"这也在情理之中。人是一种很现实的生物，如果不住在一起，就能眼不见心不烦。

即便没有到走投无路的地步，照护也是无止境的，不管做得多好，事后都会留有遗憾。研究照护的年轻学者井口高志先生将其称为"家人照护的无限定性"。即使不住在一起，对于家人来说，照料也是没有一刻不放在心里的沉重负担，无论在工作还是休闲时都是如此。既然这样，分开住至少可以确保自己的家是能够放松的场所，这点至关重要。因为有了这种从容和距离，对老年人的态度会更好。无须因为不住在一起照料老人而自责。

反过来说，只要建立起一种把老年人"一个人放在家里也很安心"的制度，即使不与其同住，家人也不必自责。小平照护城就给居住者提供了这样的一种安心。"照护城"的名称中蕴含着"可以过普通生活的小城"之意。

饮食均由食堂配餐，入住者也可以自己去食堂用餐。照护城里有紧急求救电话，万一发生紧急情况，可以迅速跟西科姆公司（1962年成立的日本最早的安全公司，主要面向企业和家庭提供安全系统。）联系。如果需要上门看护的话，24小时随时都可以请1楼的上门护士站的人过来。

（"小平照护城"的一楼平面图见正文97页）

在没有医生陪同的情况下，我一个人去拜访了中野女士。

我刨根问底地问她:"住在这里有没有什么不方便的地方?有没有什么困难?"我拼命地想要从她口中问出些什么。社会学家就是为了发现问题而存在的,是一个需要善于挖掘问题的"令人讨厌"的职业。尽管我使尽浑身解数,但最终也没能从中野女士口中探出什么让她不满意的地方。中野女士在说"没有任何不满"的时候,表情非常轻松自然,不像是在说场面话。之后,我甚至向医生汇报说:"中野女士说她非常满意。"

山崎医生继承了照护城的理念,但因为他目睹了鹰巢照护城的人为转变,所以绝不想依靠行政机关的力量。事实上,小平市没有为小平照护城的建设提供任何资助。山崎医生认为,"不受制于行政"是民间事业的志向。

居家安宁疗护制度

让我们回到安宁疗护之家(home hospice)的话题。

Home hospice 是个很特别的词,直译过来是"居家安宁疗护",但实际上,它是指高龄老人的群体生活和送终服务相结合的经营形式。安宁疗护之家并非死期临近时入住的安宁疗护病房,而是老年人自己选择的为其送终的"最后的栖身之所"。

地方城市有很多宽敞的空房子。把这些空房子租下来作为老年人的居所,从外面请上门服务并安排夜间值班,向每个人收取大概每个月15万日元(包含送终费用在内)。如果需要医疗的话,可以在此基础上外加医疗保险的自费承担部分。安宁疗护之家这种业态属于房屋租赁业,既不是集体之家和小规模多功能之家,也不是收费养老院和"服务老住",所以不在照护保险制度的范围内，因此也不受该制度的限制。也可以说，它是特意选择了在照护保险制度的范围之外。

因为一旦纳入制度之内，就会增加一个条件——需要在无障碍空间、走廊的面积、自动喷淋装置的设置等方面得到认可。如此一来，创业者的初衷——"租个普通的民房，让老年人过着普通的生活"一定会受到限制。"妈妈之家"这个名称体现了一种思想觉悟，那就是，需要确保无法在家里生活的老年人过上如在家一般普通的生活，而且一旦接纳了他们，就要对他们的人生负责到底。

但即使如此，如果把"安宁疗护之家"直译成日语的话，即为"等死之家"。子女无论如何也无法对母亲说"妈妈，您搬去等死之家吧"。也许正是因为"安宁疗护"一词在日本尚未普及，所以人们才能轻易使用吧。

"安宁疗护"一词隐含的意思在于，一直以来的养老机构都不是送终的场所。"特养"不是，"老健"也不是，"老健"原本是医院向家过渡的地方。集体之家也没有送终服务，而"服务老住"的入住者大多可以自立。所有这些机构都认为，送终应该在医院进行。

最近，养老机构的送终服务有所增加，照护保险也为养老机构另外加上了"送终照护"的报酬。但养老机构的送终服务需要得到入住者家人的同意——"可以不送去医院"。养老机构的送终服务之所以会增加，是因为一个现实原因——重症且没有家人收留的老年人的居住时间延长，使得"特养"和"老健"不得不成为他们最后的栖身之所。

安宁疗护之家与安宁疗护病房有着巨大的区别。安宁疗护病房原则上只有癌症以及艾滋病患者才能入住。集体之家也只限于患认知症的老人入住。一揽子合同定额制的小规模多功能型居家照护服务（根据使用者的选择，可以组合使用每天去养老机构或留宿在养老机构，以及上门照护的服务。）正在逐渐居家化，但基本上还是只进行日间护理。上述几种机构，都提供多方位的照护，因此厚生劳动省决定不配置照护援助专员。厚生劳动省当初将一揽子合同定额制的小规模多功能型居家照护服务作为示范服务时，我就觉得这个制度有问题。全方位照护不需要照护援助专员，这就表示，老年人能接受何种照护，全凭经营者裁夺。若是小规模机构的话，里面就成了密室，无从监控，发生什么都不得而知，这着实令人恐惧。

　　安宁疗护之家是住宅，所以入住者每人都配有照护援助专员。市原女士说："在只有5名入住者的地方，最多的时候安排了5名照护援助专员。"照护援助专员发挥着外界监督的作用，因此才特意如此安排。

天使团队的建立

不过,在一旁陪伴的家人会忐忑不安。患者濒临死亡时,会开始下颌呼吸,看上去很痛苦。下颌呼吸是在终末期呼吸变得困难时,患者借助下颌的力量来维持呼吸的一种生理反应。也有医生说,虽然看上去痛苦,但其实当事人并不难受。甚至有些患者不会出现这种情况,在不知不觉间就停止了呼吸。我曾经接触过在医院临终和在家临终患者的医生,他们都说在家临终的人的表情很安详。人的死有很多种,但是通往死亡的路却没有那么多。

现在的人很少目睹亲属咽气的场景。因为除了亲戚少,祖父母也都住得远。而且人们一般都是事后才在医院里见到亲属的遗体的。人们在医院临终的历史很短,却已经根深蒂固。将患者送去医院后,家人束手无策唯有守护,其他的都交由护士和医生处理。

在这样的背景下,一般社团法人"宁静之乡"的法人代表柴田久美子女士,想到了派遣临终关怀师去患者家中的办法。

柴田女士于2002年开设了送终之家"宁静之乡",协助老年人实现在他们希望的地方与这个世界告别的愿望。将想法付诸实践是她的过人之处,就这样,几年来她已为数位老人送终。送终时,她会将老人抱在怀中。

柴田女士以"幸龄者"称呼老年人,而非一般的"高龄者",并以"温柔再温柔地陪伴,抱着送他们走"为目标。她说死是人生的句号，无论度过多么不幸而苦难的人生，只要死的时候安详，人生就是幸福的。

天使团队的成员并非专业人士，既不是照护人员也不是护士。天使们的职责就是陪伴和守护，不会插手照护的事。柴田女士的照护机构会另外派遣照护人员。

我不禁佩服，天使团队的运作考虑得非常周到。当判断老人快接近死期的时候，多名天使会组成小组。义工每次上门的时间最多是3个小时，就算负责的天使时间允许，也会注意不超过这个时间。

我一听到有3小时限度，不禁叫好。自己是残疾人、孩子也是残疾人的同病患者互助咨询师安积游步女士，在育儿的最艰苦时期，说了一句名言："在密室中母亲与婴儿待上3个小时，母亲会成为伤害孩子的凶器。"她的解决办法非常简单，建立一个经常有外人出入且母亲与婴儿共处时间不超过3个小时的机制。这个育儿的智慧，无论对于有残疾的孩子还是普通孩子来说，都是有用的。

不仅如此，天使团队会在老人濒临死亡时上门，且时间不会太久，2个星期左右。在这2个星期中，他们可以感受到完成送终时的成就感，也可以将这种成就感与同伴们分享。我明白了那种"在有着共同目标的同伴中，希望自己当班的时候送走老人"的心情。判断老人是否快要离世的是照护人员，据说目前为止基本没有失误过，虽然发生过老人回光返照那样出人意料的事。

希望自己当值的时候给老人送终，还隐藏着一个"秘密"。在柴田女士的书中，她写到，即将前往那个世界的人，在死亡的一瞬间，会把"生命的接力棒"传给下一个人。因此，在老人咽气的瞬间在场的人是幸运的。对于不相信来世和灵魂的我来说，实在无法对此产生共鸣。但必须承认一点，对任何人来说，死的瞬间都是一个庄严肃穆的时刻。尽管天使团队的义工与逝者没有血缘关系，但仍然会拥有那份感动吧。

天使团队的建立

柴田女士后来从米子市搬到了冈山市，成立了"日本临终关怀师协会"。她辗转全国，为培育临终关怀师不遗余力。

我问她："怎样才能成为一名合格的临终关怀师呢？"她回答说必须接受15天的密集培训。培训费用总共为26万日元（含住宿费），价格不菲。课程除了检视内心的胎内内观法，还有关于生活礼仪以及送终学的讲座，最后学员需要提交小论文。不过，现在课程已经缩短为6天，学员上送终学课程，并参加培育讲座，价格是21.8万日元……看来要为人送终还得像僧侣那样积累修为啊，对于普通人而言难度有点高。

据说临终关怀师的委托人通常是想在家里为老人送终的家人，我听后释然了。送终时家人会感到不安，而临终关怀师的任务就是陪伴、消除他们的不安，并处理突发状况及恐慌等情况，引导老人安详地离世。仿照"助产士"的说法，可以称他们是"助亡士"。以前家里往往是有送终经验的亲属陪在身边的，但现在没有了,所以家人希望找一个有丰富送终经验的人陪伴左右。

临终关怀师的费用由委托方自费承担,大约是每小时 8 千日元。据说是根据照护保险之外请上门护士前来时的费用标准设定的。那么请上门护士来不是更好吗？可他们回答说,照护保险和医疗保险的上门护士都不能长时间停留。而能填补这个空白的,就是临终关怀师。

只要对保险之外的部分有自费负担的思想准备,就能请照护人员或护士提供长时间的服务。毕竟送终的时间不会很长,不可能没有尽头。临终关怀师资格也许有着"送终熟练而值得信赖"的品牌效果。

紧急呼叫电话的作用

我实在无法理解有些老人只要在家中跌倒或感觉不适时,即使是半夜三更,也会打电话给远在几百公里之外的子女,要求子女立即过来,或马上设法给自己解决问题。据说有些孩子真的会驱车三小时从自己家赶去父母身边。没有车只能使用公共交通的子女,也许可以回应"要等到早上才能过去"。但好歹有辆车的话,就不得不 24 小时待命了。索性在国外,父母也就不能指望子女了,但如果不是远在海外,父母还是会依赖子女。

我有个朴素的疑问：那些老来只能依赖家人的曾经的社会人,为什么通过几十年的社会经历都没有在身边经营出一份可依赖的人际关系？我很担心那些有家庭的人如果失去家人便会无所依靠。父母无法阻止子女离开去寻求自己的生活。但是如果子女与父母共同生活,反而是更大的问题。所以,父母有必要为自己将来的生活不依附于子女做好准备。在这一点上,可以向单身独居老人学习。

为此，我建议独居的高龄老人应为自己的紧急情况联系人做个排序。发生紧急情况时，首先打电话给附近的照护援助专员，如果是夜间，就打给上门护士站，根据情况也可打给自己的主治医师。因而平时就必须与照护援助专员、照护事务所、上门护士站、居家医疗医务所等保有一定的接触。在超老龄化社会的"慢死"过程中，每个人或早或晚都会迎来需要照护的时期，需要照护时自然要跟周围发生联系。

有的地区由政府设置了紧急呼叫系统，据说紧急呼叫电话是与119联结的。如果119的救护车一路鸣笛而来，求助者会被吓到吧。因而老人们可能会抗拒拨打紧急呼叫电话。有一家收费养老机构的紧急呼叫的应答方，是与该养老机构签约的保安公司。总觉得向保安公司求助也是需要勇气的事。那么，能否创建一个让老人没有心理负担的求助机制呢？

我们在社会上生存了几十年，那么除了社会服务系统，为什么不在朋友、熟人、一起活动的伙伴、志愿者等之中有选择地建立一些人际关系呢？

生存就应该是互相帮助，就应该是彼此麻烦。父母与子女有共生共存的关系，可以不停麻烦对方，但我希望也能跟外人建立一种能够求助彼此的灵活互助机制。

医生的使命

一般来说，患者一旦被告知存活时间、停止接受治疗，主治医师便逐渐不再踏足他们的病房。毕竟医生的工作是治病救人，用尽手段也无法救治病人的医生，就像是病魔的手下败将。死亡预示着医疗的失败，医生不愿意目睹自己战败的战场，也不知道对临死的患者应该说些什么，所以自然而然就会慢慢疏远病人了。而另一方面，医生不再来过问，病人会感觉自己被遗弃，因而深受打击、陷入绝望。所以，临终疗护的医生和临床救治医生所发挥的作用是不同的。患者一旦转入安宁疗护病房，就会更换主治医生。

比较起来，居家医疗的上门医生的作用又不一样。作为主治医师，他们的疗护工作贯穿了病患的起病至终末期的整个过程。到了终末期，医生的工作只是减少医疗、控制药物使用，以及陪伴在病人身边。其实，如果只是需要照护的话，护士护工也可以做到，但或许是因为医生的权威性和病人对医生的信任感，终末期病人更期待医生的到来。医生在百忙之中还特意上门问诊，病人会觉得十分感动。哪怕没有采取什么具体的治疗措施，只是量量血压、测测脉搏，都会给患者以及家属们一种"贴心关爱"的感觉。

小泽医生设立了一个一般社团法人机构"安宁疗护协会"，该协会以培养终末期病人的疗护人才为宗旨。他提出了帮助痛苦病患的下述 5 大课题：

（1）学会支持性沟通。

（2）理解患者的痛苦。

（3）知晓患者的信念。

（4）了解怎样的自己才能更好地帮助患者，并进行实践。

（5）明了自己想要给予别人的支撑。

都是些基本知识，我觉得这样的课题能融入医学教育中就好了。

只是，帮助是有限度的，有的是你能做到的，有的是你做不到的。精神科医生川村敏明先生，是精神病患者的生活设施"浦河伯特利之家"的援助医生。他指出，专业医生的重要心理素质之一，就是明了自己力所能及的界限。

"抱歉，我已经尽了最大努力。"医生如实坦白地告诉病人。病人也会说："医生，是我（们）为难你了，对不起。"这样才会形成成熟正常的医患交流。

医生不是万能的，无法起到一个哲学家或宗教人士的作用，试图成为哲学家或宗教人士，那就是超出行医者的职责了。医生必须知晓自己的职业界限。病人也要明了，不可以期待医生发挥哲学家或宗教人士的作用。

在家里幸福走完最后旅程

确定"指挥塔"

我们的身边有照护资源,有上门护士,又有上门问诊的医生。

虽然照护资源在绝对数量上仍然不足,且多寡存在地区差别,但只要有心,我们就能够调配到医疗、看护、照护资源,这些资源已经有地域性的稳步积累。要是不放心,可以搬到资源富足的地区去,然后再准备点资金就行了。据我了解,这并不需要特别庞大的资金。

有了资源、资金,便算是做好了死亡准备。

不过,我们无法仅凭一己之力迎接死亡。当我们体力衰减、精神萎靡时,行动受限不能动弹时,陷入昏迷状态时,还有死后的善后,等等,都必须依赖别人。我逐渐认识到,仅有社会资源还不够,还需有一个做资源联结、调配的决策,即拥有一个我称之为"指挥塔"的关键人物非常重要。一直以来,起"指挥塔"作用的都是家属。甚至可以说,家属代替病人做决定是个普遍现象。

那么没有家人的独居老人该怎么办呢？

在调查中我发现，家人是利害关系的当事人，因而是对抗、阻碍病人意愿的主要势力。家属所谓的"为病人着想"是否真的是为病人着想，令人生疑。因为不想离开家的老人与希望老人离开家的家属，在利害关系上存在对立；想变卖房产来支付照护费用的父母与希望继承家产的子女也存在利害关系上的对立。一线的照护援助专员虽说是为病人服务的，但常常苦恼究竟应该优先满足哪一方的需求。

如果这样，岂不是没有家人更好？当我咨询一位专业护理师，单身独居的人怎样才能实现居家临终时，她爽快地回答："身边无人干涉的病人比较容易实现。"

因为如果家属亲戚多，利害关系错综复杂，那么人多嘴杂会难以形成统一意见。这种情况下，垂死之人的微弱声音就被忽略不计了。

试想一下，在需要有人代替自己做决定时，你又可以将决定权交托给谁？

家人一般会主动成为决定代行人；没有家人的人自然也就没有这个选项。

我在第 11 章介绍的竹村和子女士，她有 K 小组这样强大的人才团队，有凝聚团队成员起"指挥塔"作用的挚友。可以说 K 小组替代家人发挥了家人的作用，但"指挥塔"式的人物并非只是家人的替代，而是一个超越了家人的存在。毕竟家人是无法选择的，而值得信赖的、起"指挥塔"作用的朋友，却是可以选择的。

那么，朋友不多、人脉不广的人应该怎么做呢？

临终关怀师柴田久美子女士明确表示：临终关怀师的作用是成为临终关怀的"指挥塔"，应该坚决不介入被看护人的财务。也有医生、护士会介入病人的经济问题，但这从职业道德上来说是一种越权行为，虽然有时是不得已而为之的奉献性行为。不管是受人之委托还是出于同情，这种介入行为都得不到任何第三方的监管。

其次，当事人需要事先对可能发生的医疗行为做决定。比如：在身体逐渐衰弱的过程中，要不要上呼吸机？要不要插胃管？……当事人要预想可能发生的情况，事前写下指示，或提前告诉医生及照护人员自己的决定。不仅如此，还要预先想好住院及接受手术时需要的担保人、联络人。

把自己交托给别人

我们无法抗拒衰老和死亡。每个人迟早都会有或长或短的时间，不得不将自己的身体交给别人。与其期待可遇不可求的"寿终猝然离世"，不如在自己的身体状况不可控之前做好预案。

当事人的"自我解放"跟"当事人的意愿"并不对立。在把自己行动不便的身体交托给别人这点上，长期接受这样训练的残疾人士具有丰富的经验。如何将自己交托给别人，由当事人自己决定，而交托给别人后希望别人怎么做，则是个需要商榷的过程。因为照护是一种相互行为。与残疾人相比，老人在需要护理之前并无相关经验。所以高龄老人需要预先考虑好将自己交托给别人的时间、场所，以及交托对象、方法等，这些非常重要。如果有家人，家人自然会主动代替老人去考虑。而单身独居老人，则需要决定好替代自己行使决定权的人选，并做好交托自己的准备。

生命综合管理

尽管有人潇洒地说："因为生的时候是一个人，所以死的时候也可以是一个人。"但事实上，生的时候不是一个人，死的时候也不可能是一个人。出生时除了母亲，还有帮助生产的助产士、医生；死的时候，仅仅是处理遗体也要借助别人的力量。既然有助产士，那么应该也可以有"助亡士"吧。在人的一生中，生命、健康、安全、生活、财产、家人、葬礼、遗嘱，甚至坟墓等相关事项都需要有人处理，我想是否可以建立一个能够根据当事人意愿代为处理上述事项的组织机制？不是找单个自然人或法人，而是为自己量身打造一个包含亲戚、朋友、专业护理人员在内的团队。若制成模型的话，或许可以用下图表示。

这个团队中有家属、亲戚、挚友；有照护援助专员、社会福祉工作者；有护理专业人员、主治医生和上门服务的护士；还需要牙医及牙科卫生员，因为口腔护理也很重要；以及不可或缺的药剂师。此外，还有监护人、律师及司法书士、税务师、会计及财务规划师；再有地方民生委员加上志愿者。如想要灵魂救赎，还可以请牧师及僧侣之类的宗教人士加入。也有必要纳入丧葬人员。这是一个最大限度为当事人考虑，为当事人的临终前后提供各种服务支的团队。要是团队中再有一个起"指挥塔"作用的关键人物,就更能令人放心了。

团队照护有两个要点:第一是团队成员共享与当事人有关的信息;第二是成员之间互相监督。与将监护责任全权交托给个人不同,这种团队机制能使信息的公开化、决策的透明性得到保障。我建议让监护人成为团队的一员。当然,医生、护理员最好也能成为团队中的一员。

我提议将这个量身定制式的团队护理命名为"生命综合管理"(Total Life Manegement)(示意图见正文163页)。

我希望处于这个团队护理中心的,是当事人。残疾人自立生活运动的国际标语是"请不要绕开我们来决定我们的事"(Nothing about us, without us.)。每个高龄老人从某种意义上来说,都是后天性的残疾人。他们不仅有身体功能的障碍,还会有精神性障碍、智力障碍。如果残疾人可以这么呼吁,那么高龄老人也可以这样宣言。假设我是当事人,即便头脑变得糊涂,即便我有认知障碍,只要没有情感障碍,就一定会知道这个团队中谁是真心为我好的。我希望他们在我的面前集思广益,并将他们考虑的结果征求我的意见:"上野女士,大家考虑后认为这是最佳方案,你觉得怎么样?"即使我不能判断好坏,也希望由我以我的方式来认可,比如我可以说:"好,好,拜托大家去实施了。"我和中西正司先生共同撰写了《当事人主权》一书,作为作者之一,我强烈主张当事人的决定权。

逐渐丧失自我决定能力时,如有人能帮自己做决定,不如依靠他。如果没有,就需要建立一个组织系统。系统的优点,在于没有特殊能力、没有资源的人也能运作。在这个系统内，医生及上门护士不需要是能力超群的专家，照护援助专员、护工无须背负职责以外的负担。也就是说，这是一个普通人发挥平均水平就能满足组织运转的系统。而且，花几十年的时间建设的这个系统，即便当初的领袖不在了，负责人也换掉了，但系统依然能起作用。只不过，建立这样的系统非一朝一夕之功，且花费不菲。那么，我们如何才能获得这样的系统呢？

推荐非全职式家庭照护

如果需要照护的老人也能安心独自居家生活的话，这非但不是在破坏家庭，而是在保护家庭。父母的安心就是子女的放心。父母能够安心独居，也是儿女的一种孝顺。

"父（母）亲病倒了，我很想接到家里来，自己照顾……""我是不是必须回去照顾老弱的父母？"每当年轻人来向我咨询这类问题时，我一概建议他们不要这样做。有必要为父母做决策，但没有必要自己完全介入护理。即便觉得有必要住父母身边，我也建议分居，可以选择近邻而居。因为如果自己家里有了需要护理的老人，家显然就会成为照护的战场。在这个战场上，照料的人无法有喘息的机会，必须365天全天候地工作，虽然为防止家人的护理疲惫，可以让老人短暂入住养老机构或短期住院。事实上，"希望老人离开家，哪怕只有片刻"，疲惫的家人这样想也无可厚非。有人认为与其让不易适应环境的老人离开，不如让负责照护的年轻人外出。但这样似乎也不行，出门旅游是个非日常的活动，虽可以改善心情，却并不能令人放松。因为家才是这个世间能让人身心放松的唯一场所，对任何人来说,确保有"家"这样的放松场所都是非常重要的。所以我建议年轻人不要和老人住在一起。

人是会通过逃避现实来保护自己的生物,所谓眼不见心不烦。家庭照护的工作是没有止境的。跟老人同住的话,就算出门也无法有片刻的放下。所以,如果分居,至少在回到自己家里后,因为没有老人在眼前,所以可以暂时忘却。因此,分居有益于参与护理的家人的心理健康,而且与老人保持一定距离,也使照料人能对老人温柔以待。

无须认为不跟老人住一起就是"弃老",你经常去照顾他们就好。最近家庭照护不再限于同住照护,越来越多的家庭选择分居照护,像上班一样来回照料老人的情况屡见不鲜。24小时跟老人在一起的人,叫"全职家人",一天中用部分时间来照顾老人的叫"非全职家人"。分居并不意味着不再是家人,用部分时间做好家人就可。事实上,目前家庭的现状是,一天之中家庭主妇每天能跟丈夫及孩子见面的时间也只有几个小时而已。

你希望谁来陪伴走完最后的旅程？

医生和护士由于没有足够的时间,是无法与护理员一样一直陪伴在患者身边的。而从临终者的角度来看,他们并不认为有护工或志愿者陪伴在身边,与自己"在一起"就可以了。即便是宗教人士,但如果是素昧平生的牧师或僧侣提出要与我"在一起",来陪伴我的临终,我也会拒绝的。

倾听也不需要义工。我想要说的是,与同自己有共同经历的人谈论往事,才会同悲共喜,珍藏的回忆怎么可能说给一个毫不相干的陌生人听呢?如果能听自己回忆往事的,只有倾听的义工,那么说明你缺乏交流对象,这才更是问题。

虽说长寿的不幸是与自己共有记忆的人越来越少,但你会有忘年交吧。"理解自己"的知己才是倾听者,才是你关于生死话题的交流对象。

当今时代,既可以打电话,也可以用网络手段进行人际交流。即便是卧床不起,运用现代通信手段,也能随时与外界联络。即使到了生命的最后阶段,重要的事情我还是只想跟好朋友说。专业人员只要做好自己的本职工作就好,不需要再担负额外的责任。当然,我这样想,或许是因为我还没有真正经历死亡。

终语

人类终究是内心软弱的生物。更何况将死之人身体衰弱、心理脆弱，自然会有迷茫、苦恼、不知所措的情绪。比起那些淡定勇敢的人，人世间像我父亲一样胆小软弱的人更多。有医生说"不管是什么样的死亡方式都是值得敬重的"，我们也可以反过来说，死亡并无高下之分，死亡就是死亡。